스크래치+아두이노+앱 인벤터로 즐기는 블록코딩!

스크래치 & 앱 for 아두이노

우지윤 저

- 스크래치로 만든 작품을 스마트폰 앱과 아두이노로 작동시켜 보고 싶으신 분께 추천합니다.
- 스크래치, 앱, 아두이노 3가지를 한꺼번에 연동하는 6가지 프로젝트 수록!
- 작품 영상은 QR 코드로 확인해 보세요!

| 만든 사람들 |

기획 IT·CG기획부 | **진행** 양종엽 · 박소정 | **집필** 우지윤 | **책임 편집** D.J.I books design studio
표지 디자인 D.J.I books design studio 김진 | **편집 디자인** 디자인숲 · 이기숙

| 책 내용 문의 |

도서 내용에 대해 궁금한 사항이 있으시면
저자의 홈페이지나 디지털북스 홈페이지의 게시판을 통해서 해결하실 수 있습니다.
디지털북스 홈페이지 digitalbooks.co.kr
디지털북스 페이스북 facebook.com/ithinkbook
디지털북스 인스타그램 instagram.com/digitalbooks1999
디지털북스 유튜브 유튜브에서 [디지털북스] 검색
디지털북스 이메일 djibooks@naver.com
저자 이메일 wootekken@naver.com

| 각종 문의 |

영업관련 dji_digitalbooks@naver.com
기획관련 djibooks@naver.com
전화번호 (02) 447-3157~8

※ 잘못된 책은 구입하신 서점에서 교환해 드립니다.
※ 이 책의 일부 혹은 전체 내용에 대한 무단 복사, 복제, 전재는 저작권법에 저촉됩니다.
※ 디지털북스가 창립 20주년을 맞아 현대적인 감각의 새로운 로고 DIGITAL BOOKS 를 선보입니다.
    지나온 20년보다 더 나은 앞으로의 20년을 기대합니다.
※ 유튜브 [디지털북스] 채널에 오시면 저자 인터뷰 및 도서 소개 영상을 감상하실 수 있습니다.

머리말

2018년, 대한민국은 초, 중, 고등학교에 소프트웨어 교육을 의무 교육으로 추가했습니다. 소프트웨어 교육에 할당된 시간은 아직 부족한 편이지만, 시대의 흐름을 잘 읽어서 미래를 대비하는 교육정책을 시작했다는 점에서는 고무적인 변화입니다.

인터넷이나 광고로 소프트웨어 교육을 찾아보면 학교나 학원, 기관 등에서 유료, 무료로 배울 수 있는 기회를 자주 접할 수 있을 겁니다. 또 요즘은 유튜브를 통해서도 소프트웨어 교육, 특히 코딩 교육을 쉽게 접해볼 수 있습니다.

보통 학생이나 코딩 입문자들이 접해 보는 소프트웨어 교육으로는 스크래치, 파이썬, C언어, 아두이노 등이 있습니다. 이런 소프트웨어 교육을 하나씩 경험해 보는 것은 약간의 준비물과 시간을 들이면 가능합니다. 하나의 소프트웨어 기초를 익혔다면, 그 다음은 '이것으로 무엇을 응용할 것인가'라는 즐거운 고민에 빠지게 될 겁니다. 하지만 응용 프로젝트 영역은 생각보다 좀처럼 쉽지 않습니다. 그리고 재밌고 실용성 있는 응용 프로젝트를 만들고 싶은데, 그런 내용을 쉽게 가르쳐주는 매체가 많지 않은 것 같습니다.

이 책은 스크래치, 아두이노, 앱 인벤터라는 기초 코딩 영역을 경험한 사람을 대상으로, 위 세 가지를 융합해서 만들 수 있는 몇 가지 응용 프로젝트를 다룹니다. 예를 들면 앱 인벤터로 만든 스마트폰 앱을 이용해 아두이노로 만든 스마트 홈을 원격으로 제어한다든지, 나만의 스마트폰 조이스틱 앱을 만들어서 스크래치 자동차 레이싱 게임을 제어하는 것이 있습니다. 이런 기술들을 익히면 내가 알고 있는 기초 코딩 기술의 한계를 뛰어 넘어, 서로 융합하여 더 재밌고 창의적인 응용 프로젝트들을 만들 수 있을 것입니다.

소프트웨어 기술은 짧은 시간 안에 변하거나 새로운 것들이 등장하기도 합니다. 그렇기 때문에 저자의 블로그(https://wooduino.tistory.com)나 유튜브(https://www.youtube.com/c/Wooduino)에 책과 관련된 업데이트나 참고사항을 올려둘 것입니다. 저자와 함께 소통하면서 즐겁게 코딩하고, 재밌는 프로젝트를 만들어 보시길 바랍니다.

(이 책을 학습하는 데 필요한 예제 파일이나 부품 구매에 대한 참고자료도 저자 블로그에 소개되어 있습니다.)

저자 우지윤

CONTENTS

머리말 • 03
이 책의 소개 • 06
프로젝트 미리보기 • 08

CHAPTER 01 소프트웨어 사회와 미래 • 11

1.1 소프트웨어와 인간사회 • 12
1.2 코딩이란 무엇일까? • 14
1.3 코딩을 해보면 무엇이 좋은 걸까? • 17
1.4 개발 환경 준비하기 – 스크래치 준비 • 20
1.5 개발 환경 준비하기 – 아두이노 부품 준비 • 28
1.6 개발 환경 준비하기 – 앱 인벤터 준비 • 31

CHAPTER 02 스크래치로 아두이노 작동시키기 • 37

2.1 LED 제어 • 38
　도전 퀴즈 2.1　LED를 0.5초 간격으로 깜빡이기 • 43

2.2 버튼 입력을 감지하는 방법 • 44
　도전 퀴즈 2.2　버튼 입력을 반대로 감지하기 • 47

2.3 RGB LED 제어 • 48
　도전 퀴즈 2.3　버튼을 이용한 RGB LED 제어 • 53

2.4 아날로그 센서를 측정하는 방법 • 54
　도전 퀴즈 2.4　가변저항을 이용한 판다 스프라이트 크기 조절 • 58

2.5 LCD에 글자 출력하는 방법 • 59
　도전 퀴즈 2.5　버튼을 이용한 LCD 글자 출력 • 64

2.6 부저와 서보모터를 제어하는 방법 • 65
　도전 퀴즈 2.6　부저로 '학교종' 연주하기 • 68

CHAPTER 03 스마트폰 앱으로 스크래치 작동시키기 • 71

3.1 앱 인벤터로 간단한 앱 만들어보기 • 72
　도전 퀴즈 3.1　이런 앱도 만들어 보세요! • 79

3.2 블루투스를 이용한 앱과 스크래치 무선통신 • 80
　도전 퀴즈 3.2　두 번째 버튼 기능 추가하기 • 105

CHAPTER 04 스마트폰 앱 - 아두이노 - 스크래치 종합 프로젝트 • 107

4.1 흔들어~ 플래피버드! • 108
　도전 퀴즈 4.1　박수쳐~ 플래피버드! • 117

4.2 스페이스 슈팅 게임 • 118
　도전 퀴즈 4.2　스페이스 슈팅 게임 업그레이드 • 129

4.3 스마트폰 레이싱 게임 • 130
　도전 퀴즈 4.3　스마트폰 레이싱 게임 업그레이드 • 137

4.4 스마트 홈 시스템 • 138
　도전 퀴즈 4.4　스마트 홈 시스템 기능 추가하기 • 150

4.5 스마트 무드등 • 151
　도전 퀴즈 4.5　스마트 무드등 기능 추가하기 • 156

4.6 인공지능 도어락 • 157
　도전 퀴즈 4.6　인공지능 도어락 기능 추가하기 • 162

[부록] 도전 퀴즈 정답 • 165

이 책의 소개

책 소개

「스크래치&앱 for 아두이노」는 스크래치와 아두이노, 앱 인벤터를 이용한 응용 프로그램을 만들어보는 블록코딩 활용서입니다.

각 프로그램의 설치 방법과 기본 인터페이스 및 사용법을 가볍게 알아 본 후 본격적으로 실습을 시작합니다. 실습 챕터(Chapter 2~4)에서는 스크래치와 아두이노를 응용한 프로젝트, 그리고 세 프로그램을 응용한 프로젝트를 만들어 봅니다.

이 책의 주요 대상은 위 세 가지 프로그램의 기초 코딩을 경험해 본 분이지만, 블록코딩을 경험해 본 적 없는 분이라도 괜찮습니다. 설치법, 연동 방법, 기본 인터페이스, 코딩 방법을 간단히 알려드리니 책을 참고하여 천천히 익히며 시작해볼 수 있습니다.

대상 독자

- 스크래치, 아두이노, 앱 인벤터 기초 코딩 영역을 경험해 본 사람
- 스크래치와 아두이노를 연동해 본 경험이 있고, 좀 더 재밌는 프로젝트를 만들어 보고 싶은 사람
- 아두이노를 사용한 경험이 있고 아이와 함께 즐겁게 블록코딩을 시작하고 싶은 분

챕터 구성

Chapter 01 소프트웨어 사회와 미래

실습을 시작하기 전에 알아둘 코딩 기본 소양을 이해하고 스크래치/아두이노/앱 인벤터의 코딩 환경을 설정해 봅니다.

Chapter 02 스크래치로 아두이노 작동시키기

스크래치 명령 블록을 이용하여 아두이노에 연결된 여러 가지 장치(LED, 버튼, 센서, LCD, 부저, 모터)를 작동시키는 방법을 알아봅니다.

Chapter 03 스마트폰 앱으로 스크래치 작동시키기

앱 인벤터로 앱을 만드는 방법을 배우고 스크래치, 아두이노, 앱 인벤터 3가지 프로그램을 어떻게 융합해서 제어할 수 있는지 알아 봅니다.

Chapter 04 스마트폰 앱 – 아두이노 – 스크래치 종합 프로젝트

스크래치와 아두이노, 앱 인벤터를 모두 이용한 응용 프로젝트를 만들어 봅니다. 또한 실습별로 예제 파일을 제공합니다.

저자 블로그 및 유튜브 안내

브라우저 주소창에서 다음의 주소를 입력해 저자의 블로그와 유튜브로 들어갈 수 있습니다. 블로그를 통해 실습 파일을 다운로드할 수 있으며, 유튜브를 통해서는 스크래치나 아두이노를 이용한 프로젝트 영상을 만나 볼 수 있습니다.

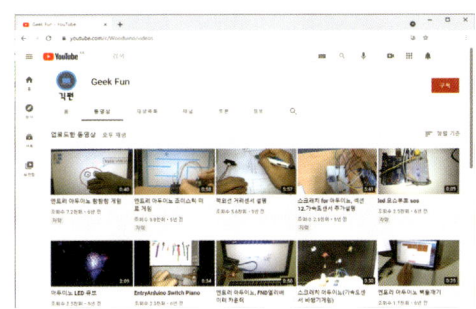

[저자 블로그] https://wooduino.tistory.com
[저자 유튜브] https://www.youtube.com/c/Wooduino

실습 파일 제공

저자 블로그 우측 탭에서 '스크래치&앱 for 아두이노'를 클릭한 후 해당 실습 파일(4.1~4.6)을 다운로드해 주세요.

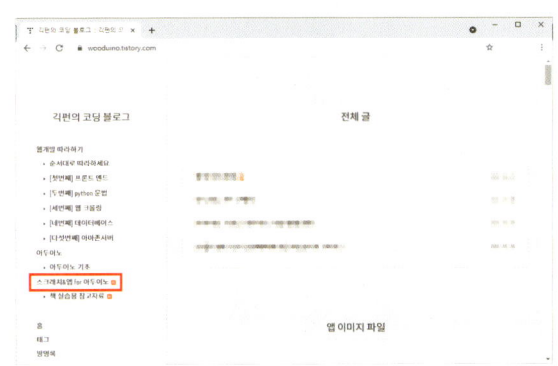

다운로드하여 스크래치 또는 앱 인벤터로 실습 파일을 불러오면(import) 다음과 같은 이미지를 볼 수 있습니다.

도전 퀴즈 정답 제공

Chapter 2~4에 등장하는 각 실습에는 '도전 퀴즈'가 있습니다. 도전 퀴즈는 각 실습에서 어떤 기능을 추가하거나 변경하는 방식으로 활용해보는 코너입니다. 도전 퀴즈의 정답은 이 책의 [부록]에 실어 놓았으니 참조해 주세요.

프로젝트 미리보기

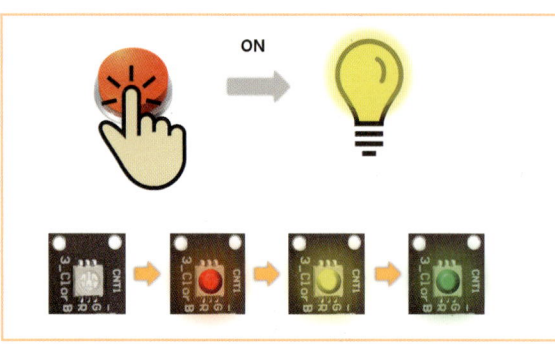

● **작품 요약**
아두이노에 연결된 LED, 버튼, 센서 등을 스크래치 명령어로 작동시켜 봅니다.

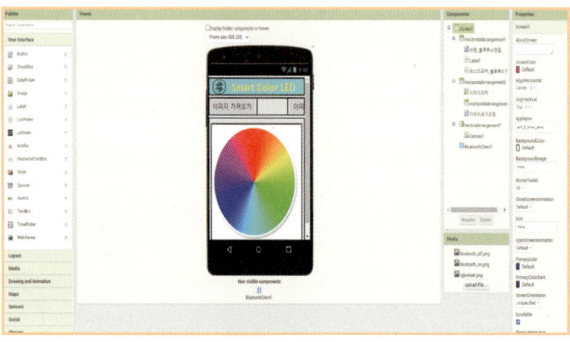

● **작품 요약**
앱 인벤터를 이용하여 스마트폰 앱을 만드는 방법을 배웁니다. 직접 만든 앱을 이용하여 스크래치나 아두이노를 블루투스 무선통신으로 작동시키는 데 사용합니다.

● **작품 요약**
스크래치로 플래피 버드 게임을 만듭니다. 그리고 앱 인벤터로 흔들림 감지 앱을 만들어, 스마트폰을 흔들어서 플래피 버드 게임을 플레이 해봅니다.

● **작품 요약**
스크래치로 비행기 게임을 만듭니다. 그리고 앱 인벤터로 조이스틱 앱을 만들어 비행기 게임을 앱으로 작동시켜 봅니다.

[저자의 프로젝트 동영상 보기] https://www.youtube.com/c/Wooduino

● **작품 요약**

스마트폰 앱을 핸들처럼 기울여 최강의 스크래치 레이싱 게임을 작동시켜 봅니다.

● **작품 요약**

아두이노로 만든 집 안의 전자 장치를 앱으로 모니터링하고 제어하는 스마트 홈 프로젝트를 만들어 봅니다.

● **작품 요약**

앱 인벤터로 RGB LED를 제어할 수 있는 앱을 만듭니다. 그리고 아두이노에 연결된 RGB LED를 블루투스 무선통신과 스크래치 명령어로 제어하는 장치를 만들어 봅니다.

● **작품 요약**

인공지능 기술을 이용하여 특정인의 이미지를 학습시킨 후, 카메라로 인식된 사람에 따라서 도어락을 열어주는 인공지능 도어락 장치를 스크래치로 만들어 봅니다.

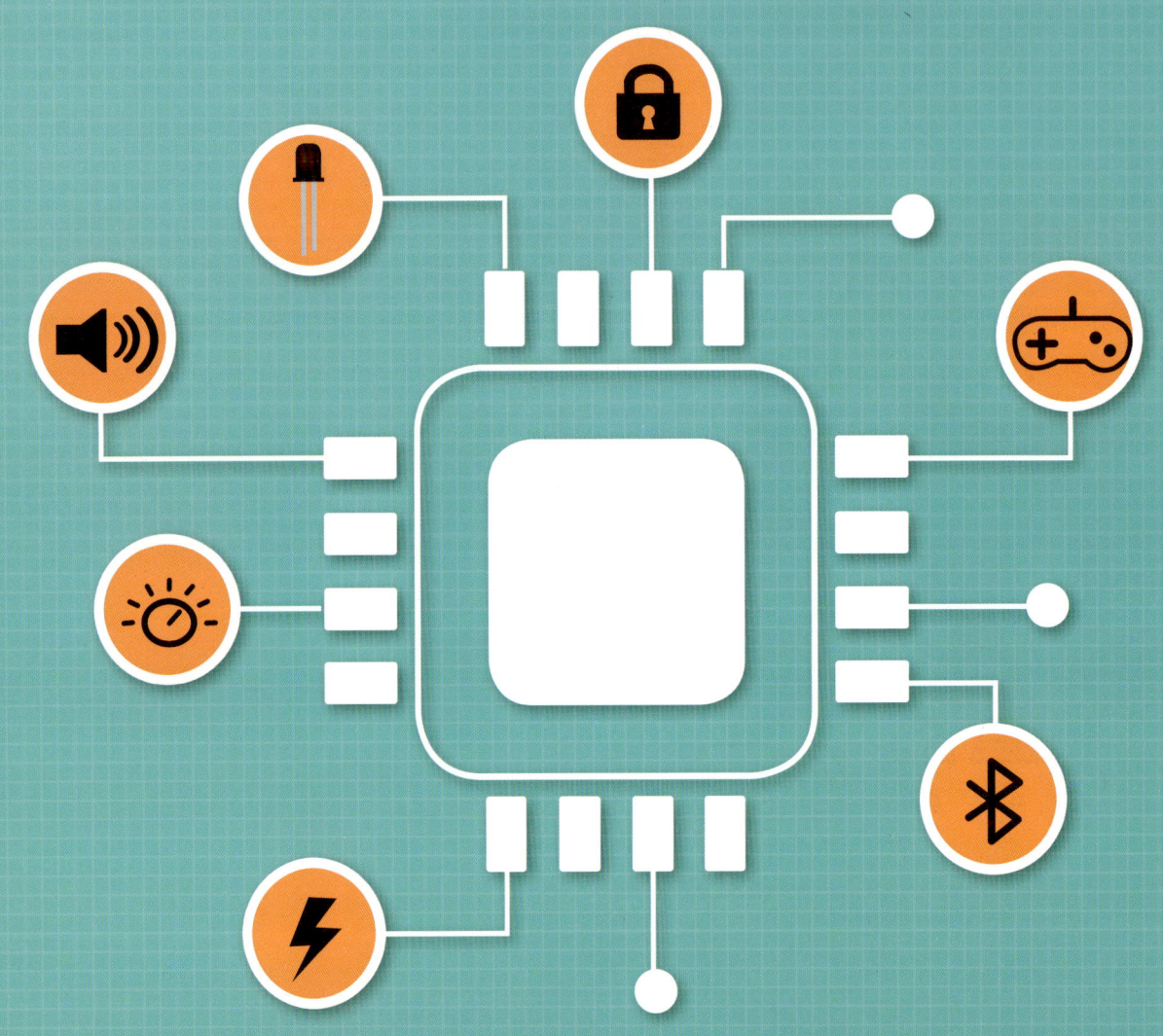

CHAPTER 01

소프트웨어 사회와 미래

Chapter 1에서는 소프트웨어가 중심이 되는 사회를 이해하고, 코딩이란 무엇이며 우리에게 어떤 영향을 줄 수 있는지 알아봅니다. 그리고 이 책에서 다룰 아두이노와 스크래치, 앱 인벤터란 무엇인지 알아봅니다.

1.1 소프트웨어와 인간사회
1.2 코딩이란 무엇일까?
1.3 코딩을 해보면 무엇이 좋은 걸까?
1.4 개발 환경 준비하기 – 스크래치 준비
1.5 개발 환경 준비하기 – 아두이노 부품 준비
1.6 개발 환경 준비하기 – 앱 인벤터 준비

1.1 소프트웨어와 인간사회

오늘날과 같은 정보기술 사회에서는 소프트웨어의 역할이 매우 중요한 위치를 차지하고 있습니다. 정보기술(IT)은 컴퓨터와 통신 시스템을 이용하여 정보를 가공하고 활용하는 것을 의미합니다. 정보기술 중에서 특히 소프트웨어는 우리 생활에 영향을 주고 각 산업 분야에 큰 역할을 합니다. 경제 분야에서는 빅데이터 분석과 인공지능을 이용하여 미래의 경제현상을 예측하거나 온라인으로 편리하게 금융거래를 할 수 있게 합니다. 사회 분야에서는 가상현실(VR)이나 SNS, 실시간 번역 등에 응용해 소통과 공유 기능을 만들어 냅니다. 그리고 생활에서는 개인이 사물인터넷이나 웨어러블 기기 등을 활용해 일상생활을 더 편하게 누리도록 합니다.

또한 정보기술은 일자리 분야에도 큰 영향을 줍니다. 소프트웨어가 중심이 되지 못하는 기업은 점점 도태되고 소프트웨어를 중심으로 선택한 기업은 경제 규모가 매우 커졌습니다.

 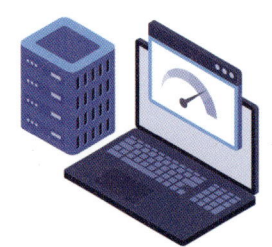  

▲ [그림 1.1.1] 소프트웨어

삼정 KPMG 경제연구원에 따르면, 2009년 글로벌 시가총액 10위 내 소프트웨어 기업은 단 2개(마이크로소프트, 알파벳)에 불과했습니다. 하지만 2019년에는 3개(버크셔해서웨이, JP모건, 존슨&존슨)기업을 제외하고는 7개 기업 모두 소프트웨어를 중심으로 하는 기업들이 선정되었습니다. 그 7개 기업은 마이크로소프트, 애플, 아마존, 알파벳(구글), 페이스북, 알리바바, 텐센트이며 여러분들이 인터넷이나 뉴스를 통해서 많이 들어본 기업일 것입니다.

▲ [그림 1.1.2] 세계 Top 소프트웨어 기업

역사적으로 볼 때, 직업의 변화는 중점이 되는 산업과 기술을 중심으로 일어납니다. 이처럼 소프트웨어 중심사회에서는 소프트웨어를 중심으로 하여 직업이 점점 변화해 갑니다. 인공지능, 빅데이터, 로봇공학, 자율주행자동차 등의 기술 발전은 소프트웨어에 기반한 새로운 형태의 직업이 중요해짐을 의미합니다. 그리고 정부와 기업에서 소프트웨어 기술에 관한 투자 규모를 해마다 늘리고 있습니다. 개인 일자리 변화부터 각 산업의 미래 모습까지 생각해 본다면, 소프트웨어는 우리 사회 변화의 중심에 있고 나아가 국가 경쟁력을 좌우하게 될 것임을 예측할 수 있습니다.

1.2 코딩이란 무엇일까?

소프트웨어는 우리 사회 변화의 중심에 있고 국가의 경쟁력을 좌우하게 될 중요한 기술입니다. 그렇기 때문에 소프트웨어 분야의 인재를 육성하고자, 많은 선진국이 학교에 '코딩 교육'을 의무 교육으로 도입했습니다.

코딩이란 컴퓨터 명령어를 내 생각대로 조합하여 컴퓨터에 전달하는 것입니다. 그리고 컴퓨터 명령어는 사람이 컴퓨터에 일을 시키기 위해서 전달하는 '말(word)'과 같은 겁니다. 컴퓨터 명령어는 인간의 언어와 비슷하기 때문에 문법이라는 것이 존재합니다. 그래서 명령어를 처음 배울 때는 어느 정도 문법을 공부해야 합니다.

그렇다면 컴퓨터에 명령을 전달하는 이유는 무엇일까요? 컴퓨터는 전기만 공급되면 24시간 쉬지 않고 일을 할 수 있기 때문입니다. 그리고 일을 처리하는 속도가 매우 빠르고 정확도도 높습니다. 따라서 인간이 해내기 힘든 일, 예를 들면 인공지능이나 빅데이터 처리 같이 아주 많은 수학 연산을 필요로 하는 작업은 컴퓨터에 시키고 인간은 결과만 받아보는 것이 훨씬 낫습니다.

▲ [그림 1.2.1] **코딩**

코딩을 했을 때 컴퓨터는 어떤 방식으로 일을 처리할까요?

컴퓨터가 이해할 수 있는 코드(컴퓨터 명령어)는 사실 전기적인 상태(1과 0)로 이루어집니다. 전기가 있는 ON 상태를 1, 전기가 없는 OFF 상태를 0으로 표기합니다. 전등을 끄고 켜는 작업을 예로 들자면, 컴퓨터에 '1'이라는 코드를 전달하여 전등을 켜고 '0'이라는 코드를 전달하여 전등을 끌 수 있습니다. 이외에도 컴퓨터에서는 많은 일을 할 수 있습니다. 노래도 들을 수 있고, 재밌는 동영상도 보기도 하고 문서 작업도 할 수 있습니다. 0과 1 코드를 여러 개 조합해 '101010'과 같은 식으로 다양한 컴퓨터 명령어를 만들어 냄으로써 컴퓨터에서 많은 일을 처리할 수 있게 됩니다. 이때 101010과 같이 컴퓨터가 이해할 수 있는 언어를 '기계어(Machine language)'라고 부릅니다.

옛날에는 사람이 직접 기계어를 하나씩 입력하며 코딩을 하여 컴퓨터에 일을 시켰습니다. 그래서 그 당시 코딩은 굉장히 어렵고 외워야 할 게 많은 작업이었습니다. 그러다가 사람이 좀 더 코딩을 하기 쉽게 하려고 '어셈블리어(Assembly language)'라는 코딩 언어를 만들었습니다. 어셈블리어는 기계어에 1대1로 대응되는 영어 단어로 이루어진 언어입니다. 10101 같은 기계어 대신에 사람이 이해하기 쉬운 영어로 코딩을 할 수 있어서 더 편리해졌습니다.

```
0013            RESETA  EQU     %00010011
0011            CTLREG  EQU     %00010001

C003 86 13      INITA   LDA A   #RESETA     RESET ACIA
C005 B7 80 04           STA A   ACIA
C008 86 11              LDA A   #CTLREG     SET 8 BITS AND 2 STOP
C00A B7 80 04           STA A   ACIA

C00D 7E C0 F1           JMP     SIGNON      GO TO START OF MONITOR
```

▲ [그림 1.2.2] 어셈블리어(Assembly language)

위의 어셈블리어 예시 코드를 보니 어떠신가요? 영어를 알고 있는 사람이 어셈블리어를 봐도 사실 무슨 말인지 잘 모를 겁니다. 기계어 보다는 어셈블리어가 편리하지만 그래도 여전히 코딩하기에는 쉽지 않아 보입니다.

그래서 탄생한 것이 C언어, Java, Python 같은 언어입니다. 이런 언어들을 고급 언어(High level language)라고 부릅니다.

```python
def dotwrite(ast):
    nodename = getNodename()
    label=symbol.sym_name.get(int(ast[0]),ast[0])
    print '    %s [label="%s' % (nodename, label),
    if isinstance(ast[1], str):
        if ast[1].strip():
            print '= %s"];' % ast[1]
        else:
            print '"]'
    else:
        print '"];'
        children = []
        for n, child in enumerate(ast[1:]):
            children.append(dotwrite(child))
        print '    %s -> {' % nodename,
        for name in children:
            print '%s' % name,
```

▲ [그림 1.2.3] Python 코드

위의 Python 코드를 보면 우리가 알만한 영어 단어들이 등장합니다. print, if, for 등등 영어 단어가 컴퓨터 명령어에 그대로 사용되고 있습니다. 어셈블리어보다는 고급 언어가 코딩하기 더 쉽고 편리합니다.

이에 더해서 2006년 경에 블록코딩 언어인 '스크래치(Scratch)'가 등장했습니다. 원래 코딩은 텍스트(문자)를 키보드로 하나씩 입력하는 작업이어서 키보드 타자에 익숙하지 않으면 코딩이 쉽지 않았습니다.

그래서 학생들이 쉽게 마우스로 레고 블록 쌓듯이 코딩할 수 있도록 스크래치가 개발되었습니다.

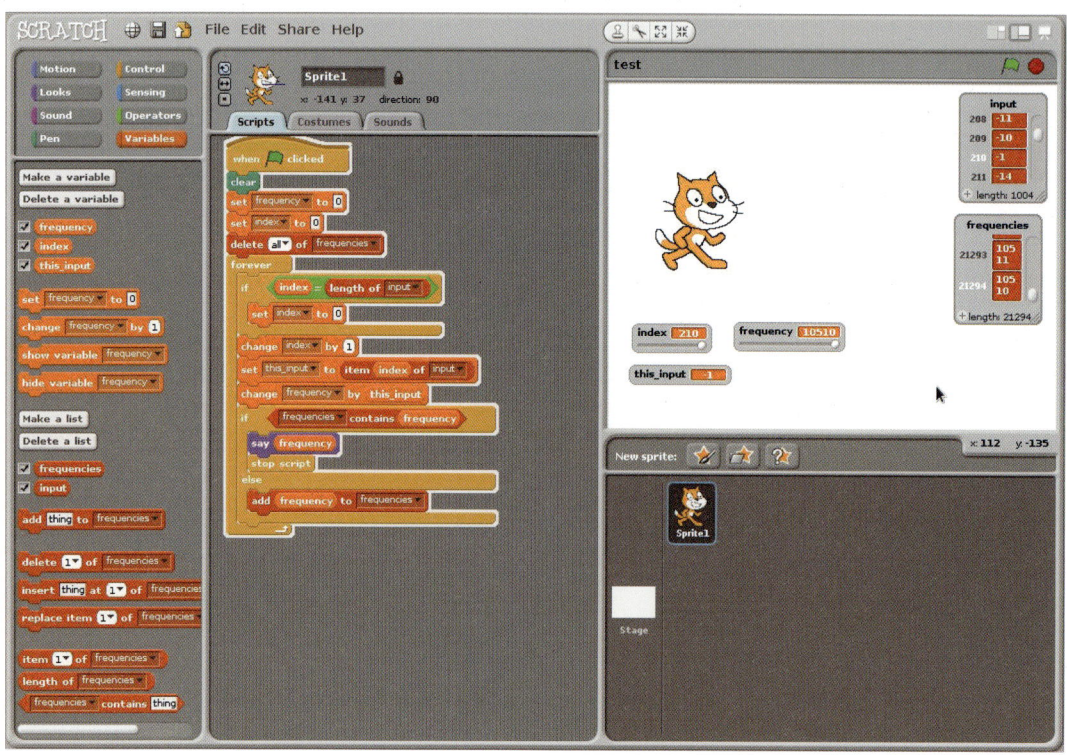

▲ [그림 1.2.4] 스크래치 (버전 1 당시 모습)

1.3 코딩을 해보면 무엇이 좋은 걸까?

세상의 모든 사람이 코딩을 하지는 않습니다. 심지어 코딩이 필요한 직업군은 일부분입니다. 하지만 요즘은 대학교의 문과 계열 학생들도 코딩을 배우고, 회사에서 디지털 트랜스포메이션을 위해 비개발직군에게 소프트웨어 교육을 제공하기도 합니다. 그리고 우리나라는 초, 중, 고등학교에서 코딩 교육을 합니다. 나는 개발자가 아닌데 코딩 교육을 받으면 뭐가 좋을까요?

코딩을 배우면 좋은 점을 5가지로 요약할 수 있습니다.

첫째, 코딩에서 필요한 컴퓨터 언어(스크래치, C언어, Python 등)도 우리가 소위 말하는 '언어'이기 때문에 컴퓨터와 소통하는 과정에서 논리력이 향상될 수 있습니다. 코딩은 컴퓨터와 대화하는 과정으로, 논리적으로 틀린 대화는 컴퓨터가 감지하여 냉정하게 오류를 발생시킵니다. 그래서 컴퓨터 언어를 전달하는 사람 입장에서 규칙과 논리를 하나씩 따지면서 코딩을 해야 하는데, 이런 과정에서 논리적으로 생각하는 힘이 길러질 수 있습니다.

▲ [그림 1.3.1] 코딩과 논리력

둘째, 우리가 이론으로만 공부했던 수학을 코딩을 통해 실제로 사용해 볼 수 있습니다. 우리나라에서는 학교에서 오랫동안 수학을 공부하지만 실제로 수학 이론을 사용하는 경험을 해보기는 쉽지 않습니다. 컴퓨터 프로그램은 수학이 실제로 사용되는 대표적인 분야입니다. 그래서 프로그램을 만드는 코딩을 하면 자연스럽게 수학 이론을 사용하게 됩니다. 다음은 각 분야에서 대표적으로 필요한 수학 이론을 정리한 것입니다.

- **데이터 분석:** 확률 및 통계
- **컴퓨터 비전:** 선형대수, 기하학
- **인공지능:** 미적분, 선형대수, 확률 및 통계

- **3D 프로그래밍:** 삼각함수, 선형대수
- **암호학, 블록체인:** 알고리즘, 정수론

셋째, 코딩은 문제 해결력과 자신감을 키워줍니다. 어떤 프로그램을 만들기 위해 코딩을 하는 과정에서 정답은 하나만 있지 않습니다. 그리고 코딩은 여러 번 실수를 해도 그때마다 컴퓨터가 오류를 알려주거나 내가 다시 금방 고쳐서 할 수 있습니다. 어떻게 고치는지 잘 모르면 온라인 검색을 하거나 책을 찾아보면 됩니다. 코딩은 내가 틀리는 것을 두려워하지 않고 온전히 문제를 해결하는 데 몰입하게 만들기 때문에, 문제 해결력과 자신감을 키우기 좋은 경험을 줍니다.

▲ [그림 1.3.2] 코딩과 문제해결력

넷째, 어릴 때부터 코딩을 하면 성취감을 경험할 수 있습니다. 개인이 아무것도 모르는 상태에서 시작하여 눈에 보이는 결과물을 만들어 내는 것은 쉽지 않습니다. 더군다나 나 혼자 만족하는 것을 넘어서서 다른 사람들이 사용해 볼 수 있는 상품 등을 생각하고 만들어 내는 것은 더더욱 어렵게 느껴집니다.

하지만 코딩을 하면 내가 만든 결과물을 다른 사람들에게 공유하고 사용하게 하는 과정까지 모두 경험해 볼 수 있어, 만족감과 성취감이 큽니다. 예를 들어 이 책에서 다루는 '앱 인벤터'라는 프로그램을 배우면 30분 안에 간단한 스마트폰 앱을 만들 수 있습니다. 이렇게 만든 앱을 가족이나 친구들에게 주어서 반응을 살펴 볼 수도 있습니다. 좀 더 공부를 한다면 앱 스토어에 나만의 앱을 출시해서 다른 사람들이 다운로드하고 사용해 볼 수도 있습니다. 손으로 만지는 물건을 만들고 출시한다면 그 과정이 굉장히 어렵고 돈도 많이 들지만, 코딩을 배워 앱을 하나 만들고 다른 사람들이 사용해 볼 수 있게 하는 것은 그보다 더 쉽고 비용도 저렴합니다. 무엇보다도 어렸을 때 생산자 입장의 성취감을 경험해 보는 것은 아주 훌륭한 교육이 될 것입니다.

▲ [그림 1.3.3] 나만의 앱 개발

다섯째, 코딩을 배운 사람이 만든 프로젝트에는 어떤 것이 있는지 살펴보면 나에게 유익한 도구를 만들 때 활용해 볼 수 있습니다. 만약 내가 직장인이라면, 회사에서 자주 사용하는 엑셀 프로그램을 수동으로 편집하지 않고 파이썬으로 자동화하여 업무 효율을 높일 수 있습니다. 내가 학생이라면 스크래치를 이용하여 나만의 게임을 만들어 볼 수 있습니다. 코딩을 배운 경험이 없을 땐 게임 사용자 입장이었다면 코딩을 배운 이후로는 게임 생산자 입장을 경험해 볼 수 있습니다. 그리고 앱 인벤터라는 프로그램을 이용하면 30분 만에 유용한 앱을 만들고 앱 스토어에 올려볼 수도 있습니다. 또한 아두이노를 배우면 우리 집 강아지에게 자동으로 밥을 주는 기계 장치를 저렴한 비용으로 만들 수 있습니다.

▲ [그림 1.3.4] 코딩을 이용한 응용 프로젝트

1.4 개발 환경 준비하기 - 스크래치 준비

1.4.1 mBlock 스크래치란?

스크래치(Scratch)는 블록코딩 프로그램으로써 스크래치 공식 사이트에서 별도의 설치 없이 무료로 사용해 볼 수 있습니다. 다만 아두이노와 스마트폰 앱이 연동 되는 스크래치는 따로 설치해야 합니다. 이 책에서는 다양한 스크래치 프로그램 중에서 'mBlock(엠블록)'이라는 프로그램을 사용합니다. mBlock은 아두이노 같은 하드웨어를 제어하는 명령 블록도 풍부하게 제공하며 스마트폰 앱과 무선으로 연결하는 데 필요한 명령 블록도 갖추었습니다.

> **용어 설명** 블록코딩(Block Coding)이란?
>
> 레고 블록 조각을 하나하나 연결해서 작품을 만들 수 있는 것처럼, 블록코딩을 배우면 명령 블록을 연결해 스마트폰 앱이나 게임을 만들 수 있습니다. 명령 블록이란 블록 모양으로 된 명령어를 말하는데, 이것을 순서대로 연결하면 컴퓨터 화면에서 캐릭터를 움직이게 하거나 컴퓨터와 연결된 하드웨어 장치들을 움직이게 할 수 있습니다.

1.4.2 mBlock 설치 및 실행하기

01 인터넷 브라우저를 열고 mBlock 홈페이지에 접속합니다. 그리고 mBlock 홈페이지 첫 화면의 상단에서 [Download]를 클릭합니다.

> **NOTE** 다음 그림처럼 주소를 입력해도 되고 구글 검색창에서 'mBlock'을 검색해서 접속해도 됩니다(검색 결과 화면 상단에 mBlock 홈페이지 링크가 나옵니다).

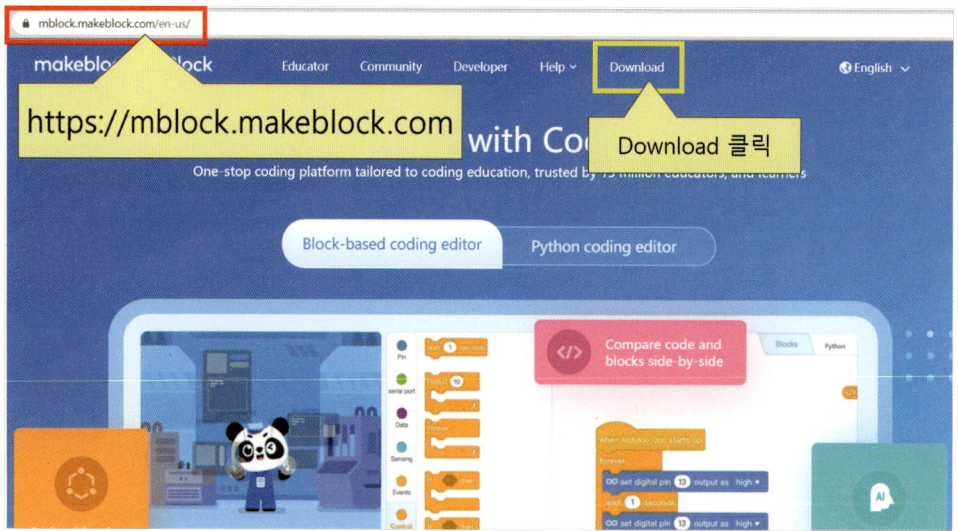

▲ [그림 1.4.1] mBlock 홈페이지

02 mBlock 프로그램 다운로드 페이지가 나오면 mBlock PC version에서 자신의 컴퓨터 운영체제(윈도우, 맥)에 맞는 mBlock 설치 프로그램을 다운로드합니다.

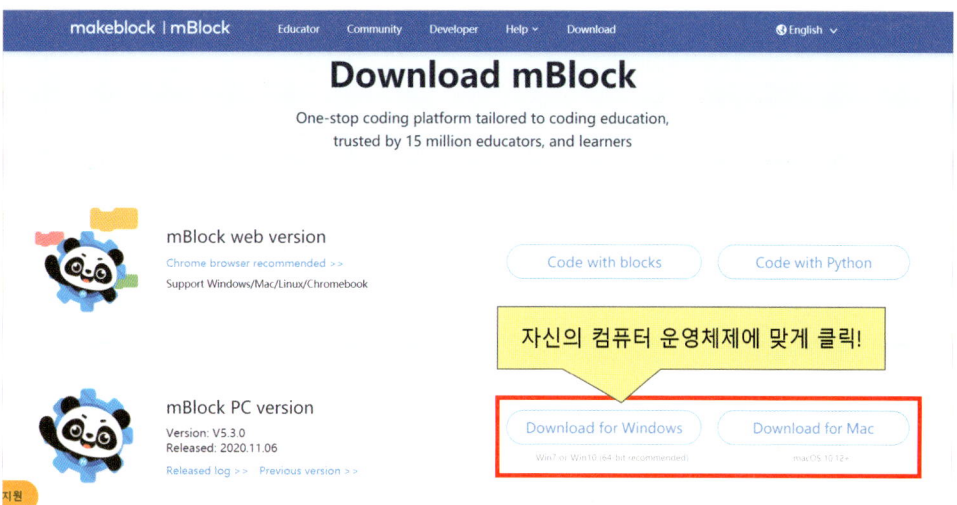

▲ [그림 1.4.2] mBlock 다운로드

03 다운로드한 설치 프로그램을 클릭하여 실행해 주세요.

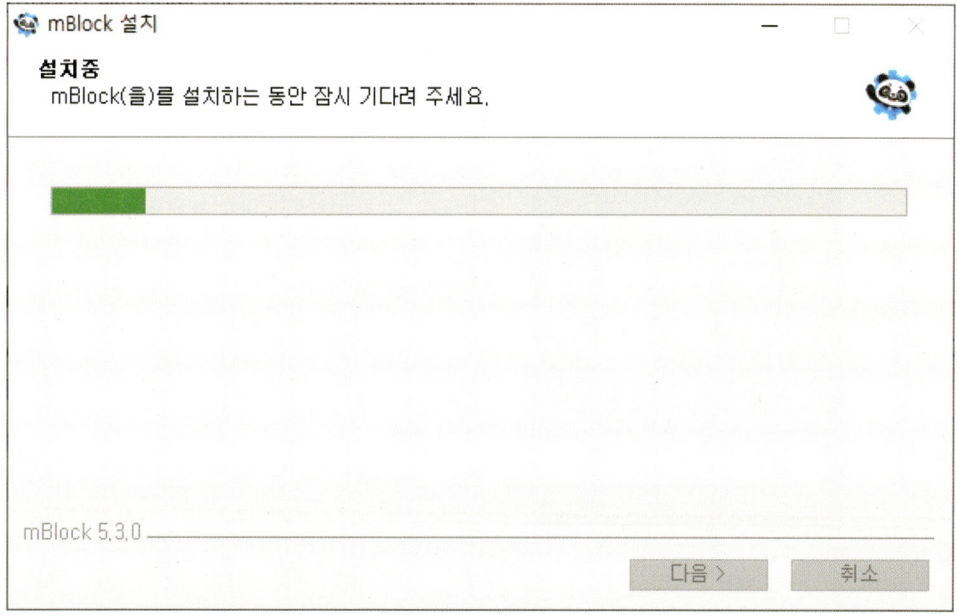

▲ [그림 1.4.3] mBlock 설치

1.4 개발 환경 준비하기 - 스크래치 준비   21

04 다음 그림과 같이 설치하는 중간에 '디바이스 드라이버(Device Driver)' 창이 뜨면 [Install] 버튼을 눌러 설치해 주세요.

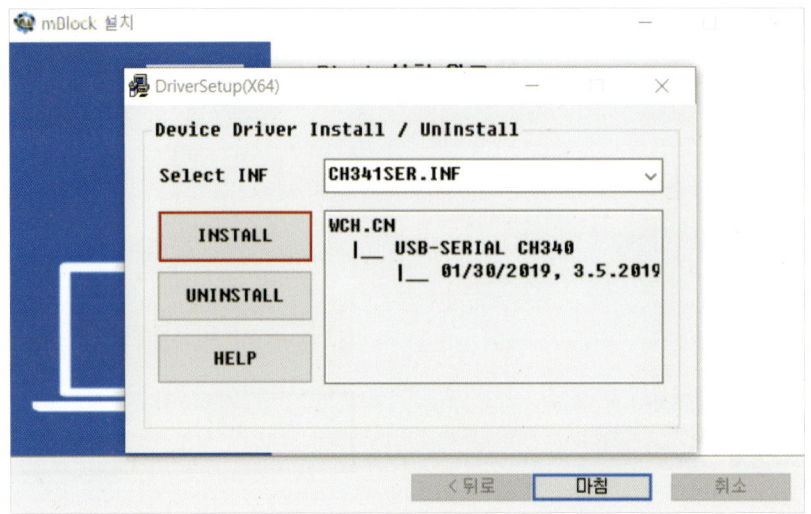

▲ [그림 1.4.4] 디바이스 드라이버 설치

05 설치가 완료되면 mBlock을 실행합니다.

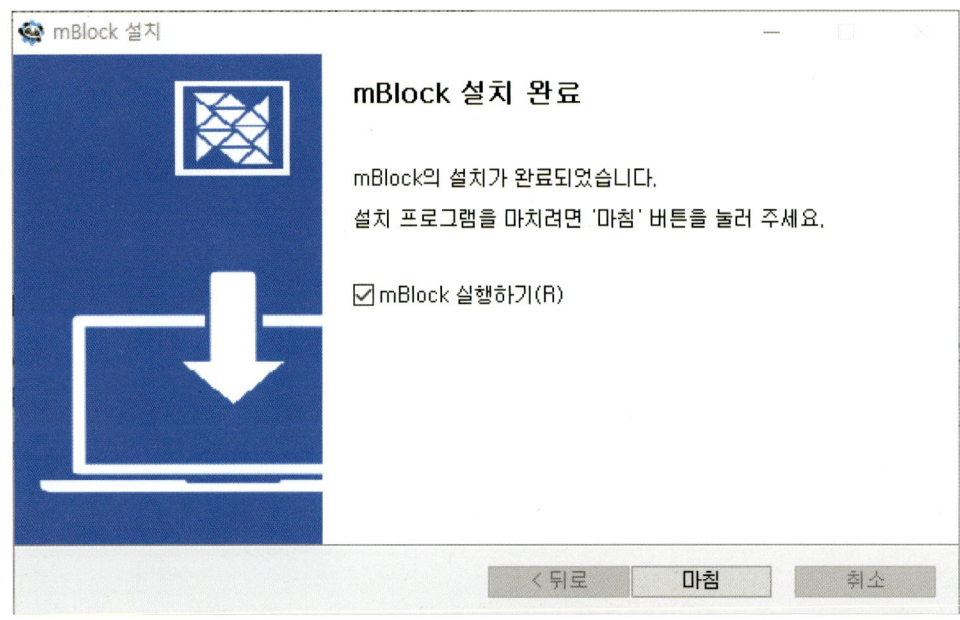

▲ [그림 1.4.5] mBlock 설치 완료 후 실행

다음 그림과 같이 mBlock 프로그램이 실행되면 잘 설치된 것입니다.

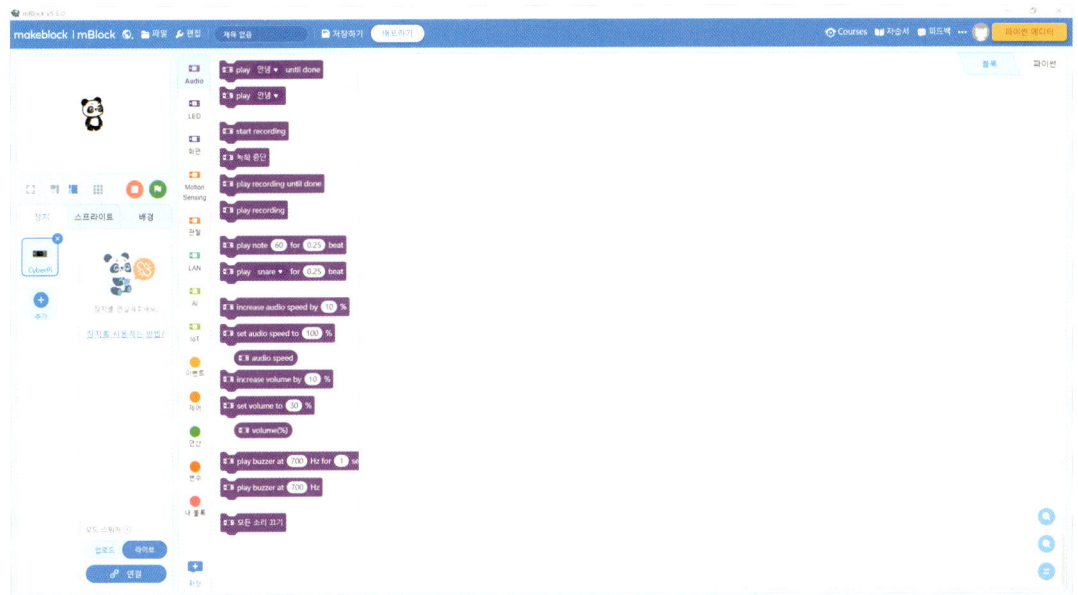

▲ [그림 1.4.6] mBlock 실행 화면

1.4.3 mBlock 스크래치의 구조 및 실행 방법

설치를 마친 mBlock 스크래치의 전체적인 구조를 살펴보겠습니다.

mBlock을 실행한 화면의 왼쪽은 '스테이지' 영역, 가운데는 '블록' 영역, 오른쪽은 '스크립트' 영역입니다. 각 영역을 간단히 설명하자면 다음과 같습니다.

- **스테이지 영역:** 디자인, 장치 연결, 스프라이트 및 배경 설정을 하는 영역입니다.
- **블록 영역:** 코딩을 하기 위한 컴퓨터 명령 블록을 모아 놓은 영역입니다.
- **스크립트 영역:** 드래그 앤 드롭을 이용하여 블록을 쌓아 코딩을 하고 프로그램을 실행할 수 있는 영역입니다.

▲ [그림 1.4.7] mBlock 스크래치 구조

'스테이지 영역'의 아래쪽을 보면 [장치], [스프라이트], [배경]이 있습니다. 다음은 각 메뉴의 기능을 정리한 것입니다.

- **장치:** 하드웨어를 추가하거나 업로드/라이브 연결 등의 여러 가지 설정을 하는 곳입니다. (이 책에서는 아두이노 장치를 추가하여 사용합니다.)
- **스프라이트:** 일반적인 스크래치 프로그램의 캐릭터 영역입니다. 스프라이트를 추가하거나 이름, 크기, 방향, 소리 등의 추가적인 설정을 할 수 있습니다.
- **배경:** 캐릭터가 연극을 하는 무대처럼 스크래치 프로그램이 실행되는 모습을 보여주는 무대 화면입니다. 기존에 저장되어 있는 무대를 선택하거나 본인이 원하는 이미지 파일을 가져와서 배경으로 설정할 수 있습니다.

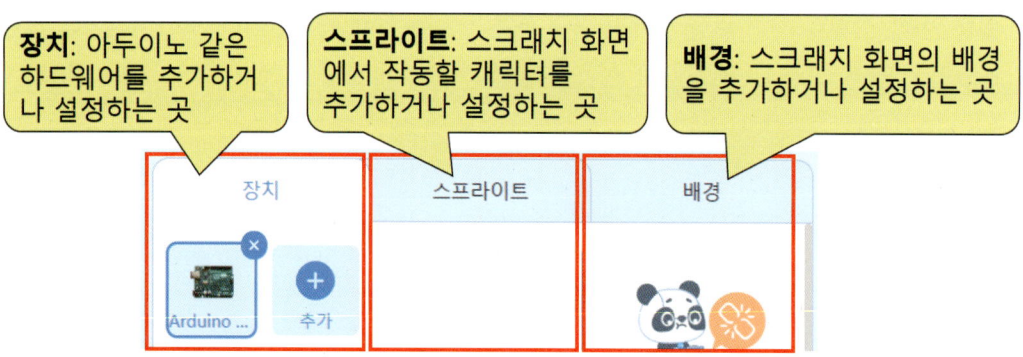

▲ [그림 1.4.8] 장치, 스프라이트, 배경

[그림 1.4.9]는 스크래치 프로그램의 실행 결과가 나타나는 화면입니다. 이 화면 바로 아래에는 총 6개의 버튼이 있습니다. 각 버튼의 기능은 다음과 같습니다.

▲ [그림 1.4.9] 스크래치 실행 화면

① 화면 사이즈를 가장 크게 하기
② 화면 사이즈를 중간 크기로 하기
③ 화면 사이즈를 가장 작게 하기
④ 화면 배경에 x, y 좌표값 표시하기
⑤ 프로그램 멈추기
⑥ 녹색 깃발 명령 실행하기

'블록 영역'에는 코딩을 할 명령 블록이 모여 있습니다. 각 명령 블록은 특성에 따라 모음 메뉴로 나뉘어 있습니다. 그리고 추가적인 기능을 가진 명령 블록은 [확장]이라는 버튼을 눌러서 가져올 수 있습니다.

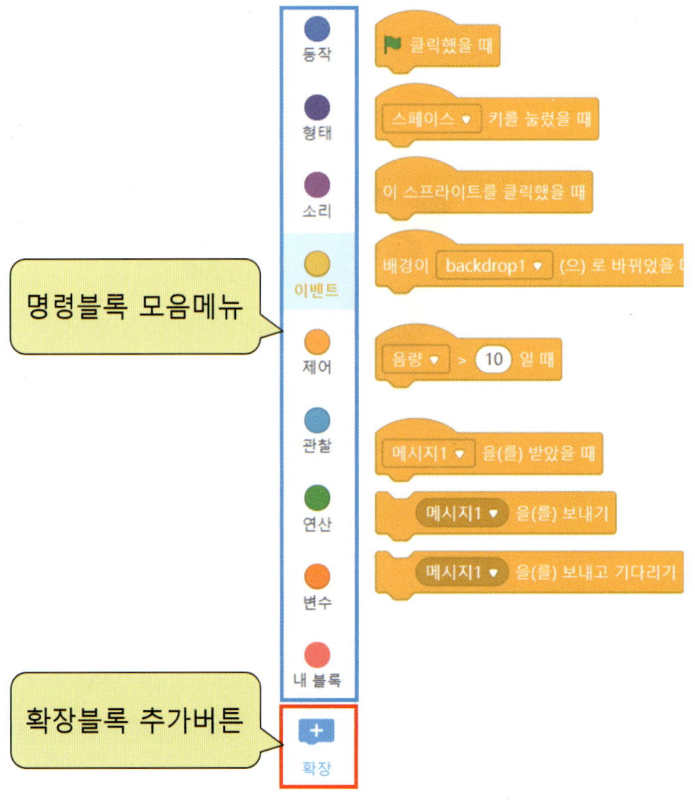

▲ [그림 1.4.10] 명령 블록

[확장] 버튼을 누르면 [확장 센터]가 나옵니다(그림 1.4.11 참조). 이 화면의 상단에는 [스프라이트 확장], [디바이스 확장] 메뉴가 있습니다. 다음은 각 메뉴의 기능을 정리한 것입니다.

- **스프라이트 확장:** 펜, 음악, 인공지능, 빅데이터, 음성처리 등 확장 명령 블록 세트를 스프라이트에 추가할 수 있는 곳입니다. [+ 추가] 버튼을 눌러서 나의 프로그램에 새로운 명령 블록을 추가할 수 있습니다.

- **디바이스 확장:** 아두이노 같은 하드웨어에 연결하는 전자 부품(LCD, 센서, 모터 등) 중 단순한 명령어로는 제어하기 힘든 것들을 쉽게 제어할 수 있는 명령 블록들을 모아놓은 곳입니다. (이 책에서도 몇 가지 제어하기 힘든 전자 부품들은 디바이스 확장 블록을 이용할 예정입니다.)

▲ [그림 1.4.11] 확장 명령 블록 센터

'스크립트' 영역은 코딩을 하고 프로그램을 실행하는 곳입니다. 블록 영역에 있는 명령어를 마우스로 드래그(Drag)하여, 스크립트 영역으로 드롭(Drop)하는 방식으로 코딩을 할 수 있습니다. 스크립트 영역에 명령 블록을 모으면 마치 자석처럼 자동으로 달라붙습니다. 레고 블록 쌓듯이 화면 위에서부터 아래로 차곡차곡 쌓아서 프로그램을 실행하면 왼쪽 화면 창에서 실행 결과가 나타납니다. 그리고 기본적으로 명령 블록 하나를 더블 클릭만 해도 단독으로 실행이 됩니다.

▲ [그림 1.4.12] 스크래치로 코딩하는 방법

1.5 개발 환경 준비하기 - 아두이노 부품 준비

1.5.1 아두이노란?

아두이노(Arduino)는 마이크로컨트롤러(Microcontroller)에 속합니다.

마이크로컨트롤러는 마이크로프로세서(CPU, Memory 등이 합쳐진 것)와 입출력 모듈을 하나의 칩으로 만들어 정해진 기능을 수행하는 컴퓨터를 말합니다.

쉽게 말해 아두이노를 미니 컴퓨터라고 생각하면 됩니다. 정해진 기능을 수행하도록 프로그래밍하고 입출력 장치에 전기 신호를 주어 외부 장치들을 제어합니다.

● **아두이노 보드 핵심 요소 정리**

다음 그림은 아두이노 보드의 여러 구성 중에서 핵심 요소만 정리한 것입니다.

▲ [그림 1.5.1] 아두이노 우노

① **리셋 버튼**: 아두이노의 프로그램을 처음부터 다시 시작하게 만듭니다.
② **USB 포트**: 아두이노 보드에 전원을 공급하고 프로그램을 업로드하는 데 사용합니다.
③ **외부 전원 소켓**: DC 전원을 공급 받는 곳입니다.
④ **전원 핀**: 3.3V, 5V, GND 등 전압을 공급 받는 부분과 접지 부분입니다.
⑤ **아날로그 핀**: 아날로그 센서 신호를 읽어 디지털 값으로 변환하는 데 사용합니다.
⑥ **마이크로컨트롤러**: 아두이노 보드의 프로그램을 저장하고 실행하는 핵심 부분입니다.
⑦ **디지털 핀**: 디지털 입/출력 전기 신호가 작동하는 부분입니다.

1.5.2 아두이노 부품 준비하기

아두이노 부품을 낱개로 구매해서 이 책의 실습을 진행할 수 있습니다. 책에서 다루는 아두이노 보드, 전자부품 목록, 필요한 개수, 구매 사이트를 알려드립니다.

> **잠깐!** 구매할 부품은 저자 블로그를 참조해 주세요
>
> 저자 블로그에 구매할 부품의 링크를 게시해 놓았습니다. 재고 부족 등의 이유로 부품이 교체될 수 있는 점을 대비해 링크를 수시로 업데이트하니 참조해주세요.
>
> **부품 구매 링크 찾기**
> 저자 블로그(https://wooduino.tistory.com)에 접속 〉 '스크래치&앱 for 아두이노' 게시판 클릭

부품 이름	이미지	필요한 개수
아두이노 우노 USB 케이블 브레드 보드		1개씩
전선 (MM)		1세트(10줄 정도)
전선 (FM)		1세트(20줄 이상)
버튼 스위치 모듈		1개
I2C LCD 모듈		1개

부품 이름	이미지	필요한 개수
RGB LED 모듈		1개
부저 모듈 (Passive)		1개
빛 센서(CdS) 모듈		1개
가변 저항 모듈		1개
서보모터 (SG-90)		1개
블루투스 모듈 (HC-06)		1개

1.6 개발 환경 준비하기 - 앱 인벤터 준비

1.6.1 앱 인벤터란?

앱 인벤터(App Inventor)는 스크래치와 같이 블록코딩으로 안드로이드 또는 iOS 앱을 쉽고 빠르게 만들어 볼 수 있는 웹사이트입니다. 앱 인벤터 공식 사이트(https://appinventor.mit.edu)에서 별도의 프로그램 설치 없이 무료로 사용해 볼 수 있습니다.

1.6.2 앱 인벤터 실행하기

앱 인벤터를 실행하고 만든 앱을 안드로이드 스마트폰에 설치하는 방법을 알아봅시다.

> **잠깐!** 이 책은 안드로이드 환경을 기준으로 앱 인벤터를 설명합니다
>
> 이 책은 앱 인벤터의 실행, 설치 모두 안드로이드 스마트폰을 기준으로 설명합니다. 참고로 Chapter 3~4의 실습 또한 안드로이드 환경으로 다루었습니다.

01 앱 인벤터를 사용하려면 우선 구글(Google) 계정으로 로그인해야 합니다. 구글 계정이 없다면 다음 그림과 같이 구글 계정을 만들어 주세요.

> **NOTE** 구글 검색창에서 '구글 회원가입'을 검색하시면 됩니다.

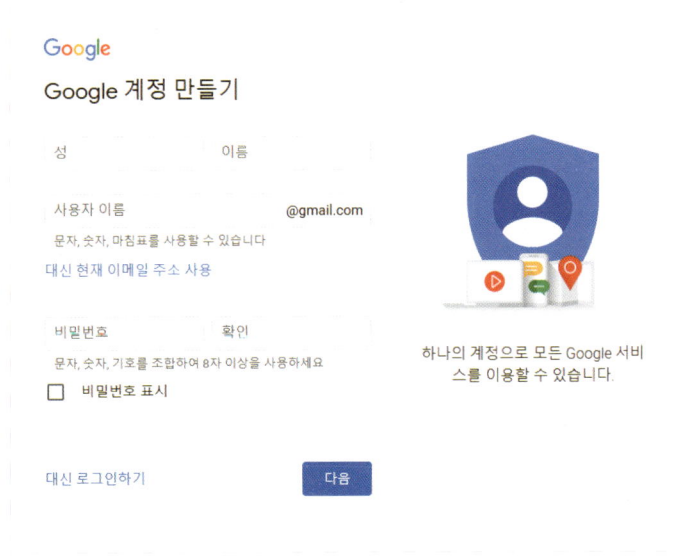

▲ [그림 1.6.1] 구글 회원가입

02 구글에 로그인한 상태에서 앱 인벤터 웹사이트(https://appinventor.mit.edu)에 접속합니다(구글에서 '앱 인벤터'라고 검색해도 됩니다). 앱 인벤터 사이트에 들어와서 상단 메뉴 중 [Create Apps!]를 클릭합니다.

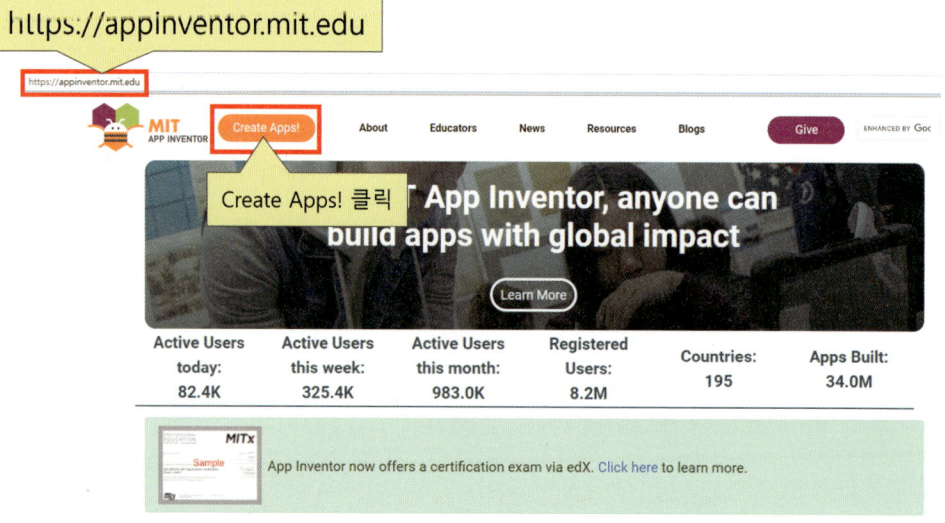

▲ [그림 1.6.2] 앱 인벤터 홈페이지

03 이제 앱 인벤터로 앱을 개발할 수 있는 화면으로 넘어왔습니다. 앱 인벤터 개발 환경은 어떻게 구성되어 있는지 살펴보기 위해 테스트 프로젝트를 만들어 보겠습니다. [Start new project]를 클릭하고 프로젝트 이름을 'test1'이라고 적은 후 [OK] 버튼을 누릅니다.

▲ [그림 1.6.3] 앱 인벤터 테스트 프로젝트 만들기

잠깐! 인터넷이 되는 환경이라면 언제든 내가 만든 프로젝트를 확인할 수 있어요

내가 만든 프로젝트 안에서 하나의 스마트폰 앱을 만들 수 있게 됩니다. 프로젝트는 실시간으로 클라우드에 저장되므로, 인터넷이 되는 환경이라면 언제든지 앱 인벤터에 접속하여 프로젝트를 열어볼 수 있습니다.

04 스마트폰 앱을 개발하는 화면은 2개로 나뉘는데, 첫 번째는 디자인 화면이고 두 번째는 코딩 화면입니다. 다음 그림은 앱 인벤터의 디자인 화면으로, 화면 오른쪽 상단의 [Designer]를 클릭하면 나옵니다. 디자인 화면에서는 스마트폰 앱 화면에 나타날 디자인 요소를 설계할 수 있습니다.

- **디자인 화면 왼쪽 창**: 앱 화면에 주로 사용되는 글자, 버튼, 이미지, 센서 등의 디자인 요소가 있습니다. 이것을 마우스로 드래그하고 가운데 스마트폰 화면 안에 드롭하여 디자인을 할 수 있습니다.
- **디자인 화면 오른쪽 창**: 디자인 요소의 속성을 수정하거나 표시할 수 있습니다.

▲ [그림 1.6.4] 앱 인벤터 디자인 화면

05 화면 오른쪽 상단의 [Blocks]를 클릭하면 다음 그림과 같이 코딩 화면으로 넘어가게 됩니다. 코딩 화면에서는 왼쪽에 있는 명령 블록을 화면 가운데 넓은 곳에 옮겨서(드래그&드롭) 코딩을 할 수 있습니다.

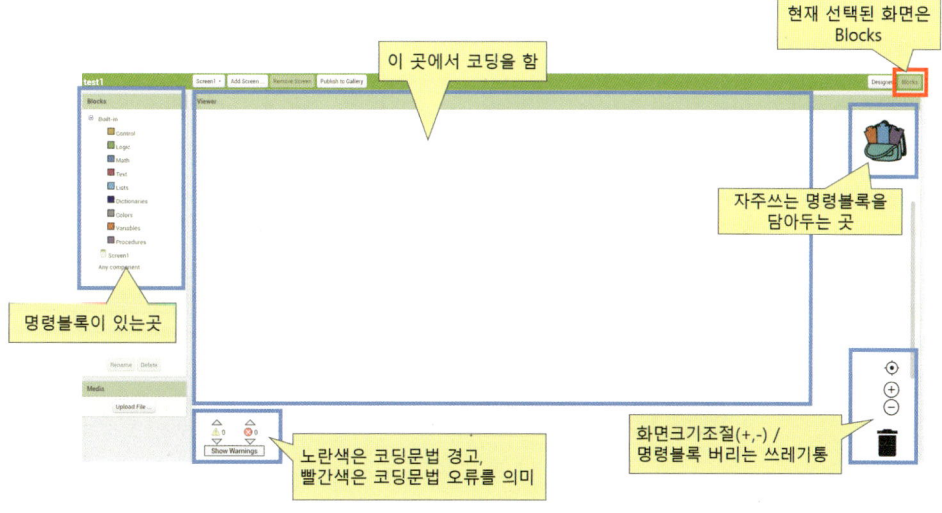

▲ [그림 1.6.5] 앱 인벤터 코딩 화면

06 만약 내가 만들고 싶은 앱 디자인과 코딩을 모두 완료했다면, QR 코드를 만들고 찍는 것만으로 내 스마트폰에 앱 설치를 간단하게 해볼 수 있습니다. 앱 인벤터 상단 메뉴에서 [Build] 〉 [App(provide QR code for .apk)]를 클릭하고 잠시 기다리면 QR 코드가 나옵니다. 이 QR 코드는 내가 만든 앱을 다운로드할 수 있는 링크를 의미합니다.

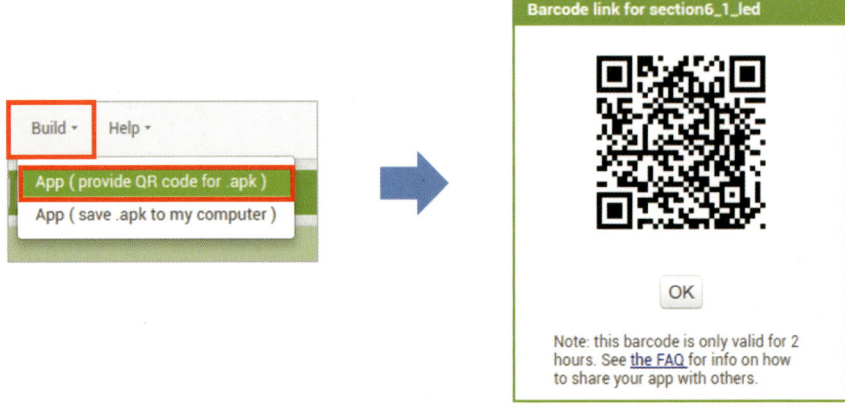

▲ [그림 1.6.6] QR 코드로 앱 다운로드하기

07 방금 생성한 QR 코드를 찍어 앱을 설치하려면 앱 인벤터에서 제공하는 'MIT AI2 Companion' 앱이 필요합니다. 다음 그림과 같이 구글 플레이 스토어에서 이 앱을 검색한 후 다운로드하여 스마트폰에 설치해 주세요.

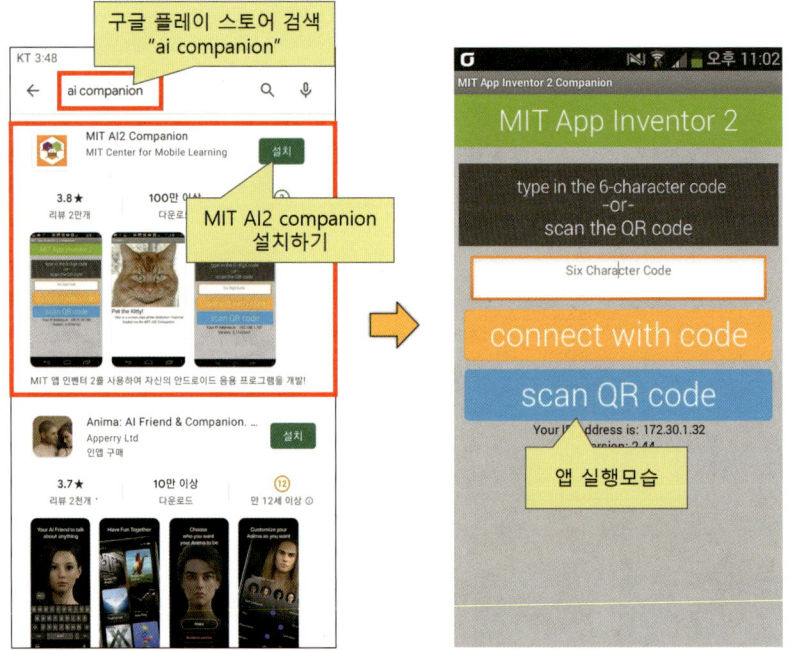

▲ [그림 1.6.7] MIT AI2 Companion 앱 설치 및 실행

[08] 앱을 실행하고 파란색 버튼(scan QR code)을 누르면 QR 코드를 찍는 화면으로 넘어갑니다. 그리고 여기서 QR 코드를 찍으면 앱을 설치한다는 메시지가 나오는데 평소 앱을 설치할 때처럼 앱을 설치하고 완료하면 됩니다.

> **주의사항** 만약 '출처를 알 수 없는 앱'이라는 메시지가 나온다면, 스마트폰 [설정] 〉 [보안]에 들어가서 출처를 알 수 없는 앱도 설치할 수 있도록 바꿔 놓아야 합니다.

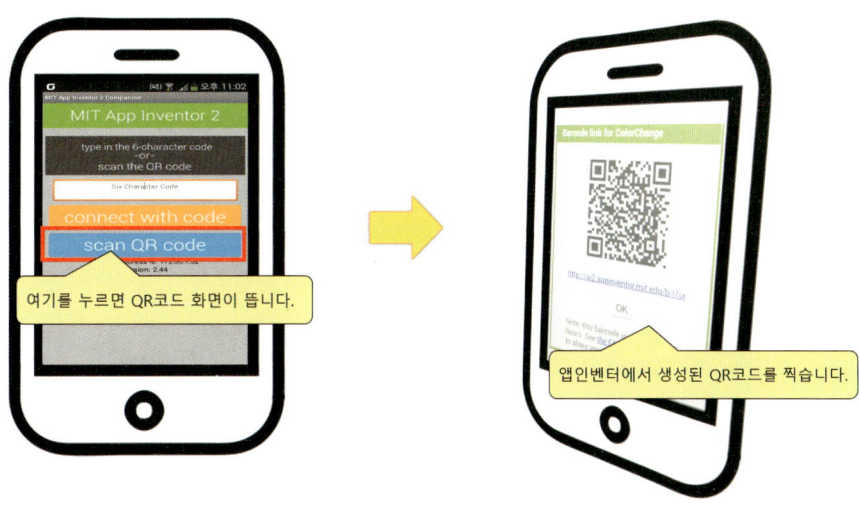

▲ [그림 1.6.8] QR 코드 스캔

[09] 지금까지 앱을 설치하여 나의 코딩 결과를 테스트하는 방법을 설명했습니다. 이외에도 앱을 테스트하는 다양한 방법이 앱 인벤터 홈페이지에 나와 있습니다. 다른 방법이 필요하신 분은 아래의 링크로 접속하셔서 참고하면 됩니다.

앱 테스트를 해 보는 4가지 방법
[URL] http://appinventor.mit.edu/explore/ai2/setup

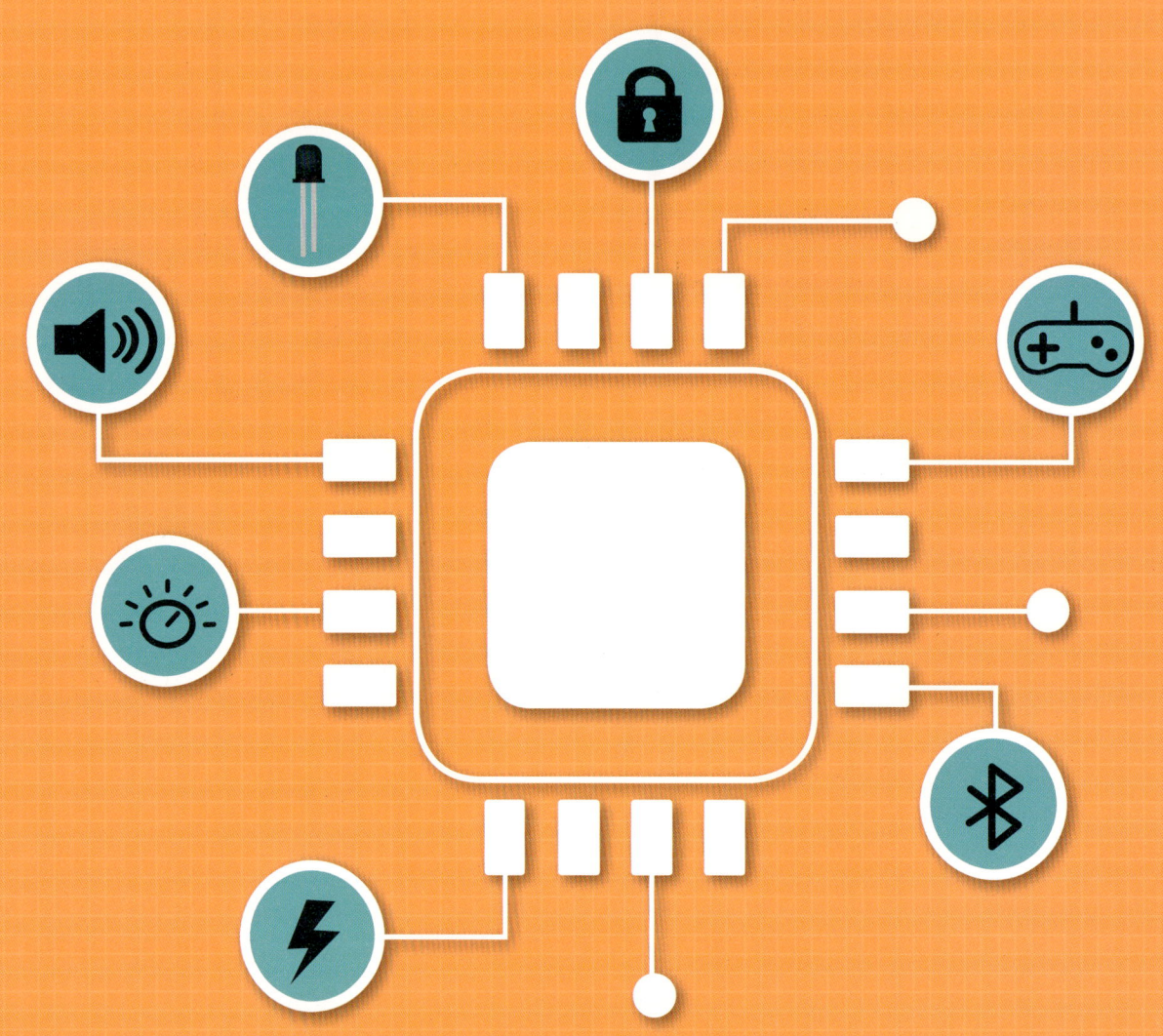

CHAPTER 02

스크래치로 아두이노 작동시키기

Chapter 2에서는 스크래치 명령 블록을 이용하여 아두이노에 연결된 여러 가지 전자 장치(LED, 버튼, 센서, LCD, 부저, 모터)를 작동시키는 방법을 알아봅니다.

2.1 LED 제어
2.2 버튼 입력을 감지하는 방법
2.3 RGB LED 제어
2.4 아날로그 센서를 측정하는 방법
2.5 LCD에 글자 출력하는 방법
2.6 부저와 서보모터를 제어하는 방법

2.1 LED 제어

작품 미리보기

이번 예제에서는 아두이노 13번 핀에 연결된 LED를 스크래치 명령어로 on, off 해보겠습니다.

▲ [그림 2.1.1] LED on, off

사용할 부품 확인하기

이번 예제에서 사용할 부품은 아두이노의 13번 핀에 연결된 LED입니다. 이 LED는 아두이노 보드에 내장되었기 때문에 따로 연결할 부품은 없습니다. USB 케이블로 아두이노를 컴퓨터에 연결만 하면 됩니다.

아두이노 회로도

※ 아두이노 및 부품 구매 방법: 저자 블로그 (https://wooduino.tistory.com)의 '아두이노 부품 구매처' 게시글을 참고해 주세요.

▲ [그림 2.1.2] 아두이노 회로도

코딩하기

01 지금부터 아두이노에 연결된 LED를 스크래치 명령 블록으로 제어하는 실습을 하겠습니다. 실습을 할 때 중요한 점은 항상 아두이노와 스크래치가 통신을 할 수 있게 연결하는 작업해 주어야 한다는 겁니다. 그래서 아두이노와 스크래치를 연결하는 방법을 먼저 소개하겠습니다.

다음 그림과 같이 USB 케이블로 아두이노와 내 컴퓨터를 연결합니다.

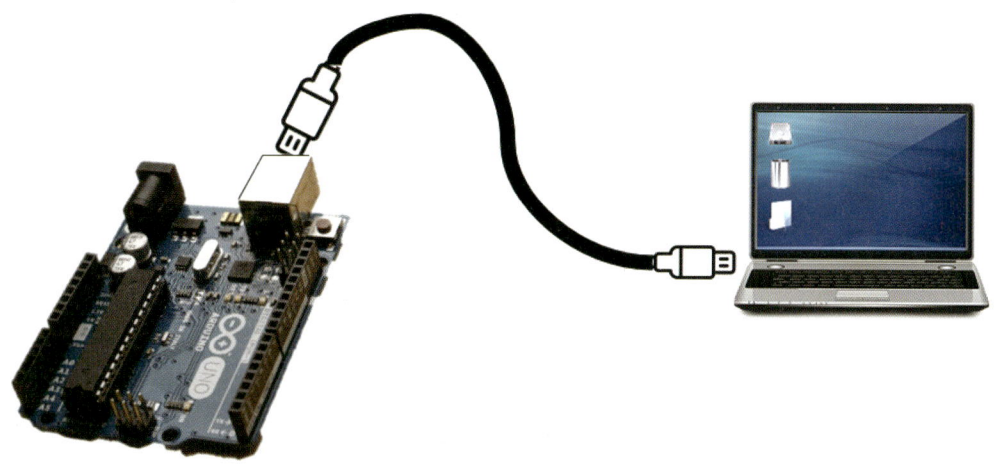

▲ [그림 2.1.3] 아두이노와 컴퓨터 연결하기

02 아두이노와 컴퓨터의 USB 연결을 완료했다면 컴퓨터에서 mBlock 스크래치 프로그램을 실행합니다.

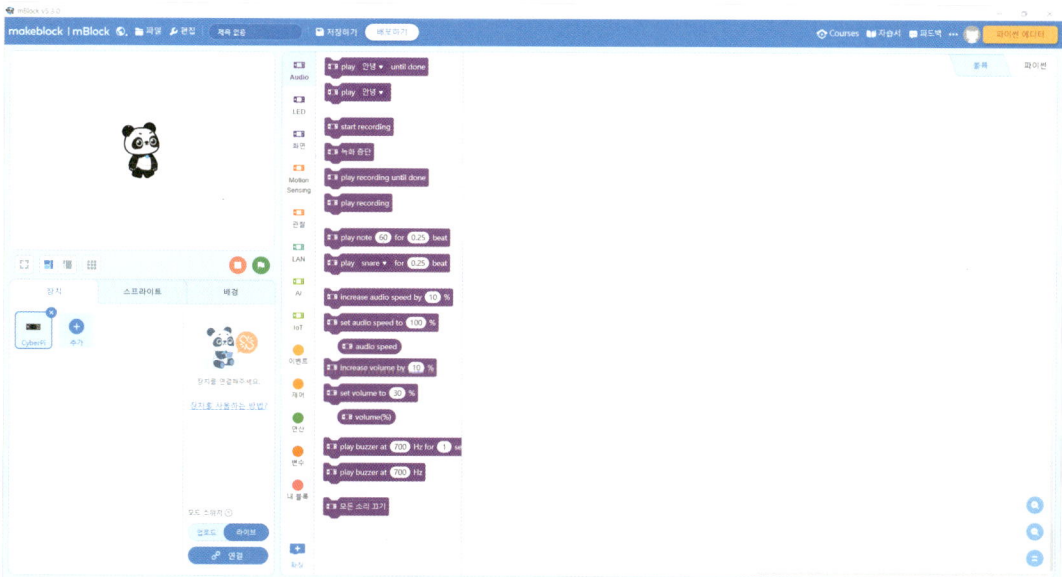

▲ [그림 2.1.4] mBlock 실행하기

03 mBlock 프로그램을 실행하면 '장치' 영역에 우리가 모르는 하드웨어 장치가 처음 표시되어 있을 겁니다 (그림 2.1.5에서는 CyberPi가 표시됨). 우리는 아두이노(Arduino)를 사용할 것이므로 처음에 표시된 장치를 삭제하고 「Arduino Uno(아두이노 우노)」를 추가할 겁니다.

다음 그림과 같이 아두이노 우노 장치를 추가해 주세요.

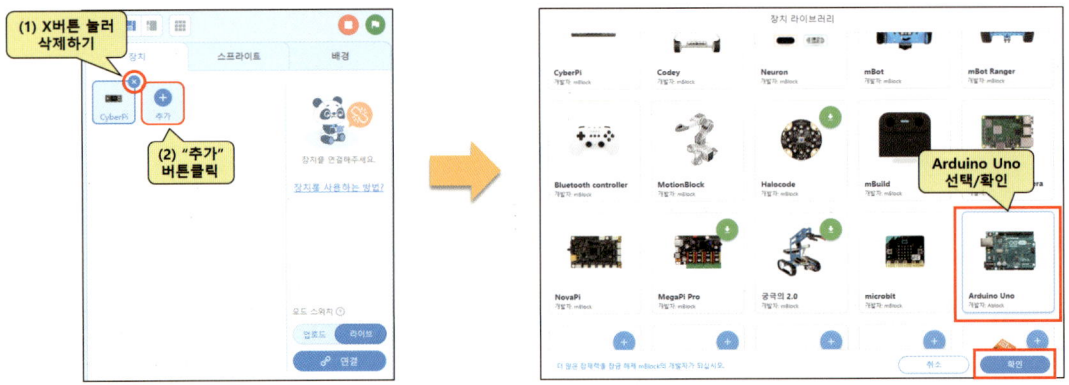

▲ [그림 2.1.5] mBlock에 아두이노 우노 장치 추가하기

04 mBlock 스크래치로 아두이노를 작동하는 방법은 두 가지 있습니다.

- **라이브**: 스크래치 코드를 새롭게 추가할 때 마다 실시간으로 아두이노가 작동되게 하기
- **업로드**: 스크래치 코드 전체를 다 만든 후, 그 코드를 아두이노에 업로드하여 작동시키기

이 책에서는 만들고자 하는 프로젝트의 상황에 따라 '라이브'와 '업로드'를 적절히 선택하도록 하겠습니다. 이번 예제에서는 [라이브]로 아두이노를 연결할 것입니다. 다음 그림을 따라하며 아두이노를 mBlock에 연결해 주세요.

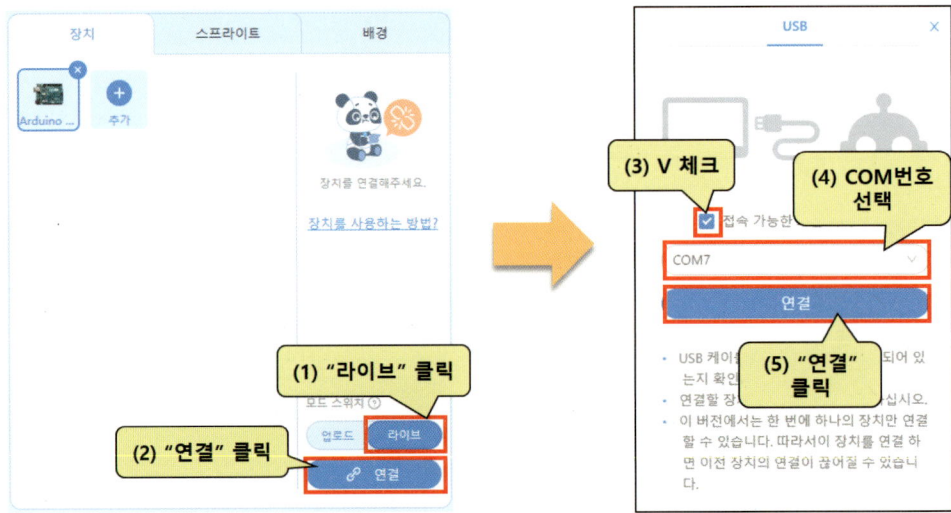

▲ [그림 2.1.6] 아두이노 라이브 연결하기

05 아두이노가 mBlock에 연결되었다면 [업데이트]를 하라는 표시가 나타날 겁니다. 다음 그림을 따라하면서 펌웨어 업데이트를 완료해 주세요.

NOTE 여기서 [업데이트]는 아두이노에 '펌웨어'라는 프로그램을 저장해야지만 mBlock 스크래치와 실시간 라이브 통신이 가능하므로 반드시 [펌웨어 업데이트]를 하라는 알림입니다.

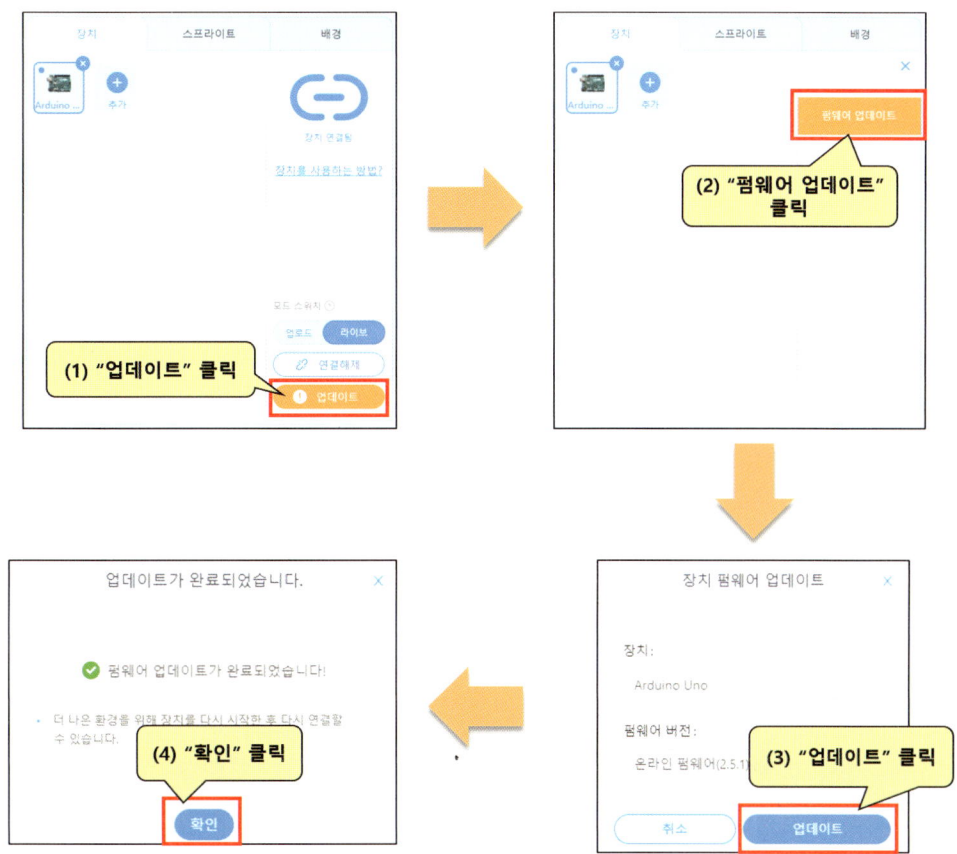

▲ [그림 2.1.7] 펌웨어 업데이트

06 펌웨어 업데이트를 완료하면 '라이브' 연결이 자동으로 끊기게 됩니다. 다시 한 번 라이브 연결을 해주세요.

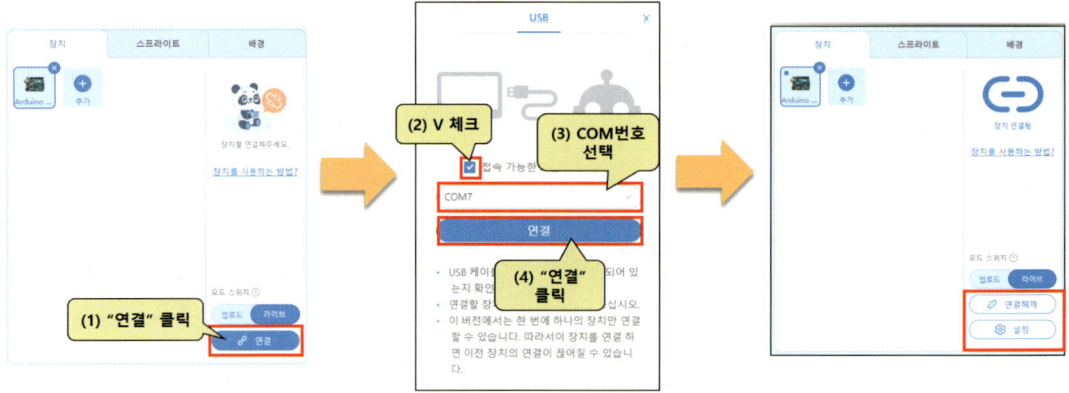

▲ [그림 2.1.8] 다시 라이브 연결하기

07 하드웨어 연결이 완료되었으면 스크래치로 아두이노 13번 핀에 연결된 LED를 작동시키는 코딩을 해봅시다. 블록 영역의 [이벤트]에서 [클릭했을 때] 블록을 가져오고, [제어]에서 [계속 반복하기] 블록을 스크립트 영역으로 가져와 붙여줍니다.

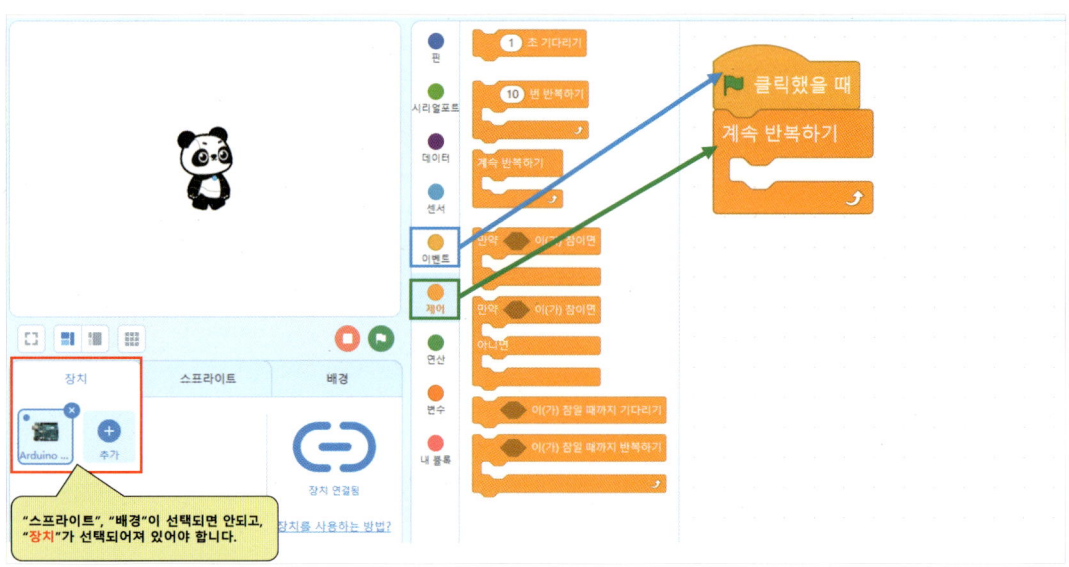

▲ [그림 2.1.9] LED 제어 코딩 (클릭, 반복)

08 아두이노 우노의 13번 핀에 LED가 연결되어 있습니다. 그래서 다음 그림과 같이 '디지털 핀 13'에 '출력 high' 명령을 주면 LED가 켜지고, '출력 low' 명령을 주면 LED가 꺼지게 할 수 있습니다. 그리고 [1초 기다리기]를 사이에 끼워 넣어 LED가 1초 간격으로 on, off 되도록 코딩해 주세요.

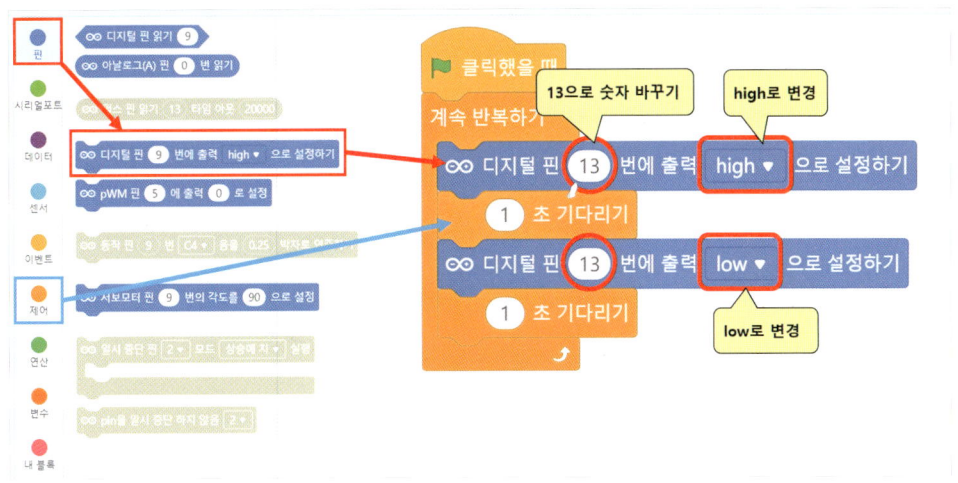

▲ [그림 2.1.10] 13번 핀 LED 제어 코딩

09 이제 코딩은 모두 완료되었습니다. 스테이지 영역의 녹색 깃발(🏁)을 클릭해 아두이노 13번 핀에 연결된 LED가 1초 간격으로 on, off 되는지 관찰해 보세요.

▲ [그림 2.1.11] 아두이노 LED on, off 실행 확인

도전 퀴즈 2.1   LED를 0.5초 간격으로 깜빡이기

Q. 아두이노 13번 핀에 연결된 LED를 0.5초 간격으로 on, off 하는 스크래치 코딩을 해보세요.

[참고하세요!] 모든 도전 퀴즈 정답은 이 책의 [부록]에서 확인할 수 있습니다.

2.2 버튼 입력을 감지하는 방법

작품 미리보기

이번 예제에서는 아두이노 3번 핀에 버튼을 연결하고, 버튼을 누르면 LED가 켜지는 동작을 스크래치로 만들어 보겠습니다.

▲ [그림 2.2.1] 버튼으로 LED 켜기

사용할 부품 확인하기

이번 예제에서 사용할 부품은 버튼입니다. 아두이노의 3번 핀에 버튼을 연결하고, 버튼 동작이 잘 이루어지는지 시각적으로 확인하기 위해 13번 핀의 LED도 함께 사용하겠습니다.

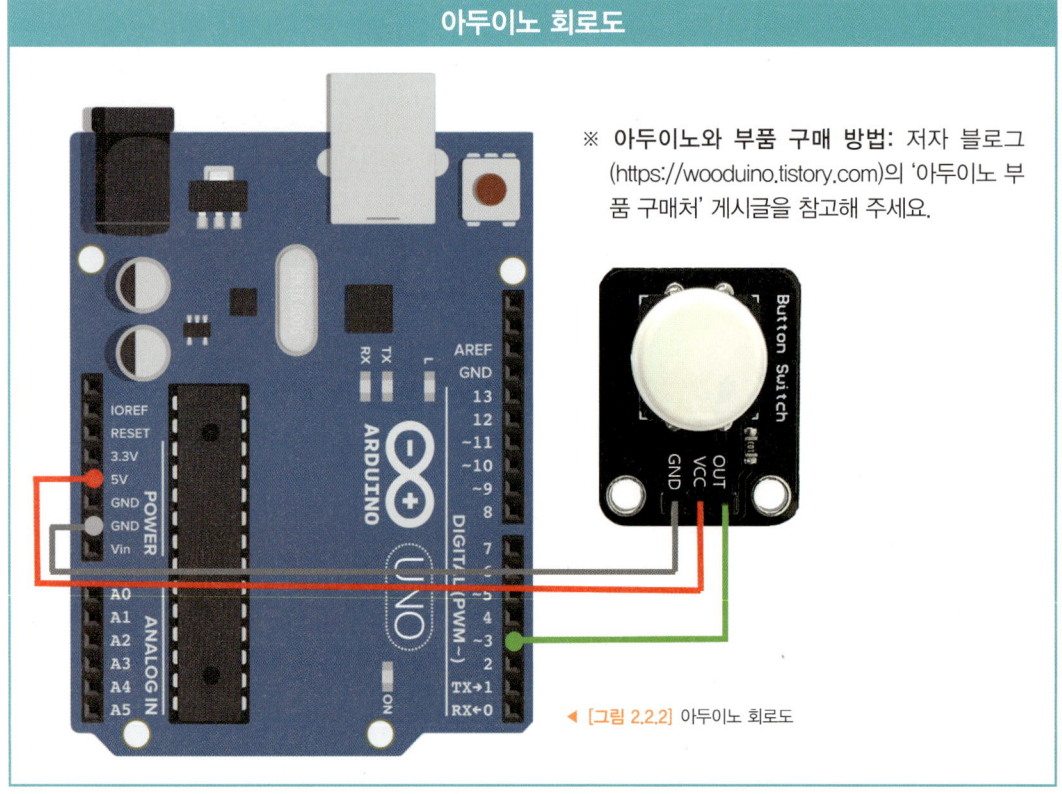

※ **아두이노와 부품 구매 방법**: 저자 블로그 (https://wooduino.tistory.com)의 '아두이노 부품 구매처' 게시글을 참고해 주세요.

◀ [그림 2.2.2] 아두이노 회로도

코딩하기

01 아두이노 보드와 컴퓨터를 USB 케이블로 연결해 주세요. 그리고 mBlock 스크래치를 실행해 [장치] 메뉴에서 [Arduino Uno]를 추가해 줍니다.

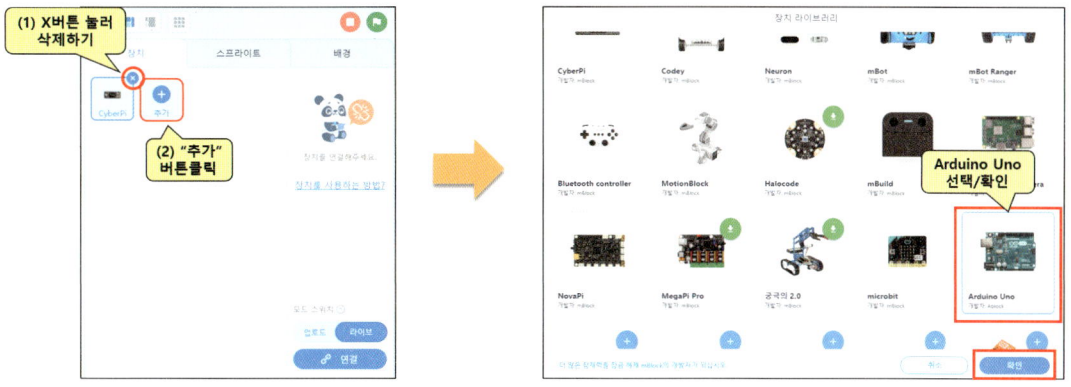

▲ [그림 2.2.3] 아두이노 우노 장치 추가

02 아두이노와 스크래치를 [라이브]로 연결합니다.

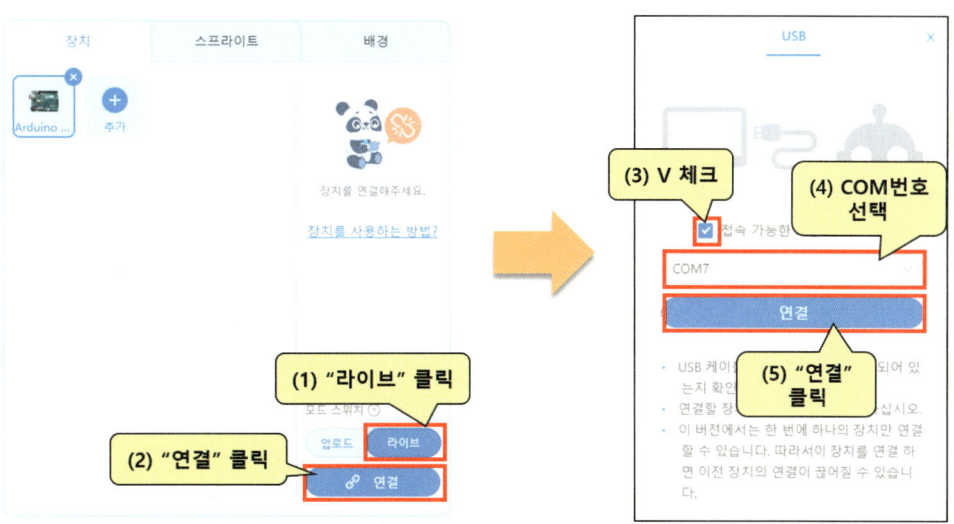

▲ [그림 2.2.4] 라이브 연결하기

2.2 버튼 입력을 감지하는 방법 45

03 블록 영역의 [이벤트]와 [제어]에서 [녹색 깃발 클릭했을 때]와 [계속 반복하기] 블록을 각각 가져와 연결해 줍니다.

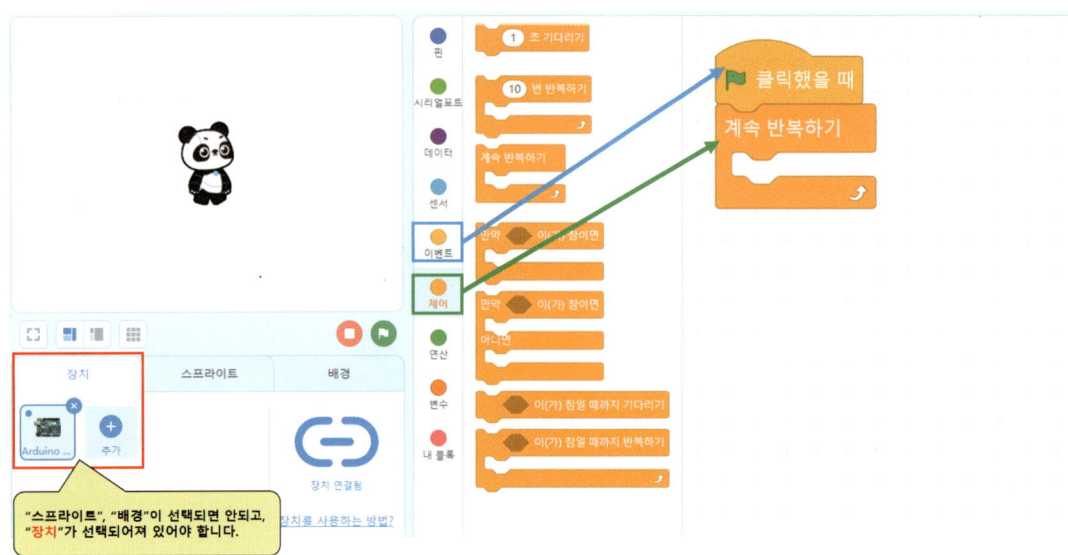

▲ [그림 2.2.5] '녹색 깃발을 클릭했을 때' 블록과 '계속 반복하기' 블록 가져오기

04 아두이노 3번 핀에 연결된 버튼이 눌렸는지 감지하기 위해 [디지털 핀 읽기] 블록을 [만약 ~ 아니면] 블록에 끼워 넣습니다. 그리고 3번 핀을 뜻하는 숫자 3을 입력해 주세요.

> **NOTE** [만약 ~ 아니면] 블록은 버튼이 눌리면(참이면) [그림 2.2.6]의 초록색 부분만 실행하고, 버튼이 안 눌렸으면(아니면) 검정색 부분만 실행하게 합니다.

▲ [그림 2.2.6] 디지털 3번 핀의 버튼 입력 감지하기

46 CHAPTER 02 스크래치로 아두이노 작동시키기

05 다음 그림과 같이 버튼을 누르면 13번 핀의 LED가 켜지고 안 누르면 LED가 꺼지게 코딩을 해줍니다.

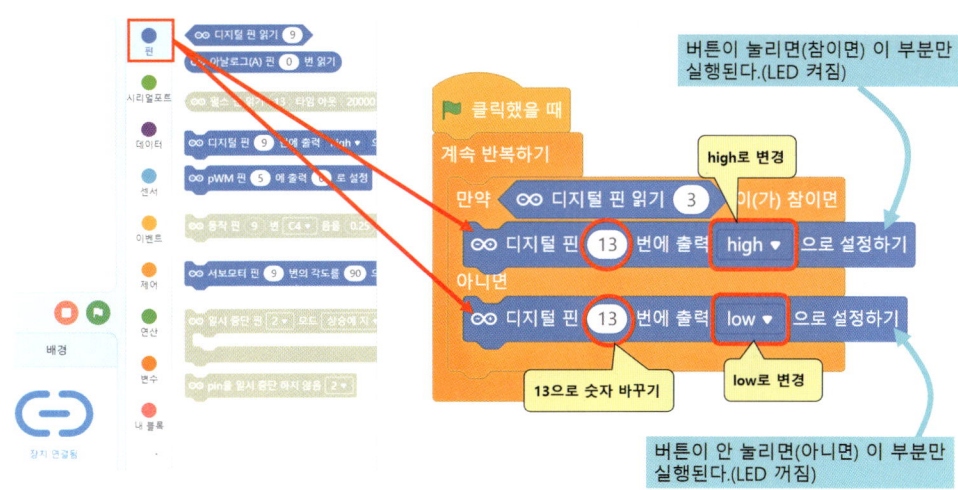

▲ [그림 2.2.7] LED on, off 코딩

06 이제 코딩이 모두 완료되었습니다. 녹색 깃발을 클릭하고 아두이노 3번 핀에 연결된 버튼을 누르면 LED가 켜질 겁니다.

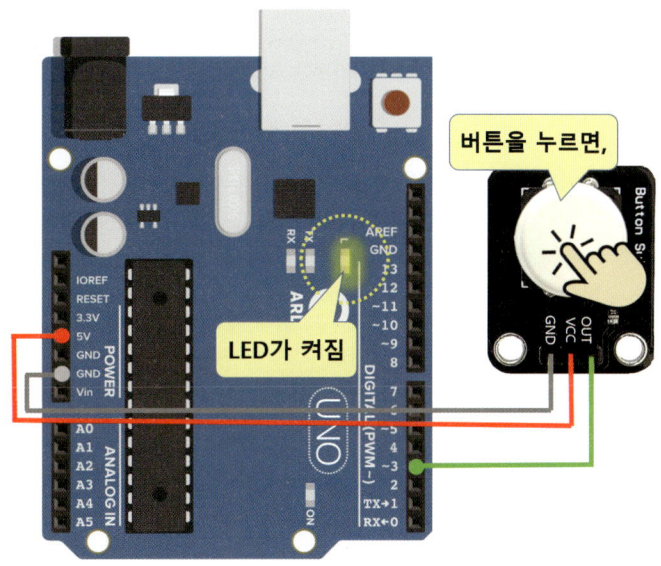

▲ [그림 2.2.8] 아두이노 버튼 입력 확인

도전 퀴즈 2.2   버튼 입력을 반대로 감지하기

Q. 이번에는 예제 코드와는 반대되는 동작을 만들어 봅시다. 3번 핀의 버튼을 안 누르면 LED가 켜지고, 버튼을 누르면 LED가 꺼지는 코딩을 해보세요.

2.3 RGB LED 제어

작품 미리보기

이번 예제에서는 아두이노 9, 10, 11번 핀에 연결된 RGB LED를 제어하는 신호등 불 켜기 프로그램을 만들어 보겠습니다.

▲ [그림 2.3.1] RGB LED 제어

사용할 부품 확인하기

이번 예제에서 사용할 부품은 RGB LED입니다. RGB LED를 아두이노 9, 10, 11번 핀에 연결하면 Red, Green, Blue 3가지 색깔을 조합해 다양한 LED 색을 만들어 낼 수 있습니다.

아두이노 회로도

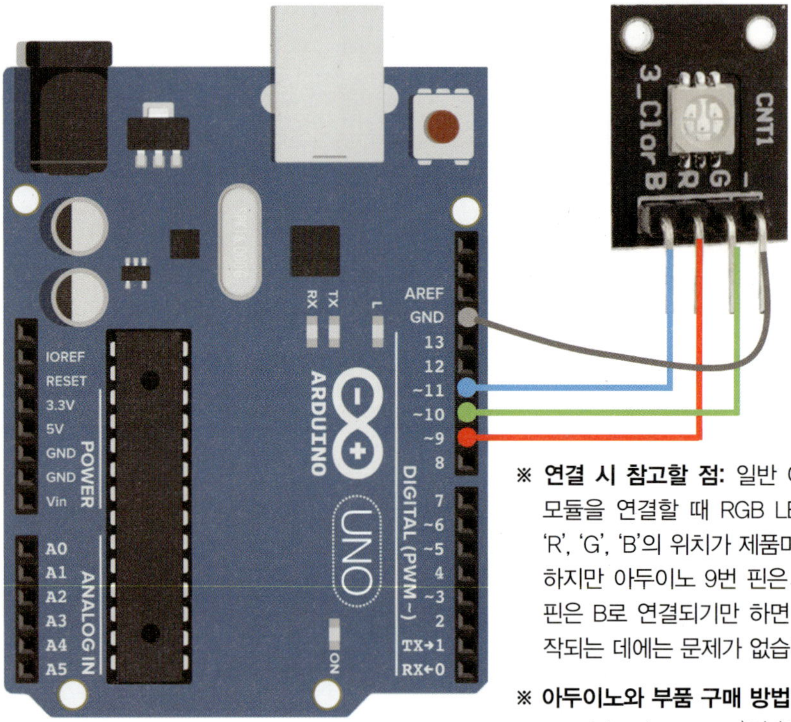

▲ [그림 2.3.2] 아두이노 회로도

※ **연결 시 참고할 점:** 일반 아두이노에 RGB LED 모듈을 연결할 때 RGB LED의 핀에 적힌 이름 'R', 'G', 'B'의 위치가 제품마다 다를 수 있습니다. 하지만 아두이노 9번 핀은 R, 10번 핀은 G, 11번 핀은 B로 연결되기만 하면 이번 예제 코드가 동작되는 데에는 문제가 없습니다.

※ **아두이노와 부품 구매 방법:** 저자 블로그(https://wooduino.tistory.com)의 '아두이노 부품 구매처' 게시글을 참고해 주세요.

코딩하기

01 mBlock 스크래치의 [장치] 메뉴에서 [Arduino Uno]를 추가하고 라이브로 연결합니다.

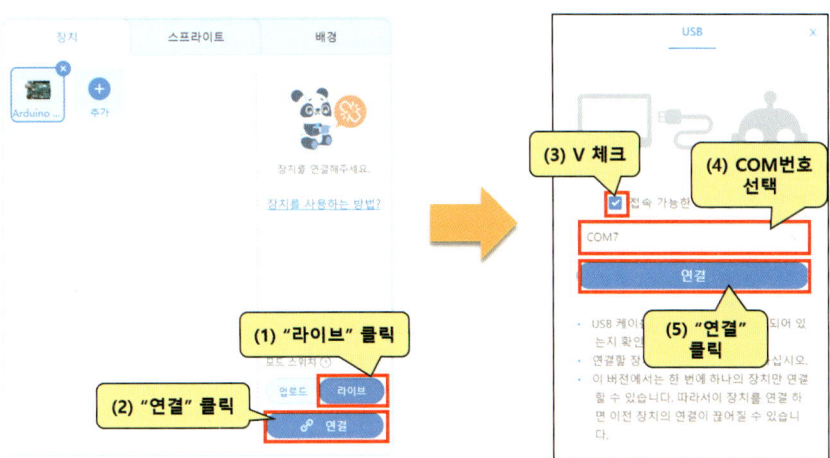

▲ [그림 2.3.3] 아두이노 우노 장치 추가

02 RGB LED를 편하게 제어할 수 있는 함수 명령 블록을 만들어 보겠습니다. 블록 영역에서 [내 블록] > [블록 만들기]를 클릭합니다.

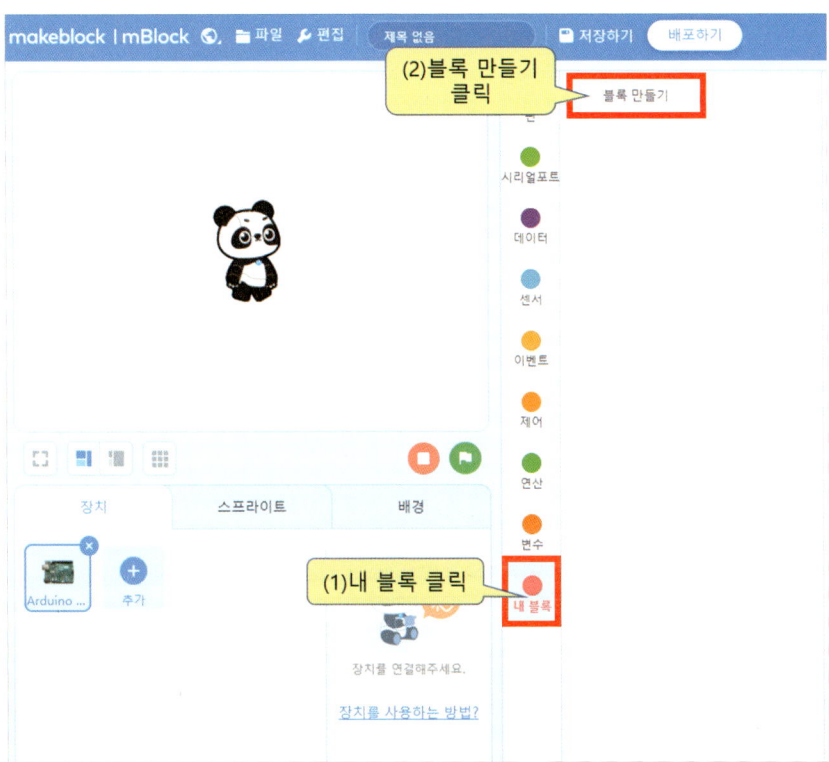

▲ [그림 2.3.4] 내 블록 만들기

2.3 RGB LED 제어 49

03 [블록 만들기]는 코딩할 때 반복되는 명령어를 한 덩어리(함수)로 만드는 곳입니다. 다음 그림을 따라하며 '색깔함수'라는 이름의 블록을 만들어 주세요.

NOTE ▶ 함수를 만드는 이유는 자주 반복되는 명령어를 재사용하기 편해서입니다.

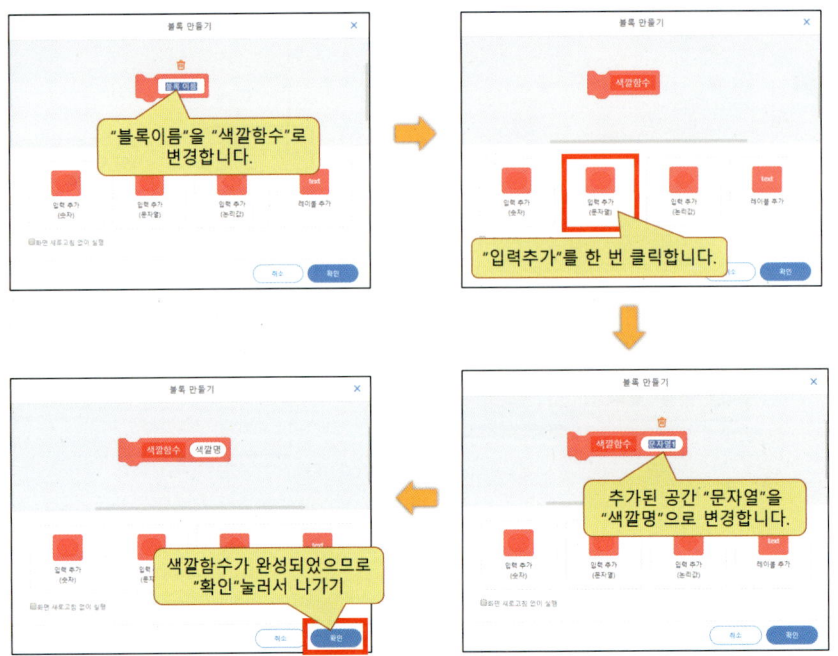

▲ [그림 2.3.5] 색깔함수 블록 만들기

04 내가 만든 '색깔함수'가 분홍색 명령 블록으로 나타났습니다. 이제 각 '색깔명'이 red, yellow, green과 같은지 비교하여 빨간색, 노란색, 초록색 신호등 색깔을 내는 LED 코딩을 하겠습니다. 다음 그림과 같이 [만약 ~이 참이] 블록과 [=] 블록을 연결해 주세요.

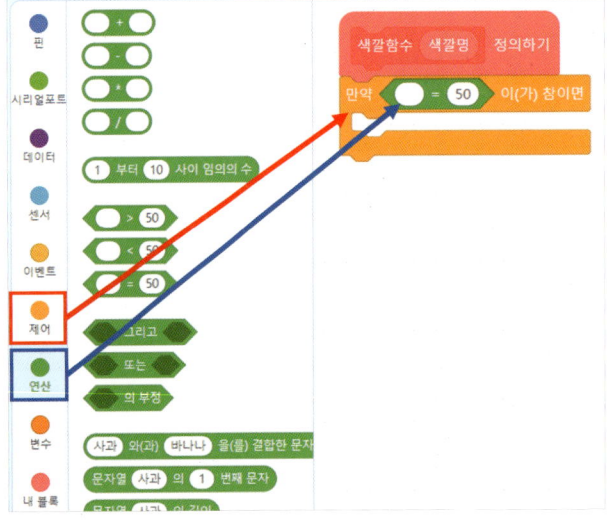

▲ [그림 2.3.6] 색깔함수 코딩

05 먼저 빨간색(red)을 만들어 내는 코딩을 해보겠습니다. 다음 그림을 참조하여 코딩을 해주세요.

> **NOTE** 내가 만든 [색깔함수] 블록의 색깔명이 red('색깔명' = 'red')라면, RGB LED의 9번 핀만 high로 설정하고 나머지는 모두 low로 설정해 빨간색으로 켜지게 합니다. 여기에서 9번 핀은 빨간색(red), 10번 핀은 녹색(green), 11번 핀은 파란색(blue)을 제어합니다.

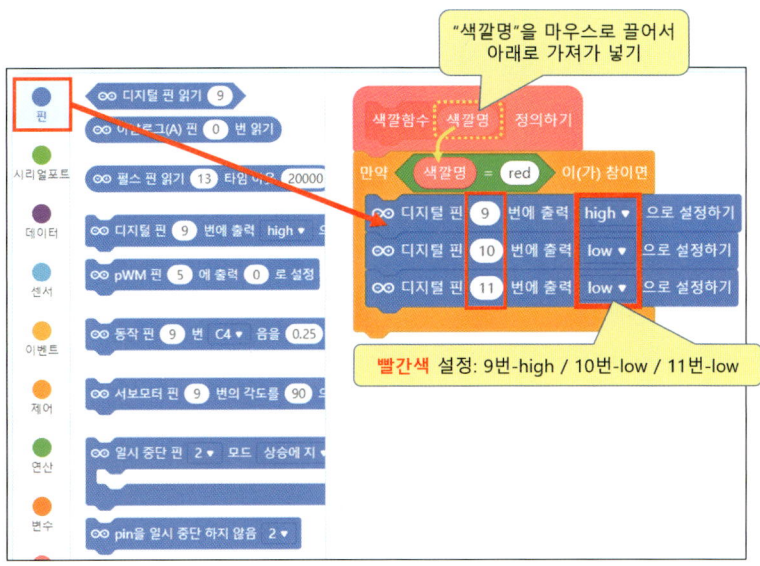

▲ [그림 2.3.7] 색깔함수의 red(빨간색) 코딩

06 red(빨간색) 코딩이 완료되었다면, red 부분의 명령어를 복사해서 yellow, green, off 부분을 만들어 줍니다. 색깔에 따라 9~11번 핀의 high, low 값이 변해야 한다는 점을 주의해 주세요.

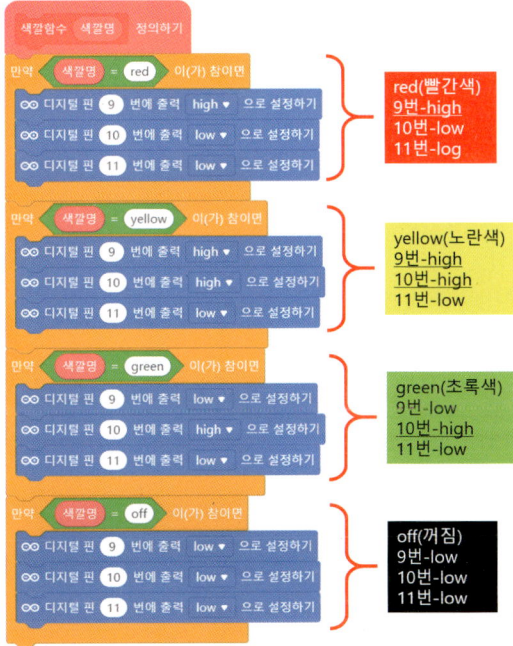

▲ [그림 2.3.8] 색깔함수의 yellow(노란색), green(초록색), off(꺼짐) 코딩

07 색깔함수 코딩이 완료되었다면, 이제는 녹색 깃발을 클릭하고 색깔함수를 실제로 사용하여 신호등처럼 빨간색 > 노란색 > 초록색 LED가 켜지도록 코딩을 해보겠습니다.

우선 [녹색 깃발을 클릭했을 때] 블록 밑에 LED를 끄는(off) 명령부터 붙여서, 프로그램을 시작할 때는 LED가 꺼지도록 만들어 보겠습니다.

▲ [그림 2.3.9] RGB LED off 실행

[색깔함수] 블록이 실행되는 과정은 [그림 2.3.10]과 같습니다. 색깔명이 red, yellow, green, off 중 무엇과 같은지 비교하여 결과가 참인 부분의 명령 블록을 실행합니다.

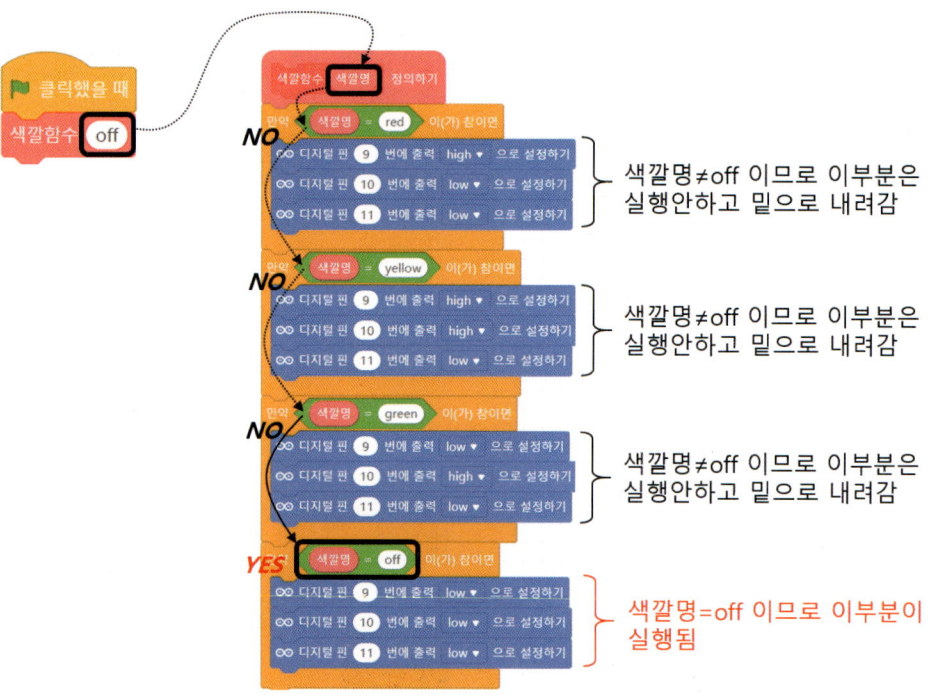

▲ [그림 2.3.10] 색깔함수 실행 과정 (색깔명이 off인 경우)

08 다음 그림과 같이 [색깔함수 off] 블록 밑으로 [1초 기다리기]를 넣은 후 [계속 반복하기] 블록을 이용해 red, yellow, green 명령 블록을 넣어 주세요.

▲ [그림 2.3.11] 색깔함수 코딩 완성하기

09 이제 코딩은 모두 완성되었습니다. [라이브]로 연결한 상태에서 녹색 깃발을 클릭해 보세요. 그리고 RGB LED의 색깔이 빨간색 〉 노란색 〉 녹색 순서로 변하는지 관찰해 보세요.

도전 퀴즈 2.3 　버튼을 이용한 RGB LED 제어

Q. '2.2 버튼 입력을 감지하는 방법'에서 배운 버튼 제어법을 이용해, 아두이노 3번 핀의 버튼을 누르면 RGB LED가 파란색이 되고 버튼을 누르지 않으면 RGB LED가 빨간색이 되게 코딩을 해보세요.

[힌트] RGB LED가 파란색으로 켜지려면 디지털 11번 핀만 high로 설정하고, 9번과 10번 핀은 low로 설정하면 됩니다.

2.4 아날로그 센서를 측정하는 방법

밤이 되면 자동으로 켜지는 가로등, 실내 온도가 높아지면 저절로 작동하는 에어컨처럼 스스로 작동하는 제품에는 어떤 원리가 숨어 있을까요? 바로 '센서'라는 전자 장치를 이용하는 것입니다.

센서(Sensor)는 온도, 빛, 색깔, 거리 등 다양한 상태 변화를 전기 신호로 바꾸어 주는 장치입니다. 센서가 만들어 낸 전기 신호는 아두이노 같은 기계에 입력되어 LED 불을 켜거나 모터를 움직이는 데 사용됩니다. 세상에는 센서 종류가 수백 가지가 있을 정도로 아주 많은데 그중에서 우리가 다뤄볼 센서는 빛 센서와 가변저항(회전 센서)입니다. 빛 센서는 빛의 세기를 측정하는 역할을 하고, 가변저항은 다이얼을 돌린 만큼의 각도를 측정하는 역할을 합니다.

▲ [그림 2.4.1] 측정할 아날로그 센서

작품 미리보기

아두이노에 빛 센서와 가변저항을 연결해 상태값을 측정하고, 값을 스크래치 변수에 저장하여 스프라이트에 어떤 변화를 줄 것입니다.

▲ [그림 2.4.2] 작품 시연 미리보기

사용할 부품 확인하기

이번 예제에서는 아두이노의 아날로그 A0 핀에는 가변저항, A1 핀에는 빛 센서를 연결하겠습니다.

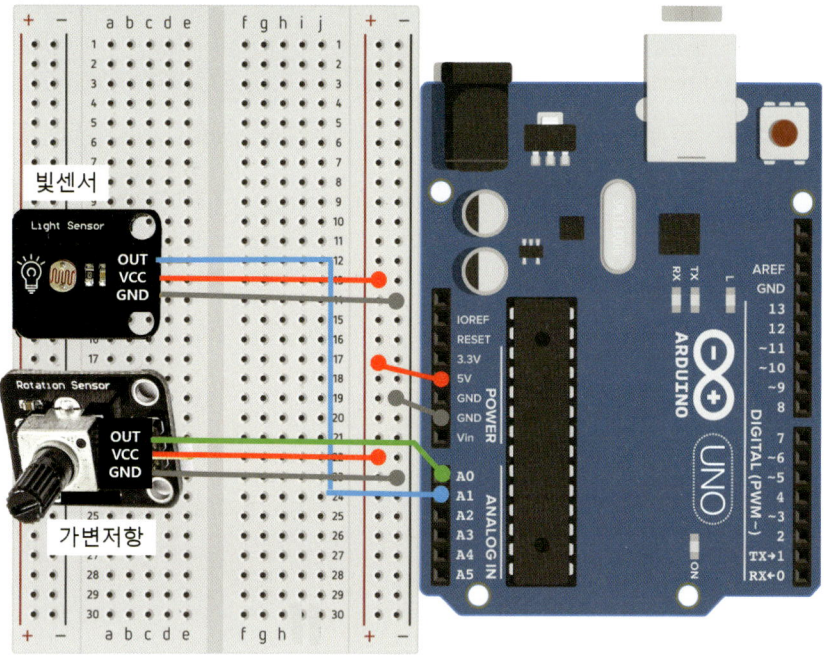

▲ [그림 2.4.3] 아두이노 회로도

※ **연결 시 주의할 점:** 센서 부품에서 VCC는 아두이노의 5V, GND는 GND, OUT은 아날로그(A0~A5) 핀에 연결합니다.

※ **아두이노와 부품 구매 방법:** 저자 블로그(https://wooduino.tistory.com)의 '아두이노 부품 구매처' 게시글을 참고해 주세요.

코딩하기

01 USB 케이블을 이용해서 아두이노를 컴퓨터에 연결하세요. 그리고 mBlock 스크래치를 실행한 후 [장치] 메뉴에서 [Arduino Uno]를 추가합니다.

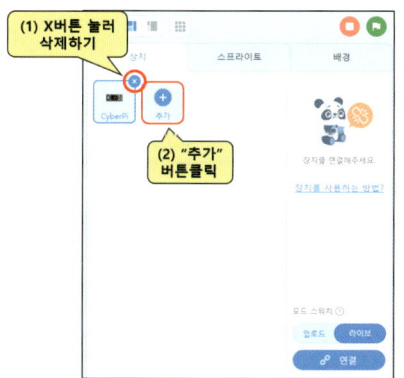
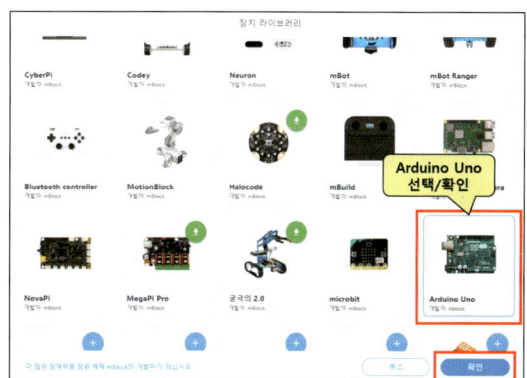

▲ [그림 2.4.4] Arduino Uno 장치 선택

2.4 아날로그 센서를 측정하는 방법 **55**

02 이번 실습에서는 센서로 측정한 값을 실시간으로 받아서 스프라이트가 말을 하거나 움직이게 할 겁니다. [장치]에서 [라이브]를 선택하고 [연결]을 눌러 주세요.

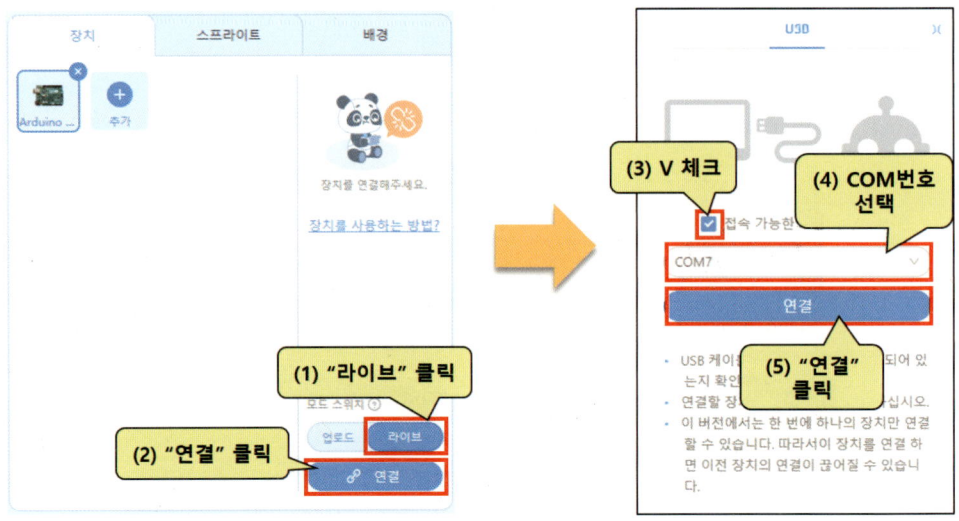

▲ [그림 2.4.5] 라이브 연결하기

03 센서값을 측정하려면 아두이노의 몇 번 핀에 센서가 연결되어 있는지, 어떤 명령 블록을 사용해야 하는지 알아야 합니다. 우리는 아두이노의 아날로그 A0와 A1 핀에 센서를 하나씩 연결했기 때문에 센서값을 측정하는 스크래치 명령 블록은 다음 그림과 같습니다.

센서이름	핀 번호	명령블록
가변저항	0	∞ 아날로그(A) 핀 0 번 읽기
빛 센서	1	∞ 아날로그(A) 핀 1 번 읽기

▲ [그림 2.4.6] 센서가 연결된 아날로그 핀 번호

04 센서 측정값을 저장할 변수 2개가 필요하므로 다음 그림과 같이 변수를 만들어 줍니다.

> **NOTE** 변수는 어떤 값을 저장할 수 있는 공간이며, 센서값은 전부 숫자로 나타납니다. 변수에 센서값을 저장하면 두루두루 활용하기 좋습니다.

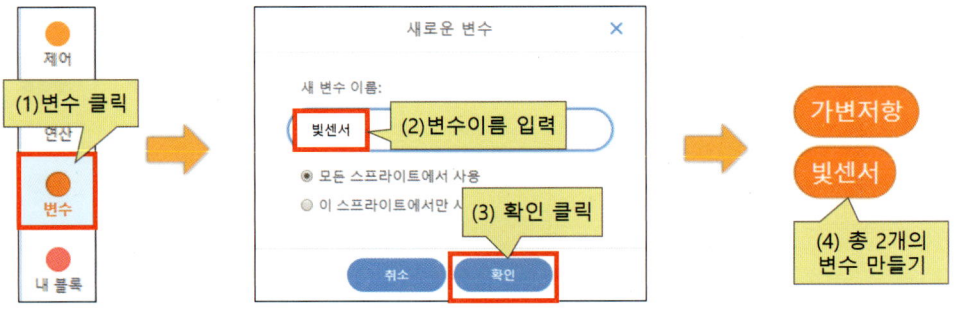

▲ [그림 2.4.7] 변수 만들기

05 가변저항(A0)과 빛 센서(A1)의 값을 측정할 때는 [아날로그(A)핀 (번호) 번 읽기]를 이용합니다. 이렇게 측정한 센서값을 변수 '가변저항', '빛 센서'에 각각 저장해 줍니다. 그리고 빛 센서를 손으로 덮어서 빛의 양이 300보다 작아지면 "어두워졌어"라는 방송을 판다 스프라이트로 보내겠습니다.

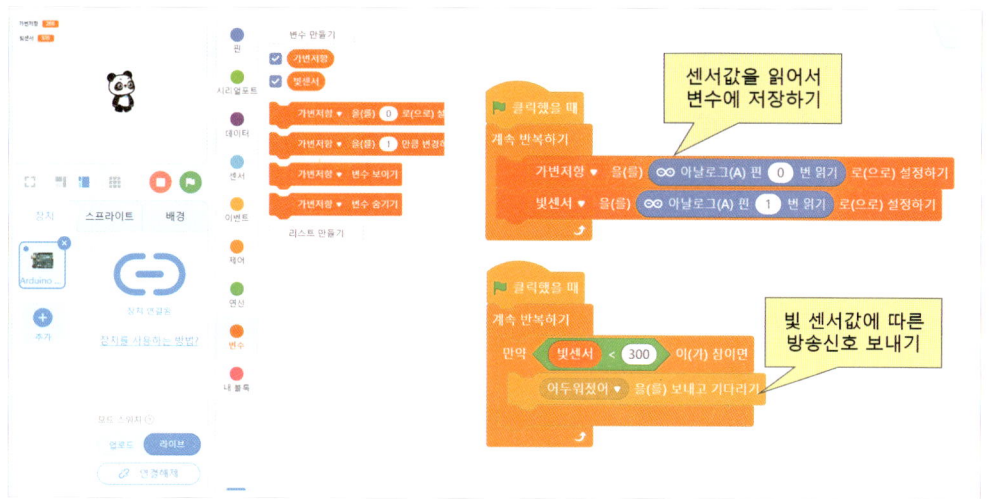

▲ [그림 2.4.8] 센서값 처리

06 이제 판다 스프라이트에 코딩을 하겠습니다. 그리고 다음 그림과 같이 각 방송 신호를 받았을 때 판다가 말을 하게 하고, 가변저항 센서값은 3으로 나누어 [방향 보기] 블록에 적용해 주세요.

> **NOTE** 가변저항은 0~1023의 값을 가지는데, 이 값을 3으로 나누면 0~341이 되므로 판다 스프라이트가 0도~341도로 회전하게 만들 수 있습니다.

▲ [그림 2.4.9] 센서값에 따른 판다 스프라이트 코딩

| 07 | 모든 코딩이 완료되었습니다. 녹색 깃발을 클릭하고 다음 그림과 같이 센서를 동작시켜 판다 스프라이트의 변화를 관찰해 보세요. |

▲ [그림 2.4.10] 센서를 동작시키기

Tip   빛 센서와 가변저항의 원리

이 예제에서 사용한 빛 센서는 CdS(황화카드뮴) 센서입니다. CdS 센서에 빛이 닿으면 저항값이 변하며, 저항값에 적용된 전압의 크기를 아두이노에서 읽어 들여 빛이 얼마나 존재하는지를 알아낼 수 있습니다. 그리고 가변저항은 손잡이의 다이얼을 좌우로 돌리면 마찬가지로 저항값이 변하고, 저항값에 적용된 전압의 크기를 아두이노에서 읽어 들여 다이얼을 얼마나 돌렸는지를 알아낼 수 있습니다.

도전 퀴즈 2.4   가변저항을 이용한 판다 스프라이트 크기 조절

Q. 가변저항 값이 작아지면 판다 스프라이트의 크기가 작아지고, 가변저항 값이 커지면 판다 스프라이트가 커지게 코딩해 보세요.

[힌트] [크기를 ~%로 정하기] 블록을 이용해 보세요.

2.5 LCD에 글자 출력하는 방법

센서로 측정한 값은 우리 눈으로 볼 수 있어야 어떠한 변화가 생기는지 알 수 있습니다. 특히 우리가 감각적으로 알기 어려운 민감한 변화가 있을 때 센서값을 관찰함으로써 변화를 알아차릴 수 있습니다. 그렇기 때문에 측정한 값을 눈으로 볼 수 있게 하는 것은 중요합니다. 아두이노로 센서값을 측정할 때 값을 시각화하는 장치 중에는 LCD(Liquid Crystal Display)라는 것이 있습니다.

작품 미리보기

이번 실습에서는 LCD 화면에 글자를 출력하는 방법을 알아보겠습니다.

▲ [그림 2.5.1] LCD 화면 글자 출력

사용할 부품 확인하기

다음 그림과 같이 I2C LCD를 아두이노에 연결해 주세요.

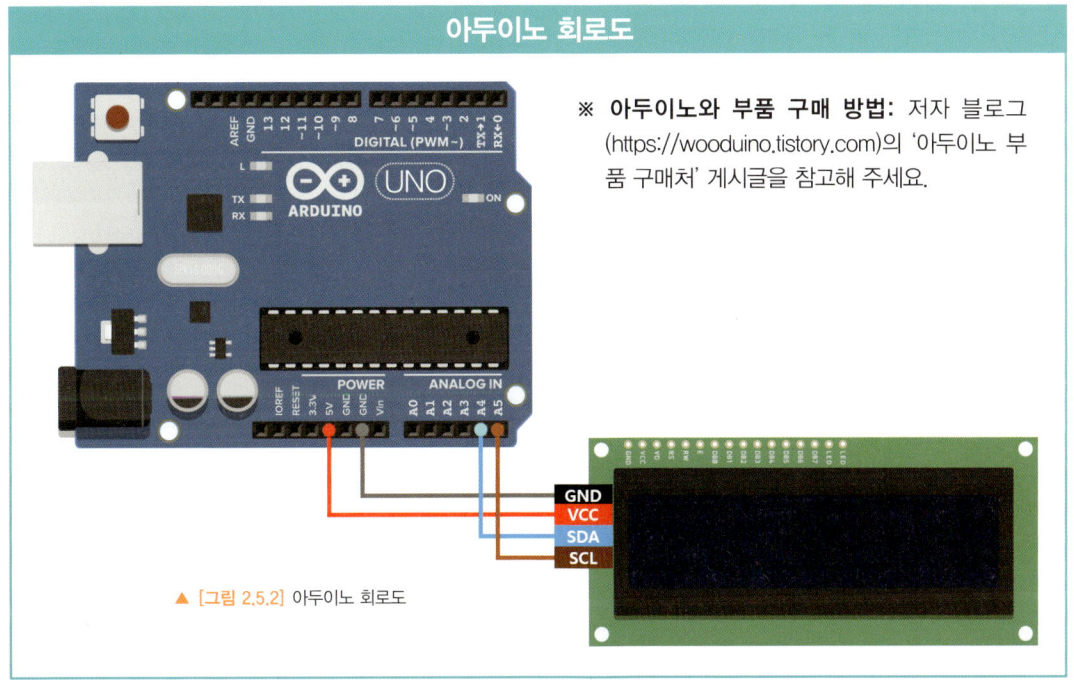

※ **아두이노와 부품 구매 방법:** 저자 블로그 (https://wooduino.tistory.com)의 '아두이노 부품 구매처' 게시글을 참고해 주세요.

▲ [그림 2.5.2] 아두이노 회로도

코딩하기

01 아두이노와 컴퓨터를 USB 케이블로 연결한 후 mBlock 스크래치 프로그램을 실행합니다. 그리고 다음 그림과 같이 '업로드' 모드로 연결을 해줍니다(LCD는 업로드 모드일 때만 작동됩니다).

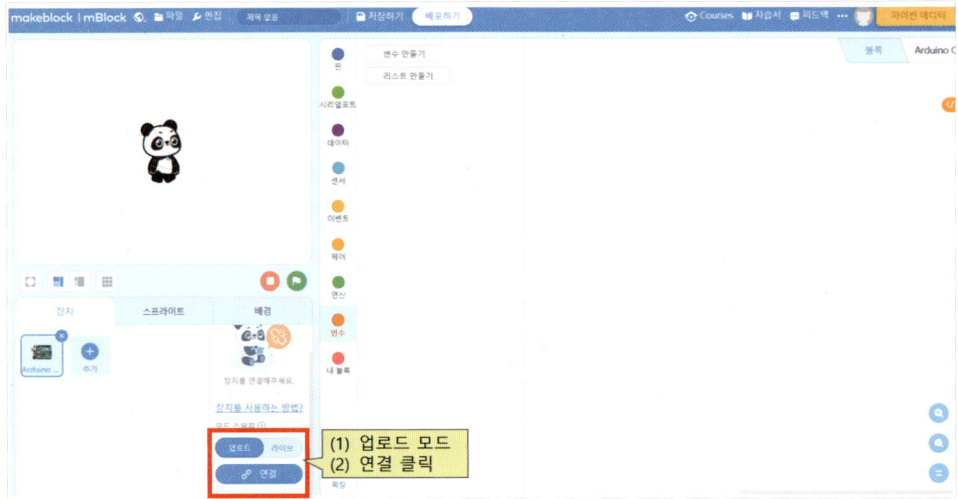

▲ [그림 2.5.3] 업로드 모드로 연결하기

02 LCD 명령 블록은 원래 스크래치에는 없지만 확장 기능을 통해 사용할 수 있습니다. [확장]을 클릭하여 들어가서 'LCD'라고 검색하고 '[디바이스마트] I2C_LCD'를 찾아서 추가해 주세요.

> **주의사항** ▶ LCD 추가 명령 블록은 여러 개가 있습니다. 이 책에서는 '디바이스마트 I2C LCD'를 사용합니다. 아두이노와 LCD의 호환상 문제만 없다면 다른 I2C LCD 추가 명령 블록을 사용해도 무방합니다.

▲ [그림 2.5.4] I2C LCD 명령 블록 추가하기

03 LCD 명령 블록이 추가되어 화면에 나오는데 블록 개수가 많고 좀 복잡해 보일 겁니다. 이 실습에서는 글자나 변수값을 출력하는 정도만 사용하도록 하겠습니다.

> **NOTE** [그림 2.5.5]는 명령어의 기본 기능에 대한 설명입니다. 참고해 보세요.

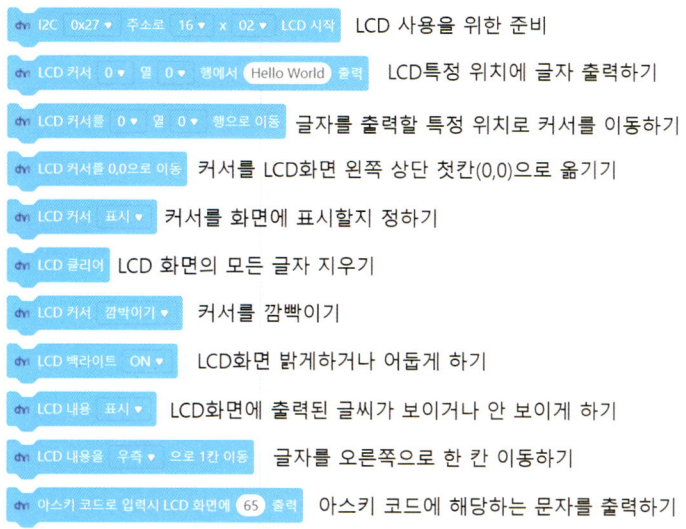

▲ [그림 2.5.5] LCD 명령 블록들

04 다음 그림과 같이 LCD 화면에 'Hello World'라는 글자를 출력하는 코딩을 해봅니다.

> **NOTE** 0x27은 우리가 사용하고 있는 LCD의 주소값입니다. 혹시 LCD 작동이 잘 안 된다면 주소값을 0x3F로 바꿔서 해보세요. 그리고 '16 × 02'는 LCD 화면을 모두 사용하겠다는 뜻입니다.

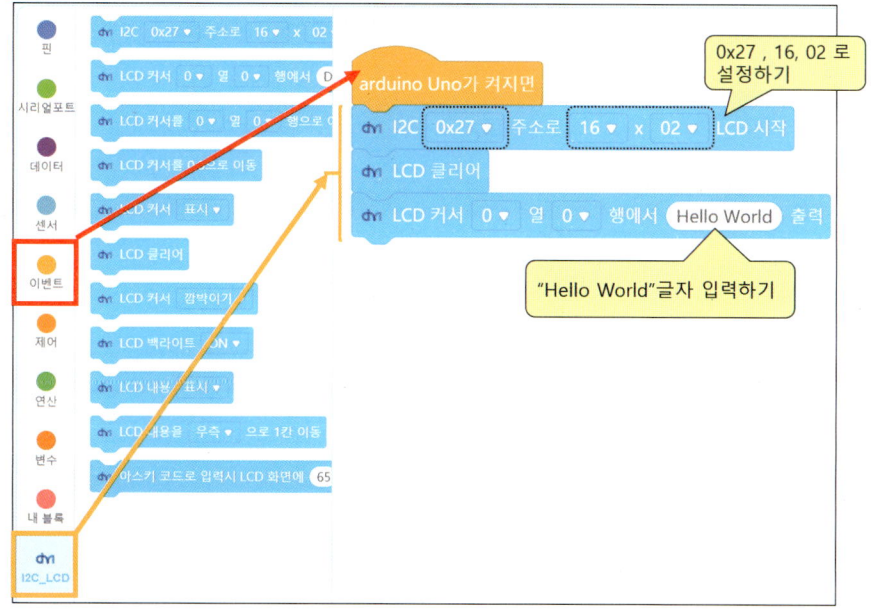

▲ [그림 2.5.6] LCD에 Hello World 출력 코딩

05 코딩 후 [업로드] 버튼을 눌러 코드가 아두이노로 업로드되게 해주세요. 그러면 LCD 화면에 'Hello World' 가 출력된 것을 확인할 수 있습니다.

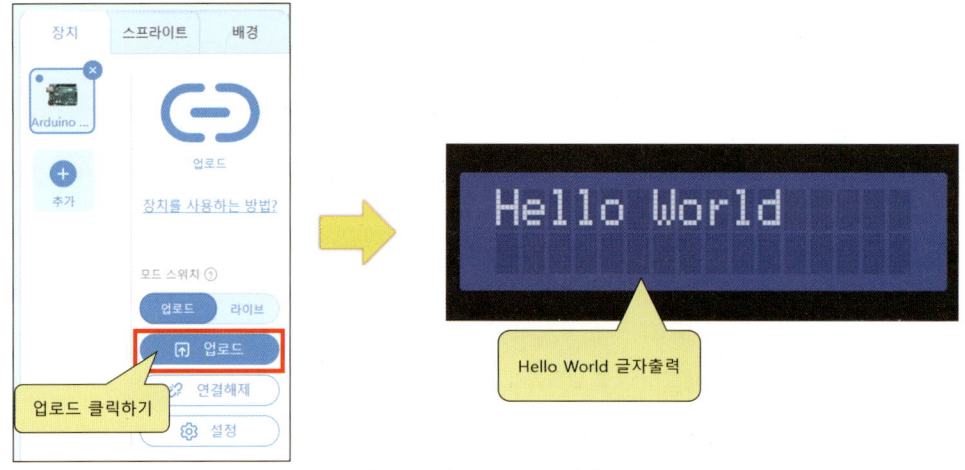

▲ [그림 2.5.7] Hello World 글자 확인

06 LCD 화면에 글자를 출력해봤으니, 이제는 LCD 화면에서 내가 원하는 위치에 글자를 출력해 보겠습니다. 원하는 위치에 글자를 출력하려면 좌표값을 알아야 합니다. LCD 좌표는 다음 그림과 같이 (열, 행)의 구조로 되어 있습니다.

▲ [그림 2.5.8] LCD 좌표

07 이번에는 LCD에 변수값을 출력해 보겠습니다. '카운트'라는 변수를 하나 만들어 주세요.

▲ [그림 2.5.9] 카운트 변수 만들기

08 카운트 변수값이 1초에 1씩 증가하게 하여 LCD 화면의 두 번째 줄에 출력되게 코딩을 합니다. 여기서 주의할 점은 아두이노 업로드 모드에서 만드는 변수는 소수점이 있는(float) 실수 형태라는 것입니다. 따라서 실수를 정수로 바꿔주기 위해 [~으로 변환(정수)]라는 블록을 다음 그림처럼 끼워 넣어 주세요.

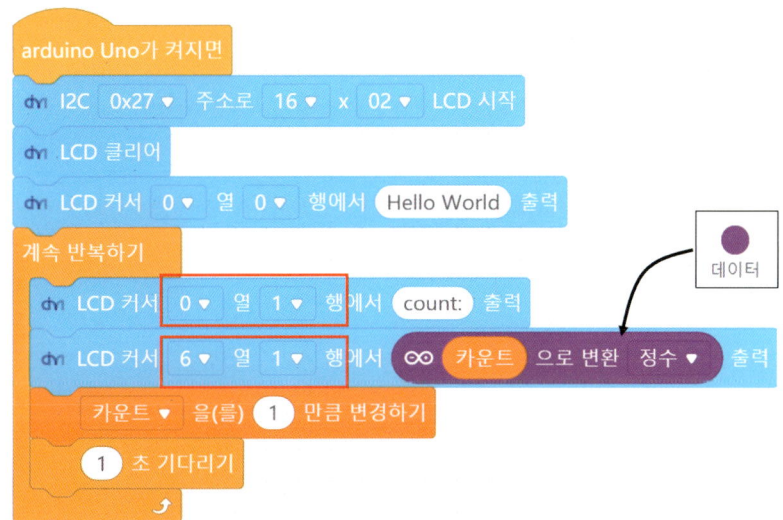

▲ [그림 2.5.10] LCD에 카운트 변수 출력하기

09 이제 스크래치 코드를 업로드하세요. 그리고 다음 그림과 같이 카운트 변수값이 1초에 1씩 증가하는지 확인해 보세요.

▲ [그림 2.5.11] LCD 출력

용어 설명 I2C LCD 주소값이란?

아두이노에 연결하는 여러 가지 전자 부품 중에 I2C 통신을 사용하여 연결하는 부품들이 있습니다. I2C는 통신 방식 중의 하나로, 연결 구성은 데이터 선(SDA)과 클럭 선(SCL)으로 이루어집니다. 이 두 가지 전선만 이용해 마스터 보드(아두이노)와 최대 127개의 전자 부품을 연결하여 사용할 수 있습니다. I2C로 연결된 전자 부품 가운데 원하는 것을 골라 제어하려면 구별 요소가 필요합니다. 그래서 서로 구별해 내기 위해 각각 주소값을 가지게 됩니다.

Tip LCD 화면은 어떻게 출력이 되는 걸까?

LCD 안에는 액정(Liquid Crystal)과 백라이트(Backlight)라는 구조가 있습니다. 액정이란 액체와 고체의 성질을 함께 가지는 물질로, 고체의 결정이 갖는 규칙성과 액체의 성질인 유동성을 모두 지닌 물질이라는 뜻에서 액체결정, 줄여서 액정이라고 부릅니다. 그리고 백라이트는 백색의 빛을 비추는 장치입니다.

액정은 전기 신호를 어떻게 주는지에 따라 배치 구조가 달라지는데, 이 구조에 따라 백라이트에서 LCD 화면으로 투과되는 빛의 양이 달라집니다. 그렇기 때문에 LCD 화면에 글씨가 보이거나 보이지 않게 됩니다. 여러 가지 색깔로 표현되는 컬러 LCD의 경우에는 컬러필터(color filter)에 빛을 통과시켜 마치 셀로판지처럼 해당 필터의 특성에 따라 색이 나타납니다.

도전 퀴즈 2.5 버튼을 이용한 LCD 글자 출력

Q. 아두이노에 연결된 버튼 하나를 누르면 LCD에 'Push Button'이라는 글자가 출력되게 코딩해 보세요. (LCD 주소값은 0x27로 사용해 주세요.)

2.6 부저와 서보모터를 제어하는 방법

아두이노로 부저에 전기 신호를 주면 특정 주파수대의 소리를 낼 수 있습니다. 전기 신호를 특정 조건에 맞춰 제어하면 계이름을 만들어서 아름다운 멜로디를 연주할 수도 있습니다. 그리고 이와 비슷한 원리로 특정 조건에 맞춰 전기 신호를 서보모터(Servo motor)에 주면 모터가 움직이는 각도를 제어할 수도 있습니다.

작품 미리보기

이번 실습에서는 스크래치를 이용하여 부저 소리를 내고 서보모터의 각도를 제어해 보겠습니다.

▲ [그림 2.6.1] 부저와 서보모터

사용할 부품 확인하기

다음 그림과 같이 서보모터와 부저를 아두이노에 연결해 주세요. 서보모터는 8번 핀, 부저는 6번 핀에 연결합니다.

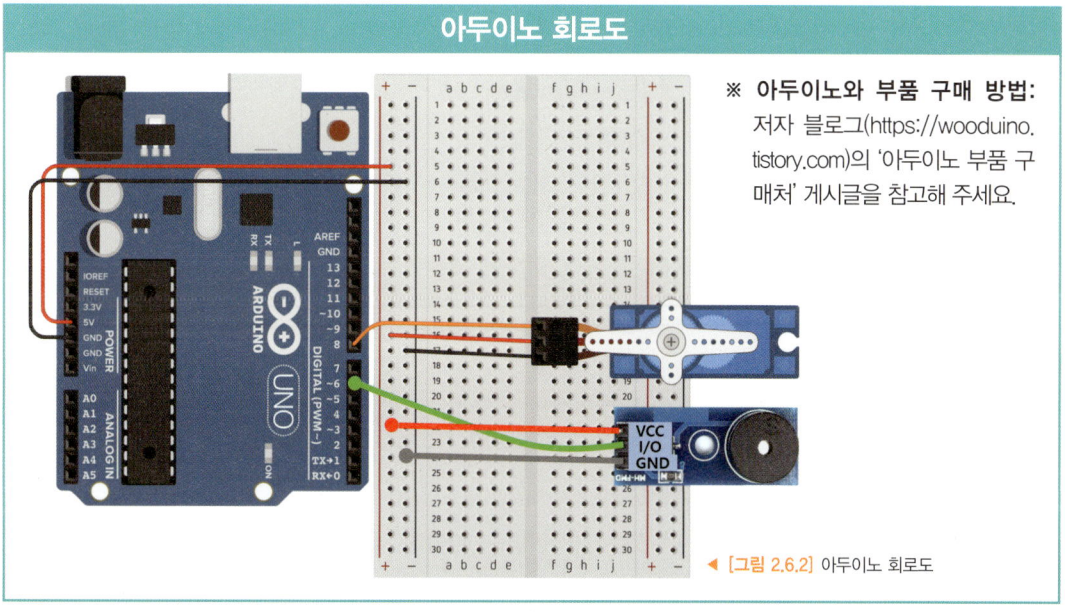

※ **아두이노와 부품 구매 방법:** 저자 블로그(https://wooduino.tistory.com)의 '아두이노 부품 구매처' 게시글을 참고해 주세요.

◀ [그림 2.6.2] 아두이노 회로도

코딩하기

01 아두이노와 컴퓨터를 USB 케이블로 연결한 후 mBlock 스크래치 프로그램을 실행하고 업로드 모드로 연결해 주세요. 그리고 [확장]을 클릭한 후 스크래치 스프라이트에서 [업로드 모드 브로드캐스트] 확장 모듈을 가져옵니다.

> **NOTE** 라이브 모드에서는 아두이노와 스크래치의 스프라이트 간에 데이터 교환이나 이벤트 실행이 가능하지만 업로드 모드에서는 불가능 합니다. 그러나 [업로드 모드 브로드캐스트]라는 확장 모듈을 사용하면 업로드 모드에서도 아두이노와 스크래치 스프라이트 사이의 데이터 교환이나 이벤트 실행을 할 수 있습니다.

▲ [그림 2.6.3] 확장 모듈 추가

02 부저로 소리를 내는 명령 블록은 [동작 핀 ()번 ~음을 () 박자로 연주하기]입니다. 이 명령 블록으로 짧은 멜로디를 연주해볼 것입니다. 다음 그림과 같이 코딩해 주세요(계이름별 알파벳식 표기는 그림에서 참고해 주세요).

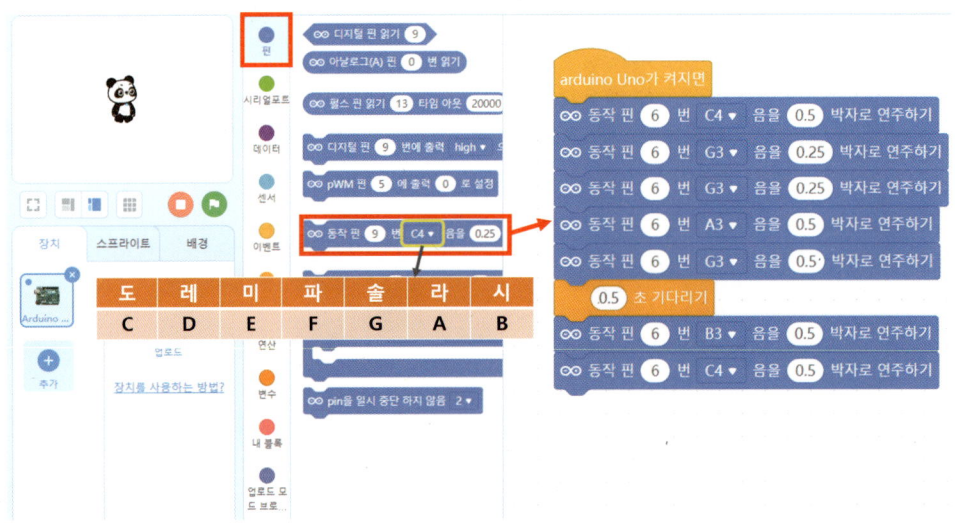

▲ [그림 2.6.4] 멜로디 명령 블록 추가

03 이번에는 키보드를 눌러서 서보모터를 움직이는 코딩을 추가해 보겠습니다. 서보모터를 움직이는 명령 블록은 [서보모터 핀 ( )번의 각도를 ( )으로 설정]입니다. 판다 스프라이트에서 키보드를 누르면 '업로드 모드 메시지 보내기' 방송을 실행하고, 아두이노 스프라이트에서는 그 신호를 받아서 서보모터의 각도를 0도, 90도, 180도로 각각 움직여 주도록 합니다. 다음 그림과 같이 코딩해 주세요.

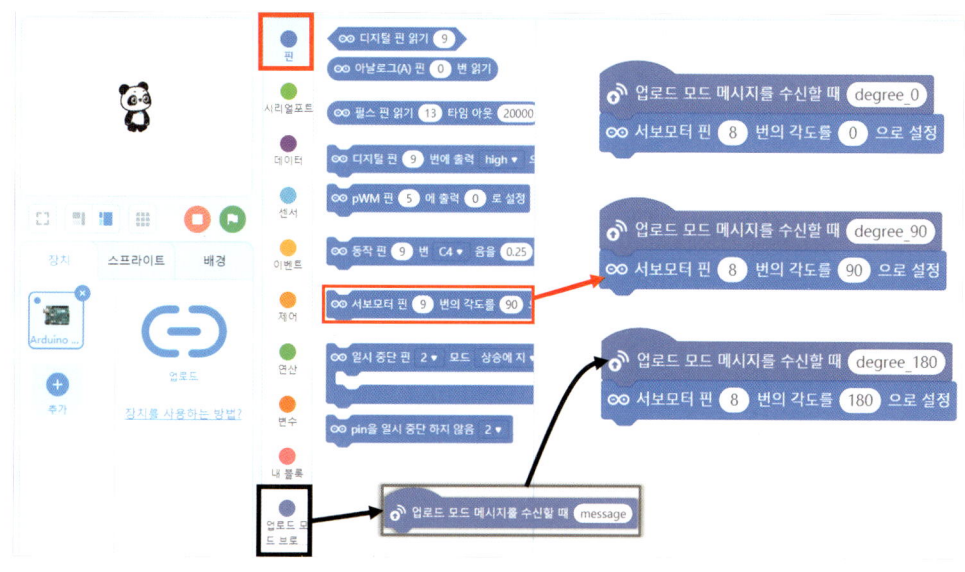

▲ [그림 2.6.5] 서보모터 메시지 수신

04 이제 판다 스프라이트로 옮겨가서 [업로드 모드 브로드 캐스트] 확장 모듈을 추가해 주세요.

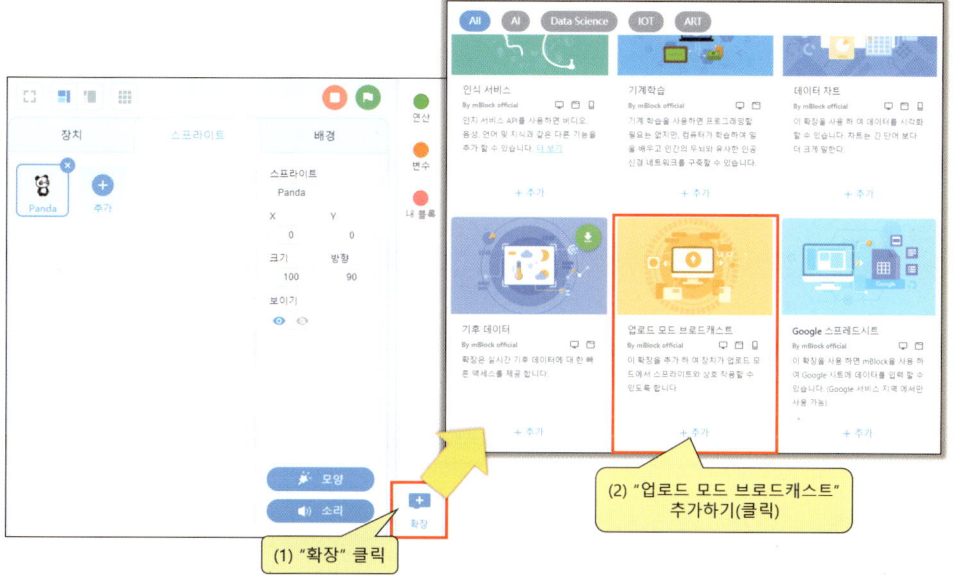

▲ [그림 2.6.6] 판다 스프라이트에서 확장 블록 추가

2.6 부저와 서보모터를 제어하는 방법

05 키보드 1, 2, 3번 키를 누르면 서보모터를 각각 0도, 90도, 180도로 움직이라는 메시지를 아두이노로 보내도록 합니다. 다음 그림과 같이 코딩해 주세요(메시지 보내기와 수신의 이름은 반드시 똑같이 해주어야 합니다).

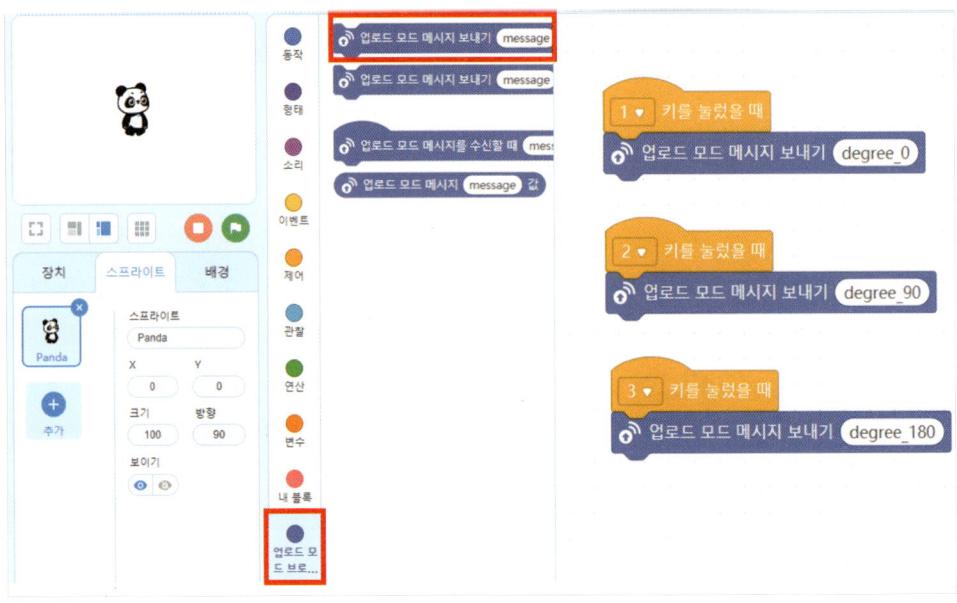

▲ [그림 2.6.7] 키보드를 누르면 메시지 보내기

06 이제 모든 코딩이 완료되었습니다. 스크래치 코드를 아두이노에 업로드해 주세요. 업로드가 완료되면 처음에 '딴 따다 딴딴 딴딴' 멜로디가 한 번 흘러나오게 됩니다. 그 후에 키보드 1번, 2번, 3번 키를 천천히 눌러서 서보모터가 0도, 90도, 180도로 움직이는지 관찰해 보세요.

도전 퀴즈 2.6 | 부저로 '학교종' 연주하기

Q. 인터넷에서 동요 '학교종'의 계이름을 찾은 후 아두이노에 연결된 부저로 '학교종'을 연주하는 프로그램을 만들어 보세요.

MEMO

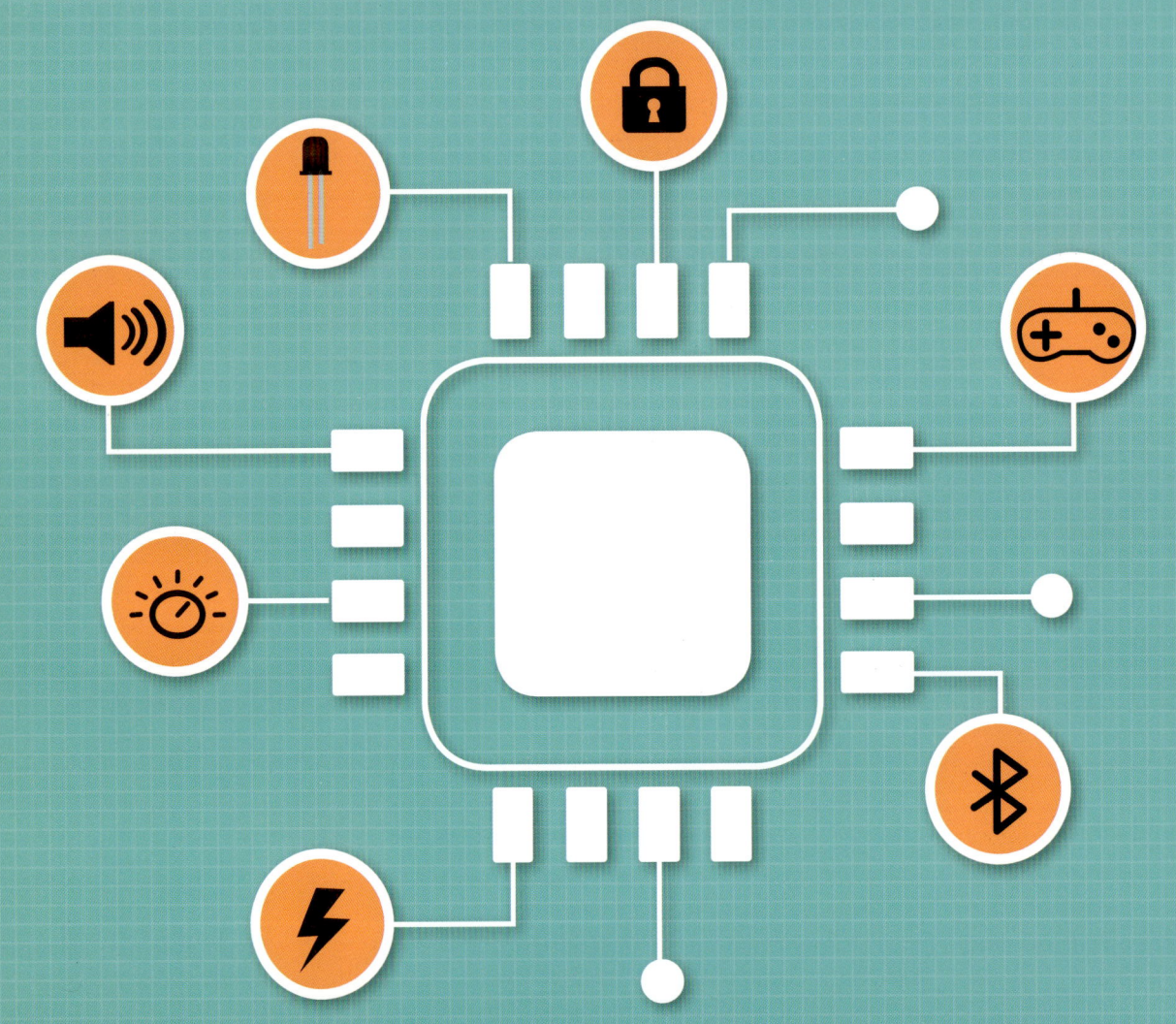

CHAPTER 03

스마트폰 앱으로 스크래치 작동시키기

Chapter 3에서는 앱 인벤터로 앱을 만드는 방법을 배우고 스크래치, 아두이노, 앱 인벤터 3가지 프로그램을 어떻게 융합해서 제어할 수 있는지 알아봅니다.

3.1 앱 인벤터로 간단한 앱 만들어 보기
3.2 블루투스를 이용한 앱과 스크래치 무선통신

3.1 앱 인벤터로 간단한 앱 만들어 보기

이 책에서 우리가 최종적으로 만들 프로젝트는 아두이노, 스크래치, 스마트폰 앱을 서로 연동하는 것입니다. 여기서는 블루투스 무선통신을 이용하여 2가지 방법으로 세 가지를 연동할 예정입니다. 첫 번째는 스마트폰 앱에서 측정된 센서값을 아두이노와 스크래치로 전송하는 방법입니다. 그리고 두 번째는 아두이노와 스크래치에서 감지된 어떤 상태값을 스마트폰 앱으로 전송하는 것입니다. 우리는 앞에서 스크래치와 아두이노 제어 방법은 익혔기 때문에 이제 스마트폰 앱 코딩을 하는 방법을 알아야 합니다. 앱 인벤터를 이용하면 스마트폰 앱을 빠르게 만들어 볼 수 있습니다.

작품 미리보기

이번 예제에서는 버튼을 눌러서 스마트폰 배경화면의 색깔을 바꾸는 앱을 만들어 보겠습니다.

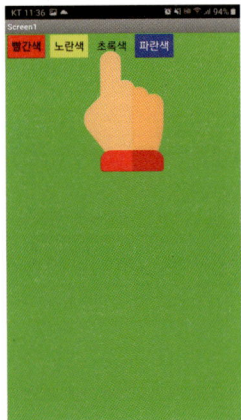

▲ [그림 3.1.1] 버튼으로 화면 색깔 바꾸기 작품

코딩하기

01 구글에 로그인하고 앱 인벤터에 접속합니다. 그리고 [Start new project]를 클릭한 후 프로젝트 이름은 'ColorChange'라고 하겠습니다.

> **NOTE** 앱 인벤터 접속 방법은 '1.6 개발 환경 준비하기 – 앱 인벤터 준비'를 참고해 주세요.

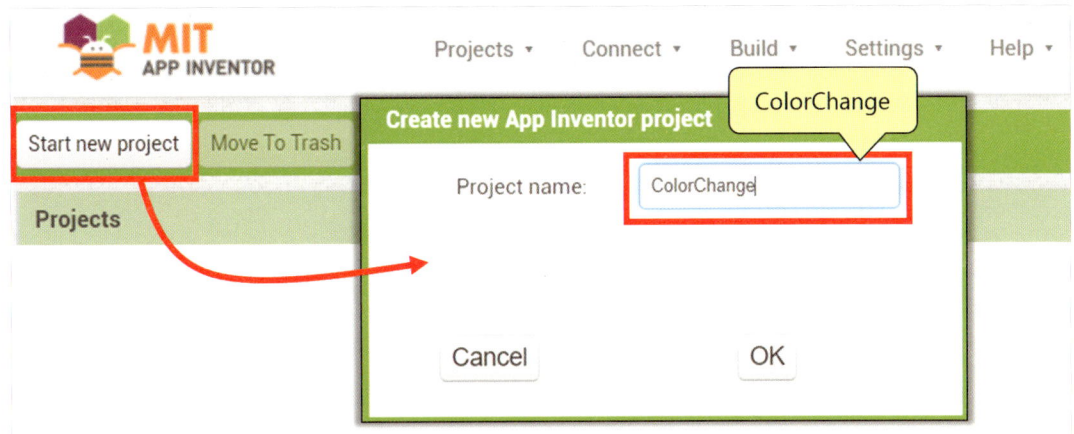

▲ [그림 3.1.2] 새 프로젝트 만들기

02 앱을 디자인하는 방법은 간단합니다. 팔레트(Palette)에 있는 요소들을 마우스로 드래그하여 스마트폰 화면 상단에 드롭하면 됩니다.

그럼 프로젝트 앱 디자인을 시작해 보겠습니다. 먼저 가로로 버튼을 배치하기 위해 가로 정렬을 의미하는 [HorizontalArrangement]를 마우스로 드래그하여 스마트폰 화면 상단에 드롭하고, 설정(Properties)에서 Width(가로 길이)는 Fill parent(화면에 꽉 차게)로 설정합니다.

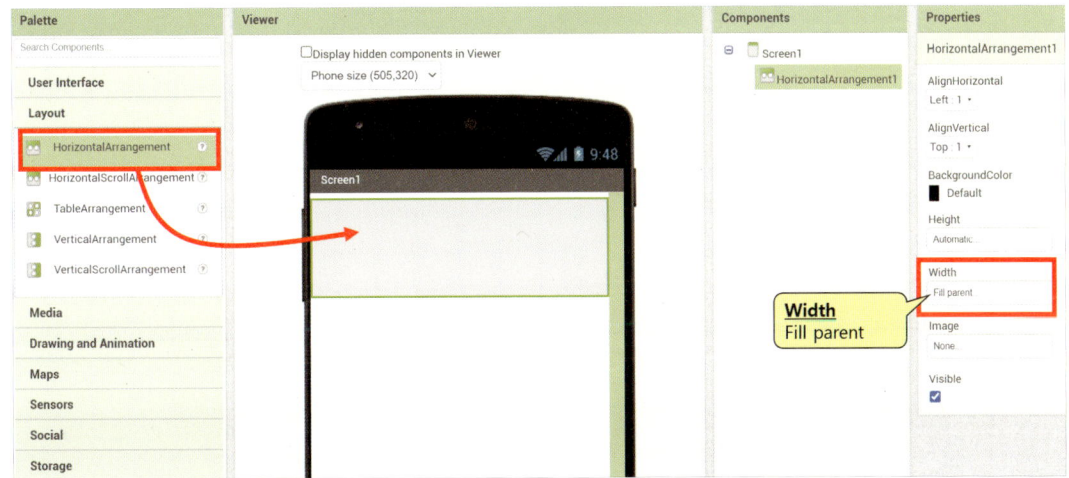

▲ [그림 3.1.3] HorizontalArrangement(가로 정렬) 추가

03 [Button(버튼)] 하나를 드래그하여 HorizontalArrangement 안에 넣습니다. 그리고 이 Button의 Text는 '빨간색'으로, FontSize는 20으로 설정해 주세요.

▲ [그림 3.1.4] Button 하나 추가

04 추가했던 Button의 이름은 '빨간색버튼', 색깔은 'Red'로 바꾸겠습니다. 이름을 미리 바꿔 놓으면 코딩을 할 때 이름만 보고 어떤 요소인지 바로 알 수 있어서 편리합니다.

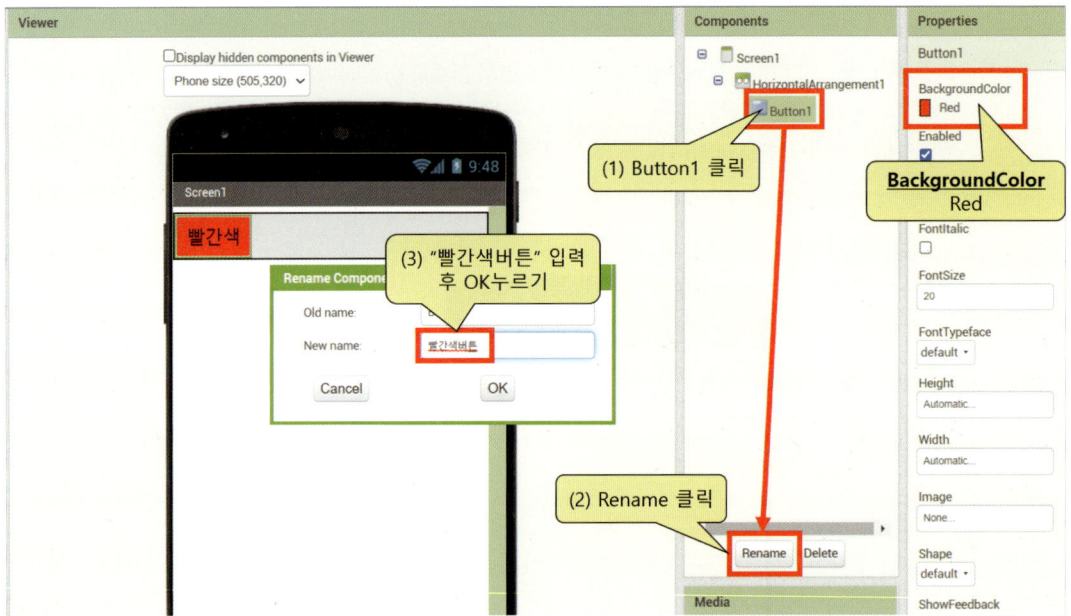

▲ [그림 3.1.5] 버튼 이름과 색깔 바꾸기

05 빨간색 버튼과 똑같이 '노란색' '초록색', '파란색' 버튼을 추가해 주세요.

> **NOTE** 파란색 버튼에서 글자를 하얀색으로 바꾸려면 버튼의 TextColor를 white로 설정해주면 됩니다. TextColor는 스마트폰 화면에서 해당 버튼을 선택한 후 Properties 창의 하단에서 설정할 수 있습니다.

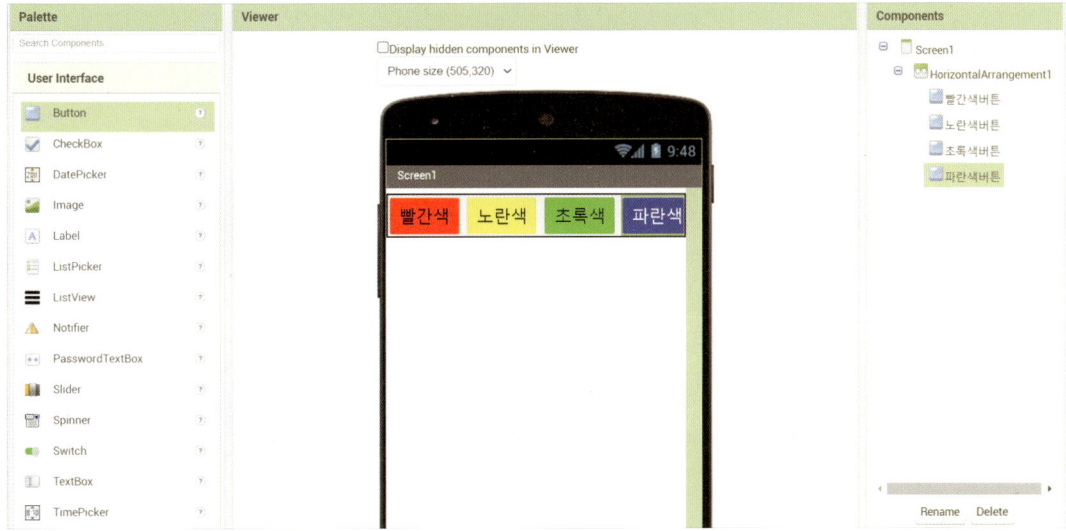

▲ [그림 3.1.6] 버튼 더 추가하여 디자인하기

06 이제 디자인은 모두 마쳤습니다. 화면 오른쪽 상단의 [Blocks] 버튼을 눌러서 코딩 화면으로 넘어가 주세요.

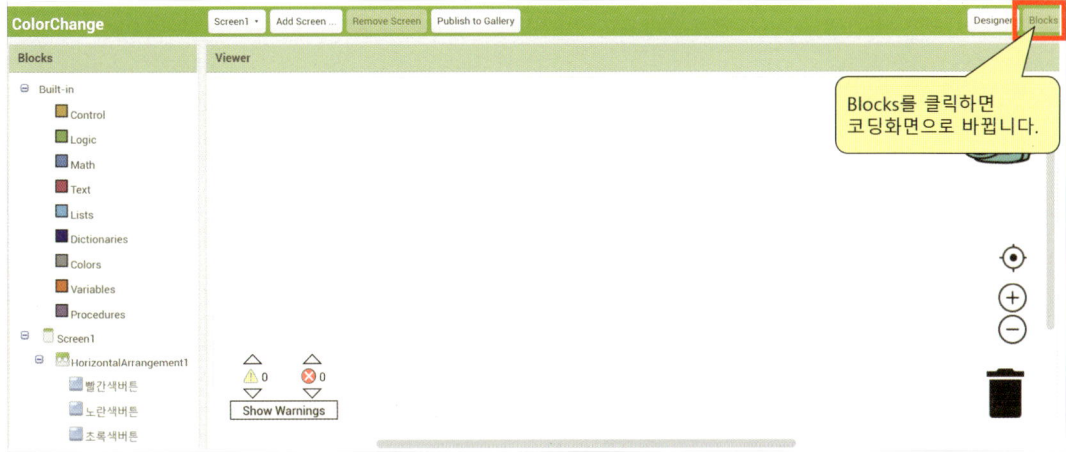

▲ [그림 3.1.7] 코딩 화면으로 넘어가기

3.1 앱 인벤터로 간단한 앱 만들어 보기 **75**

07 빨간색 버튼을 누르면 스마트폰 배경 화면이 빨갛게 되도록 코딩을 하겠습니다. 먼저 다음 그림처럼 빨간색 버튼을 누를 때 실행할 명령 블록을 가져옵니다.

NOTE 코딩 화면 왼쪽의 [Blocks] 창에서 [HorizontalArrangement] 〉 [빨간색버튼]을 클릭하면 그림과 같은 명령 블록이 나옵니다.

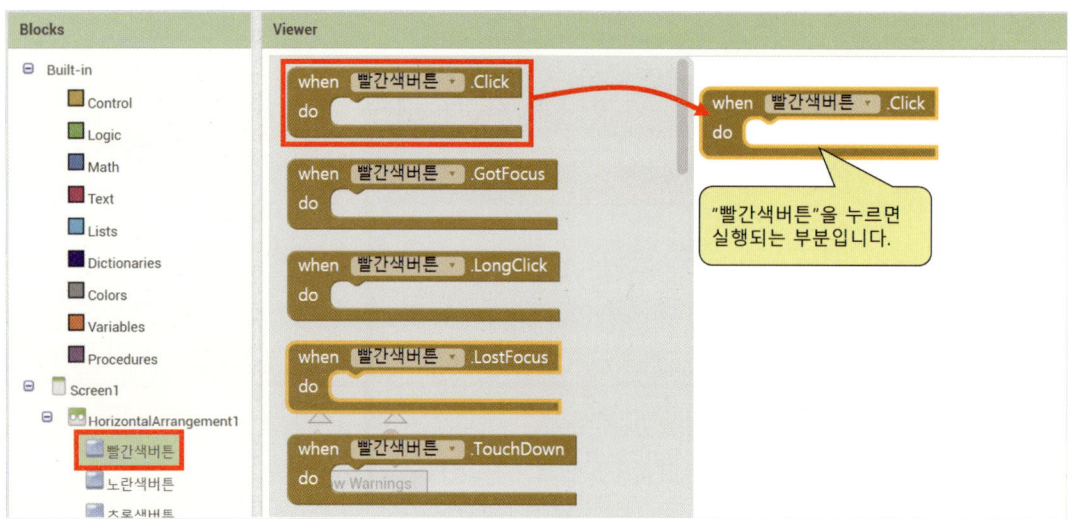

▲ [그림 3.1.8] 빨간색 버튼 코딩

08 Screen1은 스마트폰 배경화면을 주관하는 요소입니다. 이 요소의 배경색을 바꾸는 명령어인 [set Screen1.BackgroundColor to] 블록을 버튼 블록에 끼워 넣습니다.

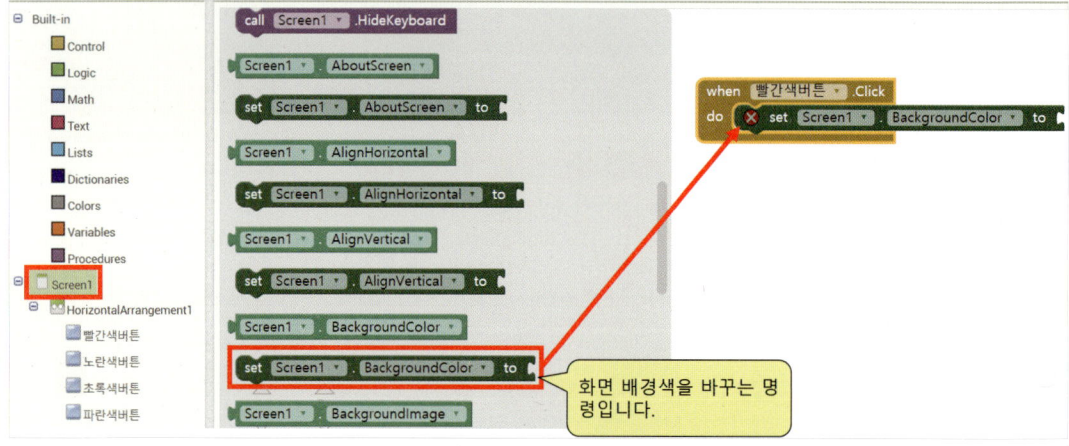

▲ [그림 3.1.9] 배경색 바꾸기 코딩

09 [Colors]에서 빨간색 블록을 꺼내어 다음 그림과 같이 끼워줍니다. 이렇게 하면 '빨간색 버튼'을 누를 시 스마트폰 배경화면을 빨갛게 변하는 명령이 완성됩니다.

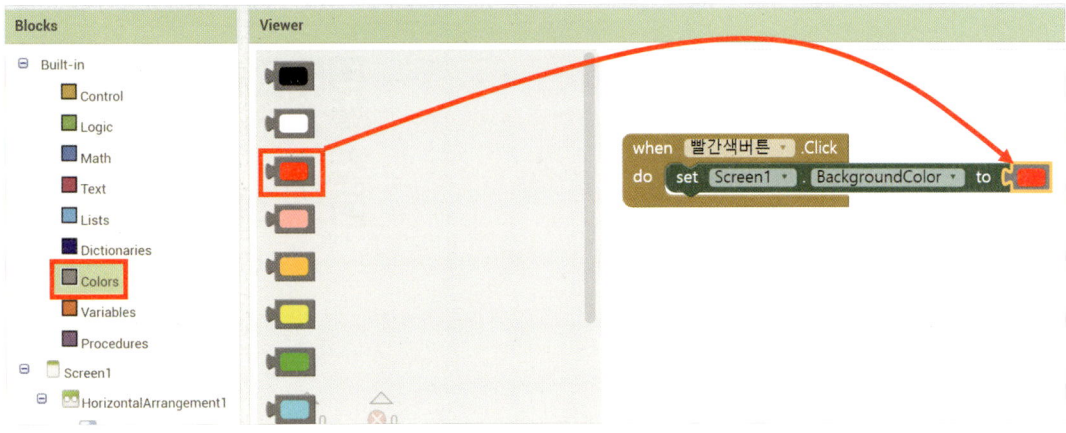

▲ [그림 3.1.10] 빨간색 블록 넣기

10 빨간색 버튼과 같은 방법으로 노란색, 초록색, 파란색 버튼도 코딩을 완성해 주세요.

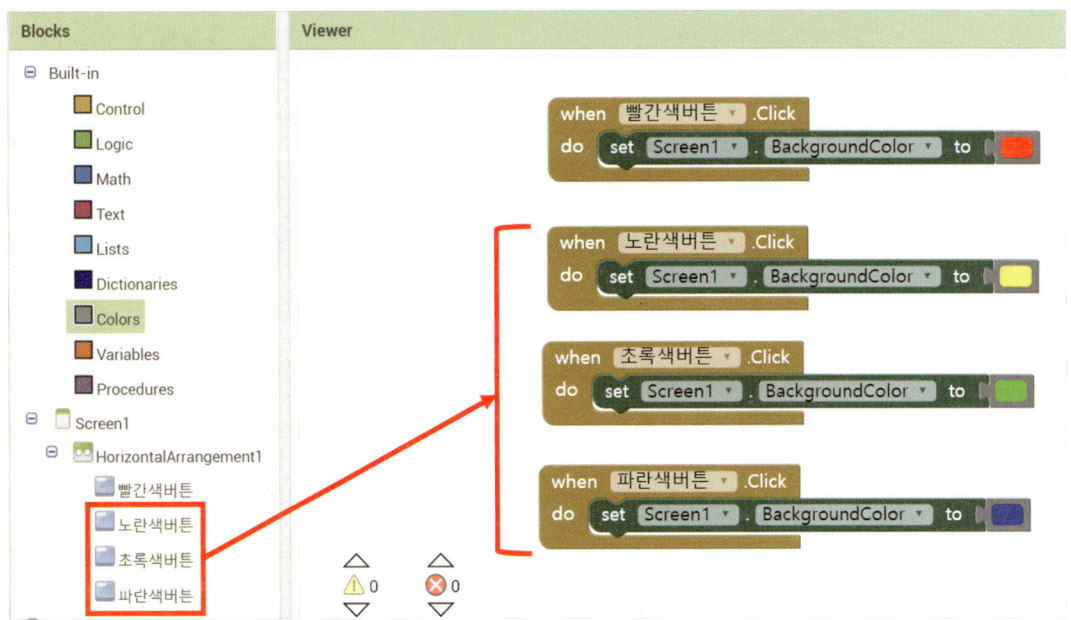

▲ [그림 3.1.11] 노란색, 초록색, 파란색 버튼 추가하기

3.1 앱 인벤터로 간단한 앱 만들어 보기 **77**

11 이제 앱 디자인과 코딩이 모두 완성되었습니다. 상단 메뉴에서 [Build] 〉 [App (provide QR code for .apk)]를 클릭해서 앱 설치 파일을 받을 수 있는 QR 코드를 생성해 주세요.

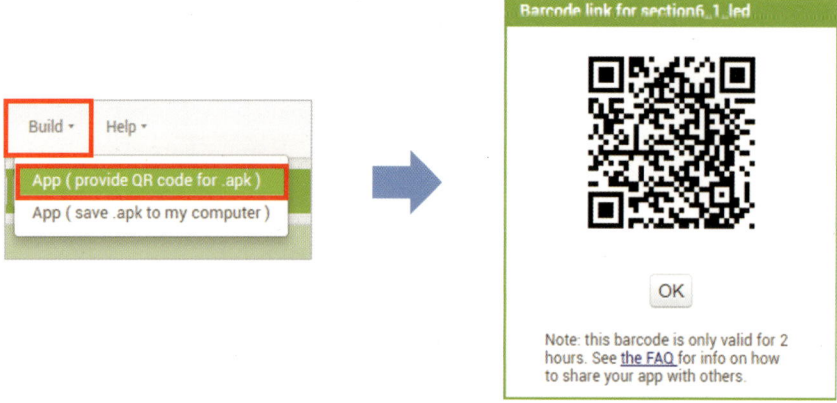

▲ [그림 3.1.12] apk 파일 QR코드 생성하기

12 QR 코드가 뜨면 미리 설치해 두었던 MIT AI2 Companion 앱을 실행하여 파란색 버튼을 누르고, 카메라가 켜지면 QR 코드에 갖다 대어 주세요. 그러면 자동으로 QR을 인식하고 설치화면으로 넘어갑니다. 일반적인 앱을 설치할 때처럼 [열기], [설치] 버튼을 눌러서 앱을 설치해 주시면 됩니다.

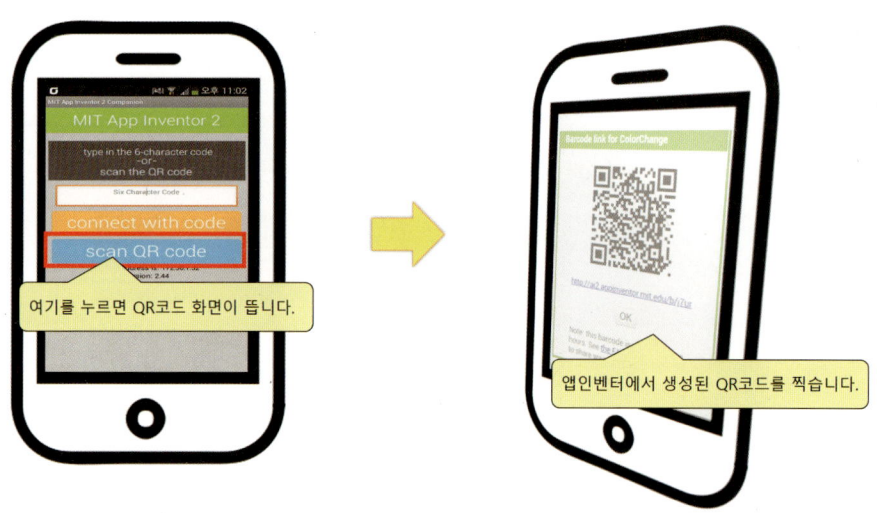

▲ [그림 3.1.13] QR 코드 찍고 앱 설치하기

13 ColorChange 앱 설치가 완료되면 앱을 실행해 주세요. 그리고 다음 그림처럼 각각의 버튼을 눌렀을 때 배경 색깔이 잘 바뀌는지 확인하면 됩니다.

▲ [그림 3.1.14] 앱 실행 후 버튼 눌러보기

도전 퀴즈 3.1 이런 앱도 만들어 보세요!

Q. 이번 실습에서 만든 앱에 버튼 2개를 추가해 주세요. 추가된 하나의 버튼을 누르면 스마트폰 배경 색깔이 주황색이 되고, 다른 하나의 버튼을 누르면 보라색이 되게 코딩을 하여 실행해 보세요.

3.2 블루투스를 이용한 앱과 스크래치 무선통신

작품 미리보기

이전 챕터에서 앱 인벤터를 이용해 간단한 스마트폰 앱을 만들어 봄으로써 앱 개발을 어떻게 하는지 알아봤습니다. 이번 실습에서는 블루투스 모듈을 이용하여 내가 만든 앱과 스크래치를 무선으로 제어할 수 있는 프로그램을 만들어 보겠습니다. 작품 내용은 앱에서 버튼을 누르면 스크래치에서 판다 스프라이트가 "버튼이 눌렸어"라고 말하게 하고, 반대로 스크래치의 아두이노 스프라이트에서 센서값을 측정하여 스마트폰 앱으로 전송하여 센서값이 앱 화면에 숫자로 나타나게 하는 작품입니다.

▲ [그림 3.2.1] 앱과 스크래치 무선통신 작품 미리보기

사용할 부품 확인하기

이번 예제에서는 아두이노에 블루투스 모듈(HC-06) 하나만 연결하면 됩니다.

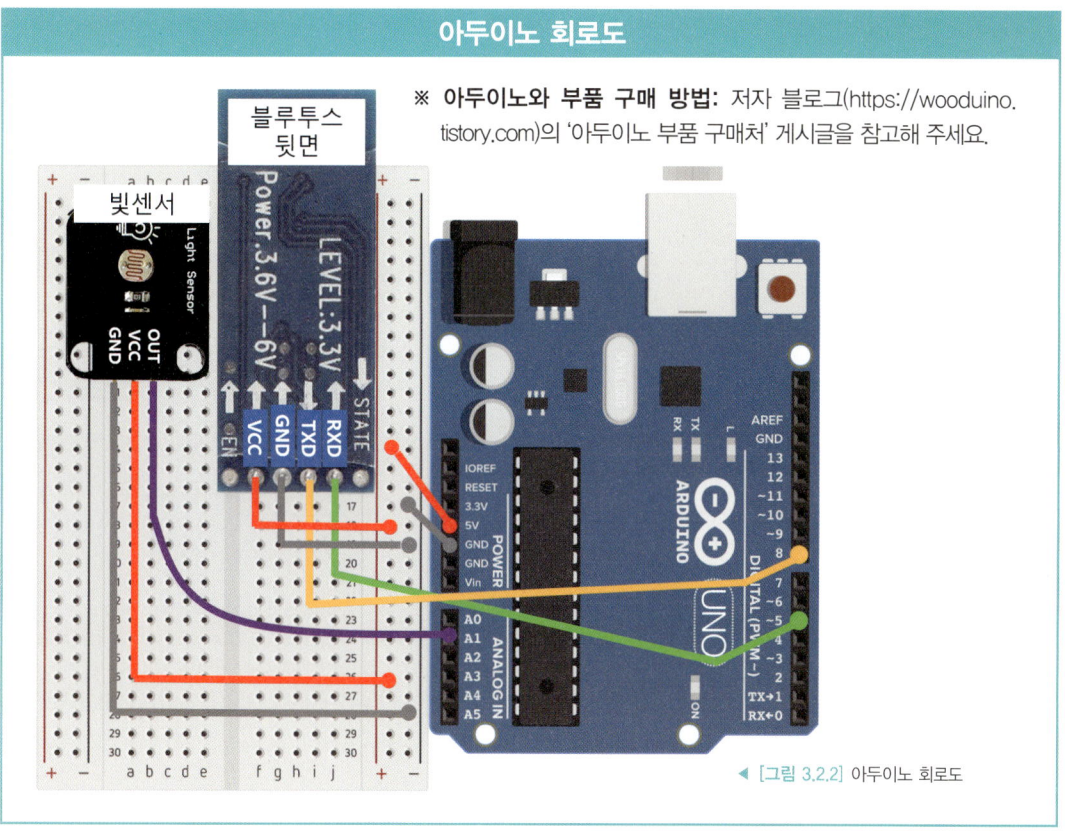

◀ [그림 3.2.2] 아두이노 회로도

코딩하기

01 구글에 로그인하고 앱 인벤터에 접속합니다. 그리고 [Start new project]를 클릭한 후 프로젝트 이름은 'AppScratch'라고 하겠습니다.

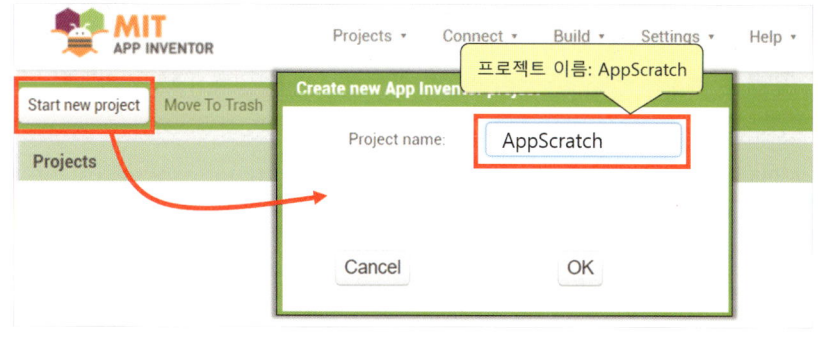

▲ [그림 3.2.3] 앱 프로젝트 이름

02 새 프로젝트를 만들면 디자인 화면으로 넘어가게 됩니다. 처음으로 할 디자인은 코딩에 필요한 블루투스 이미지 2개를 업로드하는 것입니다. 블루투스가 연결된 이미지(파란색)와 연결이 끊긴 이미지(하얀색)를 각각 업로드해 주세요.

> NOTE▶ 블루투스 이미지는 저자 블로그에서 스크래치&앱 for 아두이노 〉 '앱 이미지 파일' 게시글을 참조해 주세요.

> NOTE▶ 이미지 업로드는 한 번에 하나씩만 됩니다.

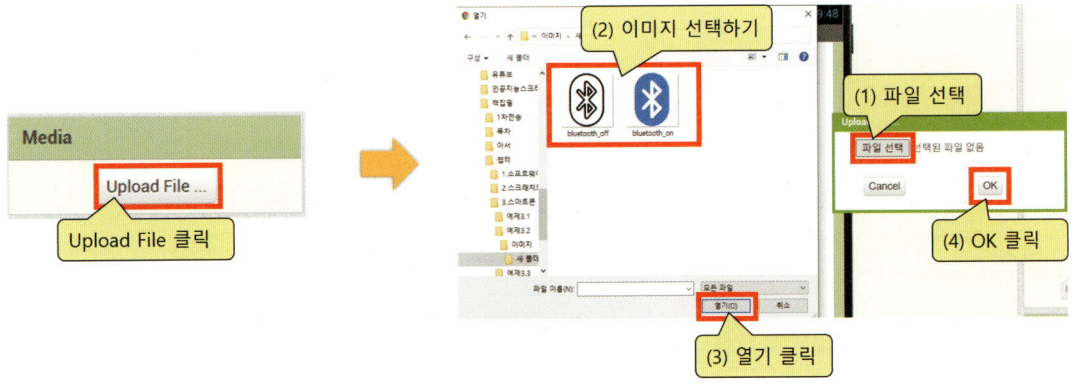

▲ [그림 3.2.4] 블루투스 이미지 업로드하기

03 여러 가지 요소(버튼, 이미지 등)를 가로로 배치할 수 있게 해주는 [HorizontalArrangement]를 끌고 와서 BackgroundColor(배경색)를 Cyan(하늘색)으로, Height(높이)를 10%로, Width(가로 길이)를 Fill parent(화면에 꽉 차게)로 수정해 줍니다.

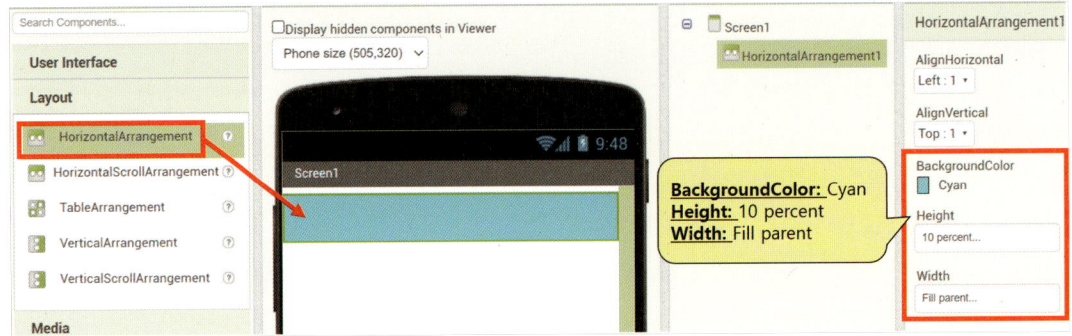

▲ [그림 3.2.5] HorizontalArrangement 배치 및 설정

04 버튼 하나를 HorizontalArrangement 안에 넣습니다. 그리고 [Rename]을 클릭하여 버튼의 이름을 '블루투스연결버튼'이라고 지어줍니다.

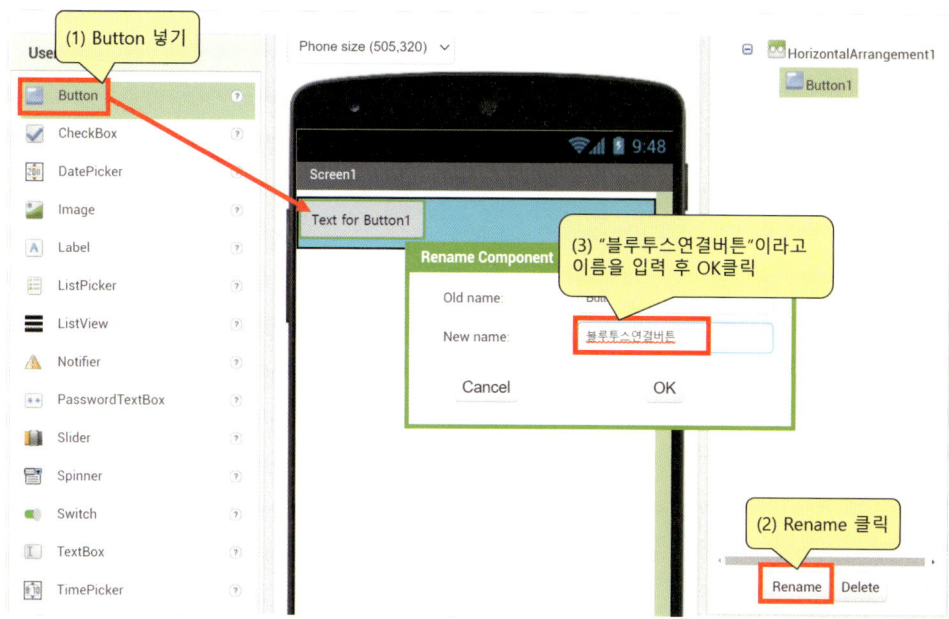

▲ [그림 3.2.6] 버튼 이름 변경하기

05 '블루투스연결버튼'에 이미지와 사이즈 등 몇 가지 속성을 바꿔야 합니다. 다음 그림처럼 수정해 주세요.

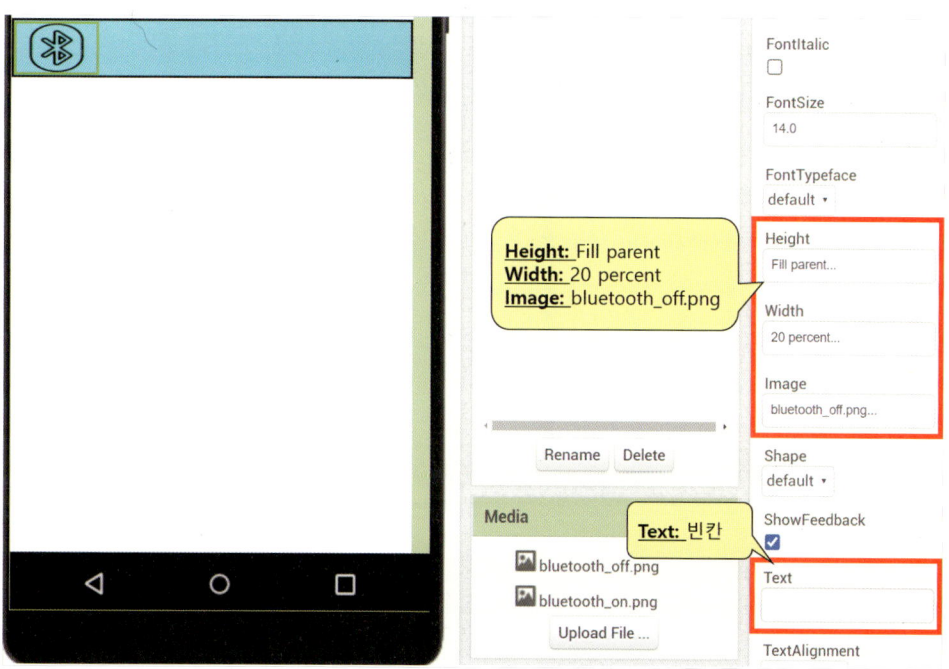

▲ [그림 3.2.7] 버튼 속성 바꾸기

3.2 블루투스를 이용한 앱과 스크래치 무선통신 **83**

06 이번에는 요소들을 세로로 배치할 수 있게 해주는 [VerticalArrangement]를 넣어주고 다음 그림처럼 몇 가지 속성을 수정해 주세요.

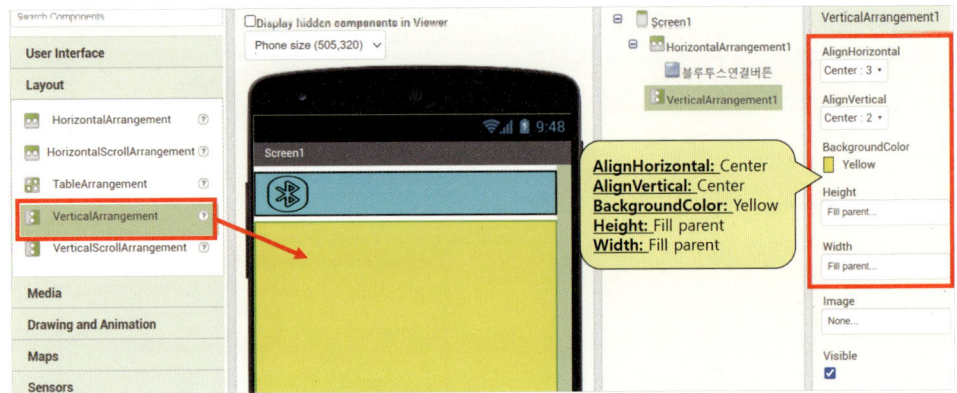

▲ [그림 3.2.8] VerticalArrangement 배치하기

07 추가한 [VerticalArrangement] 안에 버튼 하나를 넣고 [Rename]을 클릭하여 '스크래치로_신호보내기'라고 이름을 지어줍니다. 나중에 이 버튼을 누르면 스크래치로 무선 신호가 날아가서 스크래치에서 동작이 일어나게 코딩을 할 예정입니다.

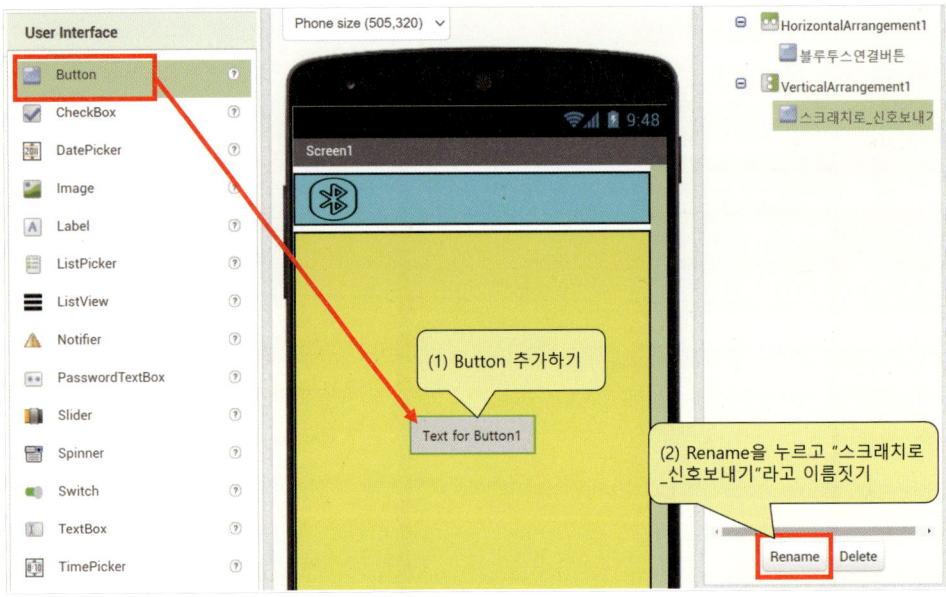

▲ [그림 3.2.9] 버튼 추가하기

08 방금 추가한 버튼의 FontSize(글자 크기)를 25로, Text(표시할 글자)를 '스크래치로 신호보내기'라고 수정해 줍니다.

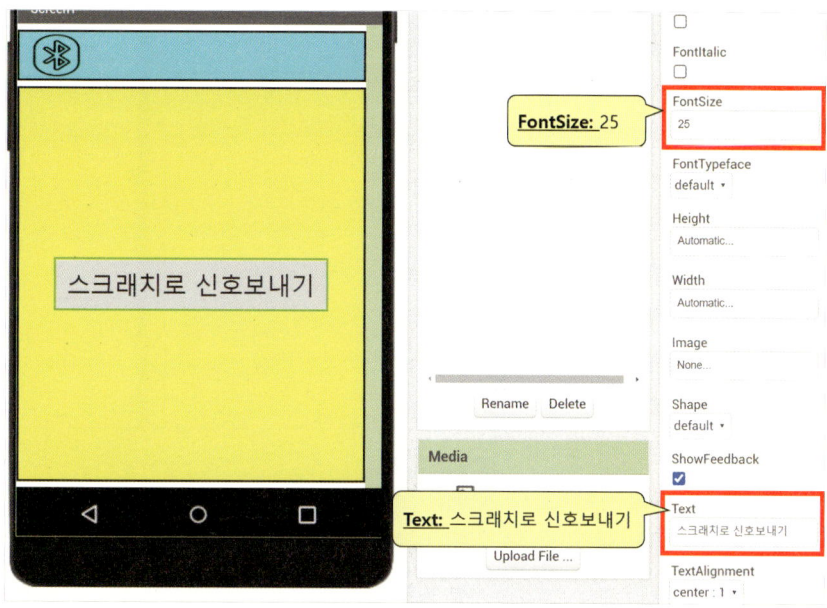

▲ [그림 3.2.10] 버튼 속성 수정

09 나중에 스크래치의 스프라이트를 클릭했을 때 스마트폰 앱에서 말소리가 나오게 해야 하므로 [Media] 〉 [TextToSpeech] 라는 요소를 추가해 주세요. 이 요소는 스마트폰 화면에 직접적으로 보이지 않고 Non-visible components에 표시됩니다.

▲ [그림 3.2.11] TextToSpeech 요소 추가하기

10　블루투스 무선통신을 하기 위해서 [Connectivity] > [BluetoothClient]를 추가해 주세요. 이 요소는 나중에 스마트폰 앱과 아두이노가 블루투스 무선통신을 하는 데 사용됩니다.

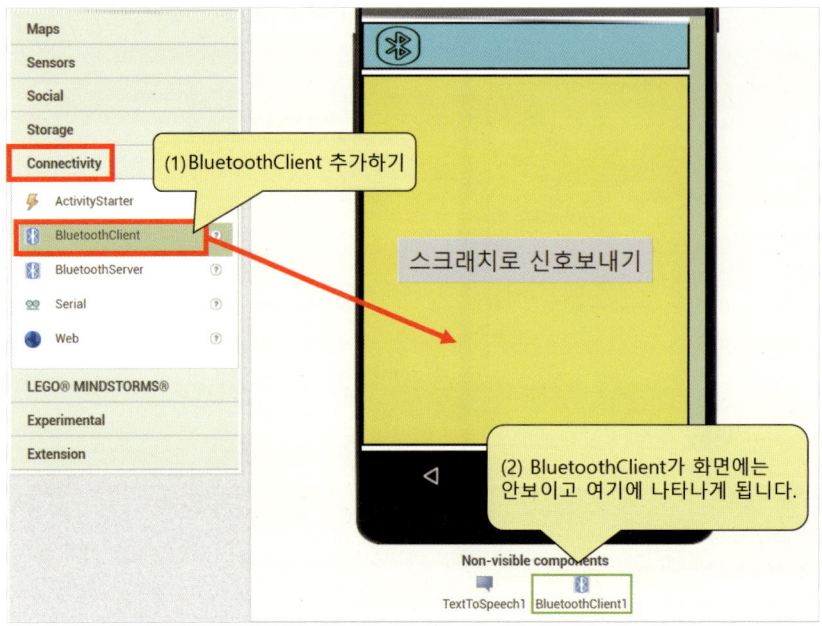

▲ [그림 3.2.12] BluetoothClient 요소 추가하기

11　스크래치에서 앱으로 블루투스 무선 데이터를 보낼 때, 앱에서는 데이터가 입력된 게 있는지 반복적으로 체크해야 합니다. 앱에서 일정한 시간을 주기로 반복하려면 Clock 요소를 사용해야 하므로 [Clock]을 넣어줍니다.

> **NOTE** Clock은 기본적으로 1초에 한 번씩 반복되게끔 설정되어 있습니다. 반복 주기는 설정(Properties)의 TimeInterval 항목에서 변경할 수 있습니다.

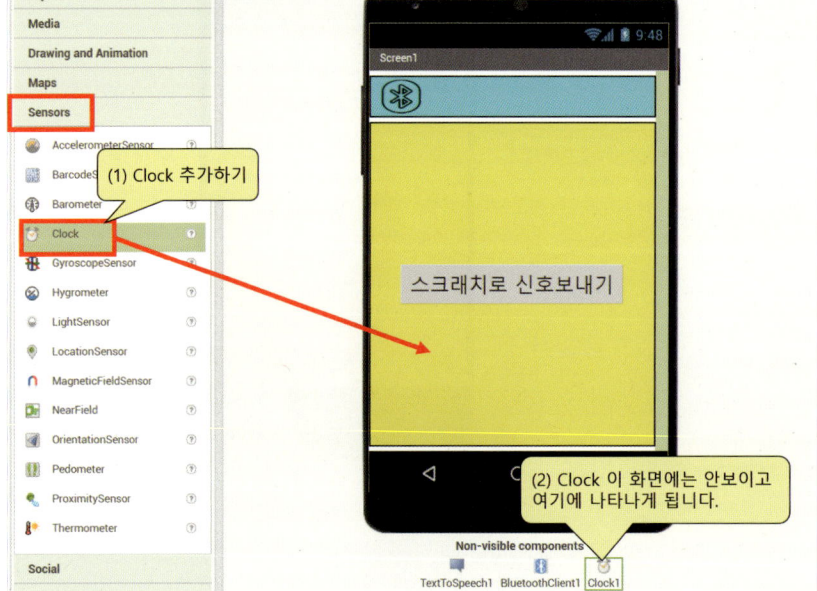

▲ [그림 3.2.13] Clock 요소 추가하기

⑫ 스마트폰 주변에서 잡히는 여러 블루투스 신호 목록을 보여주고 원하는 블루투스를 선택하기 위해서는 [ListPicker]가 필요합니다. ListPicker 하나를 상단에 추가하고 [Rename]을 눌러 '블루투스목록'이라고 이름을 지어 주세요.

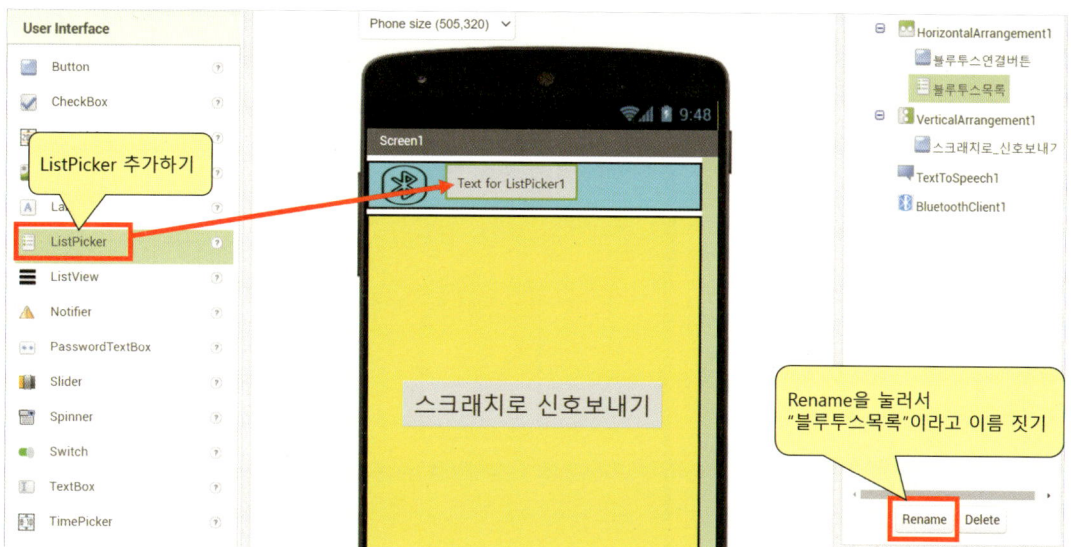

▲ [그림 3.2.14] ListPicker 추가하기

⑬ 우리는 블루투스 이미지 모양의 버튼을 누르면 ListPicker를 불러와서 블루투스 연결을 제어할 것이기 때문에 굳이 ListPicker 요소까지 겉으로 보여줄 필요는 없습니다. 그래서 속성(Properties)에서 Visible(보이기) 항목을 체크를 해제하여 안 보이게 해줍니다.

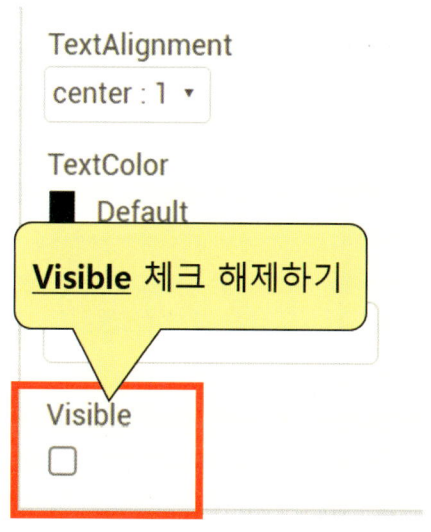

▲ [그림 3.2.15] Visible 체크 해제

14 이제 아두이노에서 측정된 센서값을 앱 화면에 숫자로 표현할 디자인을 추가하겠습니다. 버튼과 센서값이 조금 떨어져서 배치되게 하기 위하여 [HorizontalArrangement] 하나를 화면 가운데에 추가합니다.

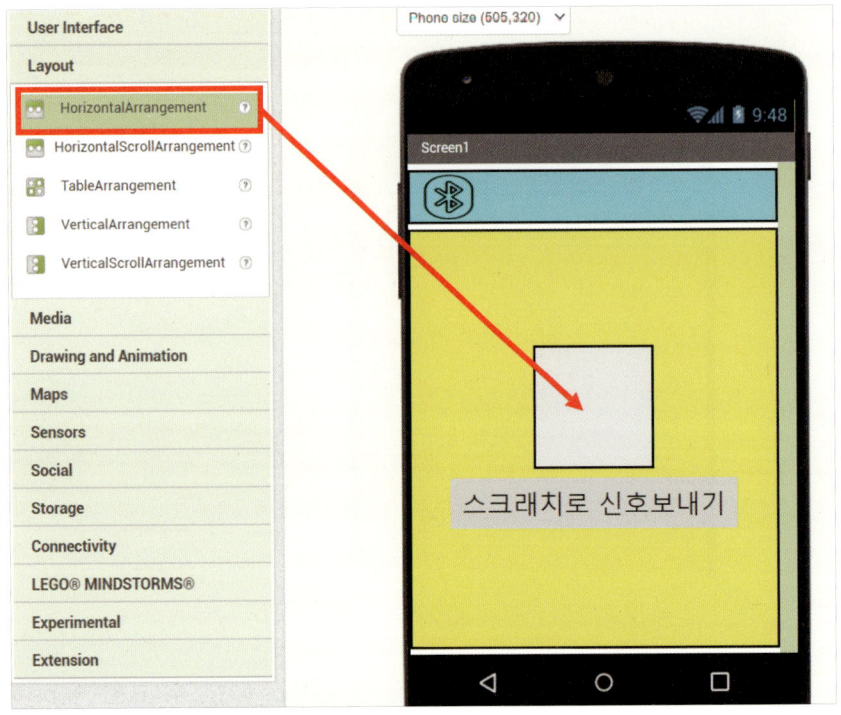

▲ [그림 3.2.16] HorizontalArrangement 추가하기

15 방금 추가한 HorizontalArrangement 위쪽에 [Label]을 하나 추가하고 FontSize(글자 크기)는 30, Text(글자)는 0으로 설정해 주세요. 그리고 [Rename]을 눌러 '센서값'이라고 이름을 지어 주세요.

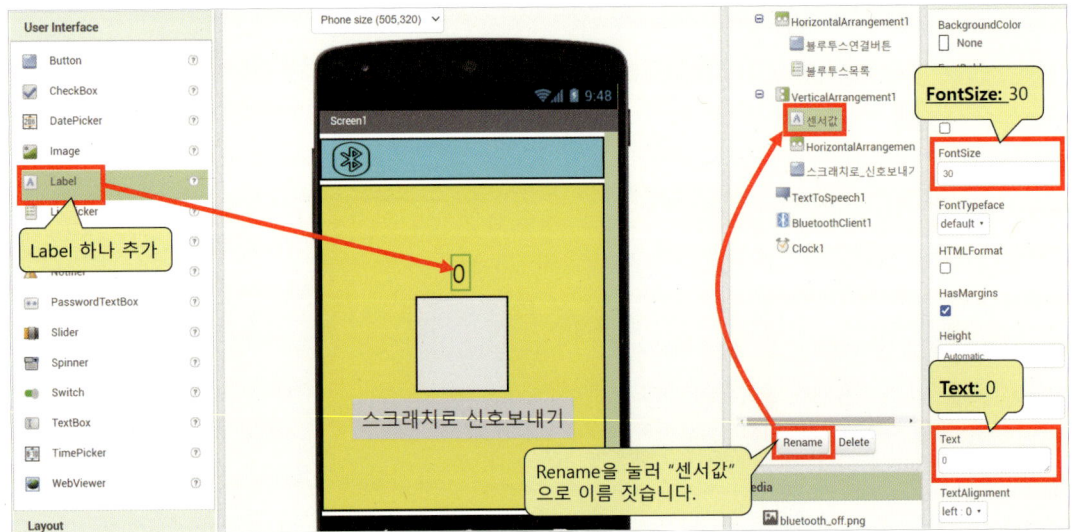

▲ [그림 3.2.17] 센서값 Label 추가

16 이제 모든 디자인이 끝났습니다. 화면 오른쪽 상단의 [Blocks]를 클릭하여 코딩 화면으로 넘어가 주세요.

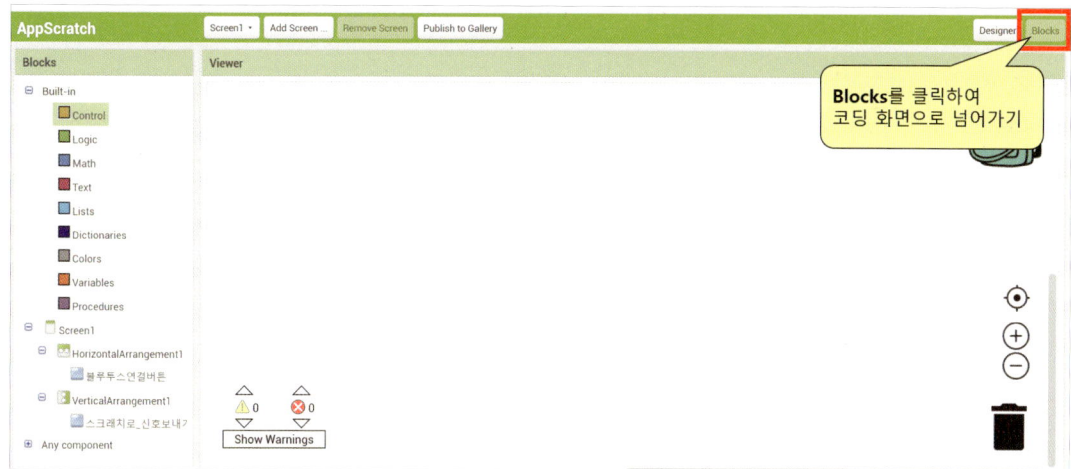

▲ [그림 3.2.18] 코딩 화면으로 넘어가기

17 이번엔 코딩을 시작하겠습니다. 앱을 실행했을 때 어떤 초기화 작업을 할 수 있도록 [Screen1.Initialize]를 하나 가져옵니다.

> **NOTE** 앱을 최초에 실행시켰을 때 글자나 이미지, 데이터 등을 미리 설정하는 것을 초기화라고 합니다. 게임 앱을 실행할 경우 처음에는 레벨과 점수가 0으로 시작되는 것이 초기화의 예시라고 할 수 있습니다.

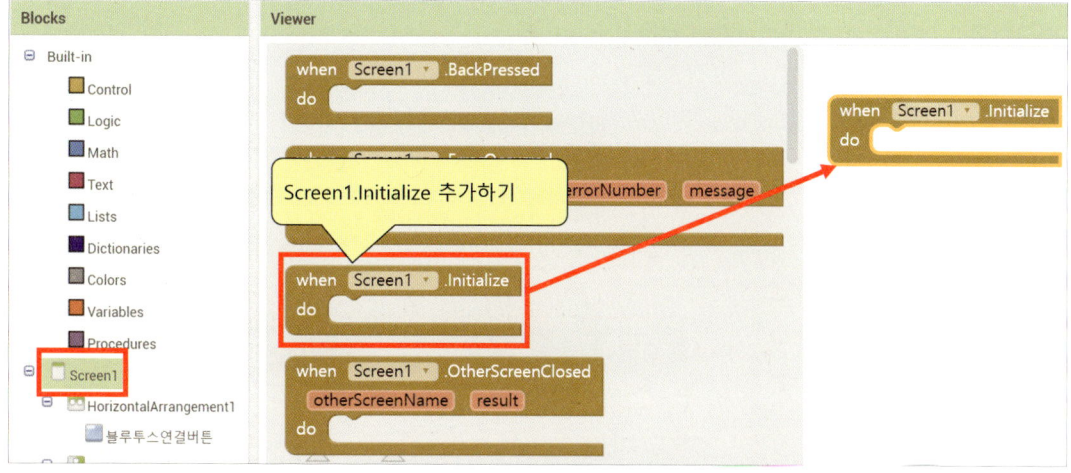

▲ [그림 3.2.19] Screen1.Initialize 추가하기

3.2 블루투스를 이용한 앱과 스크래치 무선통신 **89**

18　앱이 최초에 실행되었을 때 혹시 블루투스 연결이 되어 있을 수 있으니 블루투스 연결을 강제로 해제하고 시작하겠습니다. [BluetoothClient1.Disconnect] 블록을 추가해 주세요.

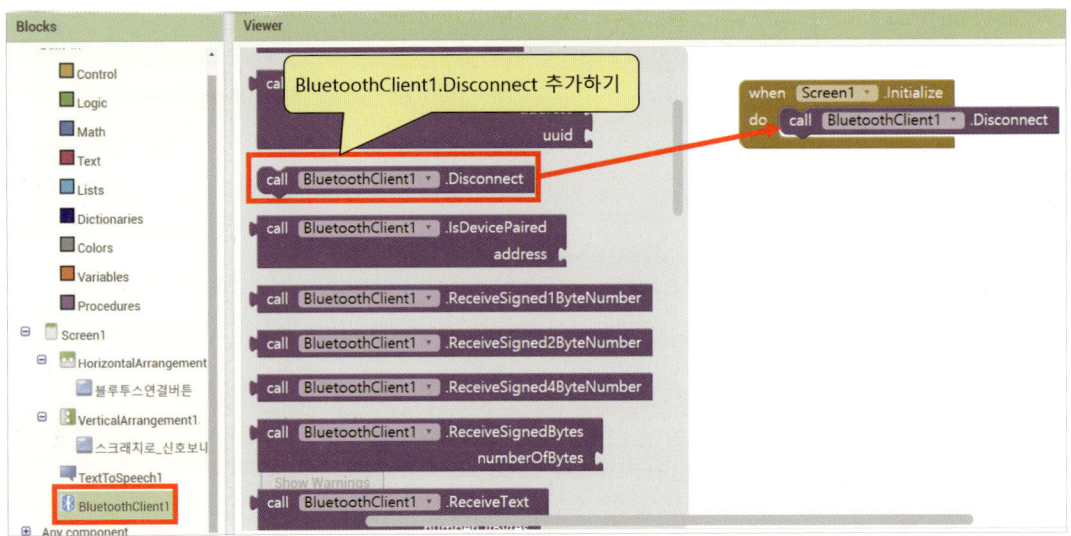

▲ [그림 3.2.20] BluetoothClient1.Disconnet 추가하기

19　블루투스가 끊긴 상태로 시작되니 블루투스 이미지도 연결 해제된 이미지(bluetooth_off.png)로 설정해 줍니다.

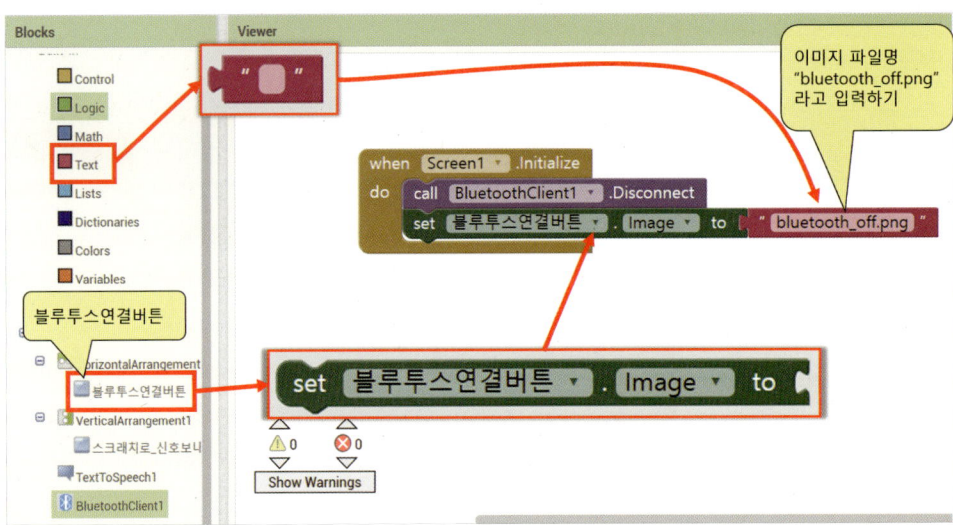

▲ [그림 3.2.21] 버튼 이미지 초기 설정

20 나중에 사용자가 이 앱을 처음 실행한다면, 스마트폰 화면에서 주변에 잡힌 블루투스 이름을 직접 보면서 무선 연결을 할 겁니다. 그러려면 사용자가 블루투스 신호가 잡힌 이름(목록)을 볼 수 있게 표시를 해줘야 합니다. 따라서 스마트폰이 주변의 블루투스 무선 신호 이름(목록)을 미리 가져올 수 있게 [블루투스목록.BeforePicking]에 [블루투스목록.Elements]를 추가해 줍니다.

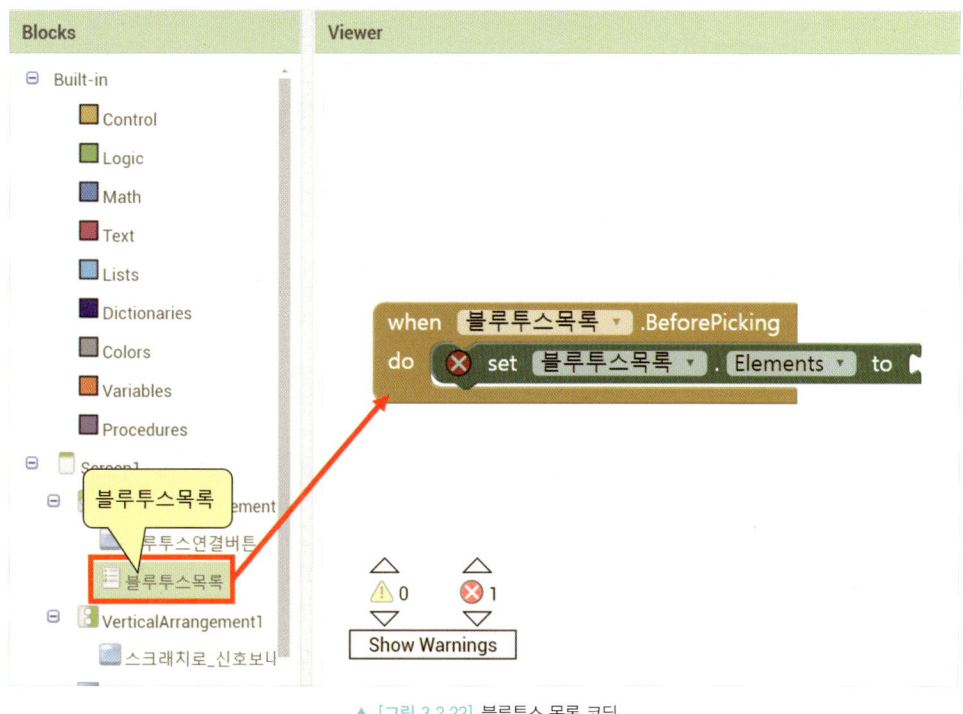

▲ [그림 3.2.22] 블루투스 목록 코딩

21 다음 그림과 같이 [BluetoothClient1.AddressesAndNames] 블록을 추가하면 주변에 잡힌 블루투스 목록을 미리 가져올 수 있게 완성됩니다.

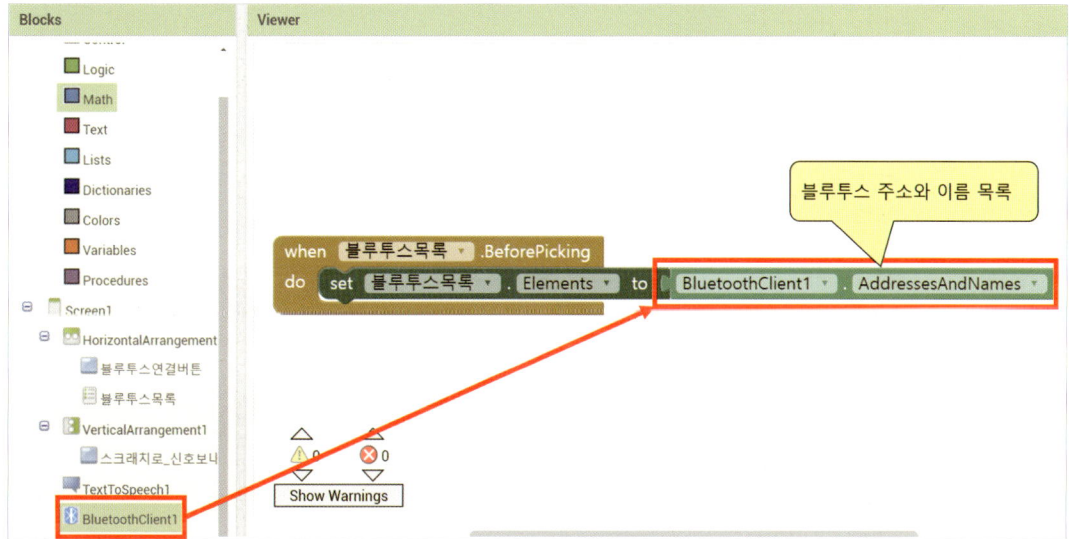

▲ [그림 3.2.23] 블루투스 목록 설정

22 이제 블루투스 연결 버튼을 누르면 블루투스 목록이 나타나서 무선 연결을 할 수 있도록 코딩을 해봅시다. 먼저 [블루투스연결버튼.Click]을 가져오고 [Control] 〉 [if~then~else] 하나를 추가해 줍니다. [블루투스연결버튼.Click]은 버튼을 눌렀을 때 실행되는 부분이고, [if~then~else]는 어떤 경우나 조건에 따라 2가지 동작을 추가할 수 있는 명령 블록입니다.

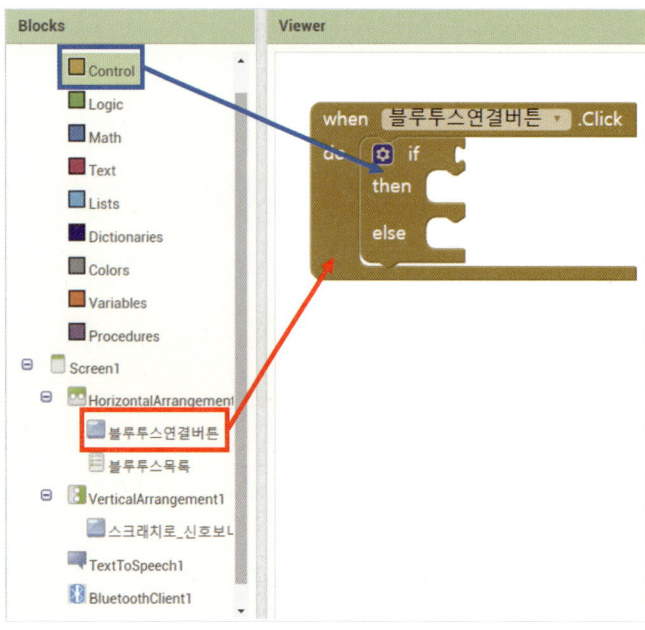

▲ [그림 3.2.24] 블루투스 연결 버튼

23 버튼 하나로 블루투스 무선 연결을 on, off 방식으로 제어하기 위해서, 만약(if) 블루투스가 사전에 연결됐다면(BluetoothClient1.IsConnected) 연결을 끊고(Disconnect), 사전에 연결된 게 아니라면(else) 블루투스 무선 연결을 시도하겠습니다. 먼저 if(만약) 부분을 다음 그림과 같이 코딩해 주세요.

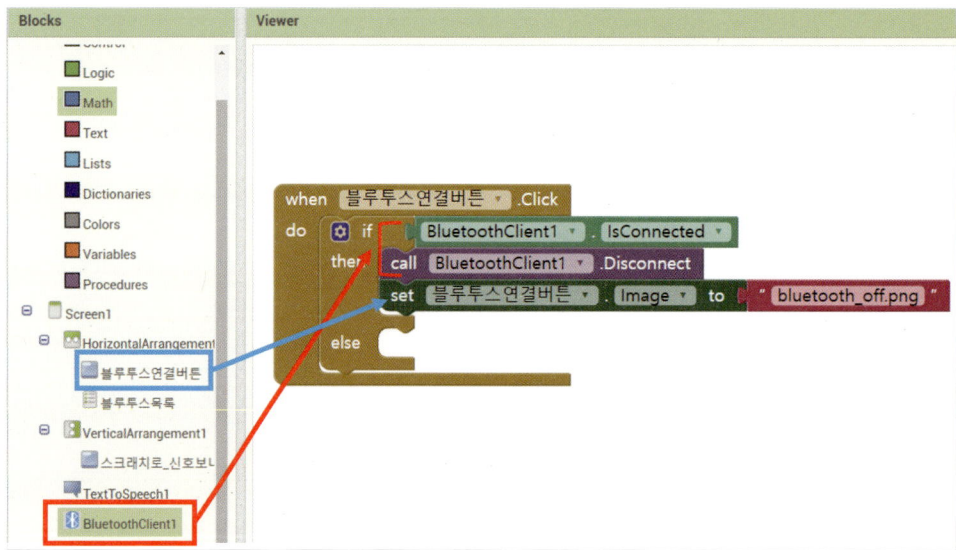

▲ [그림 3.2.25] 블루투스 연결 코딩

24 else 부분에는 [블루투스목록.Open]을 넣어서 블루투스 연결을 하기 위한 목록보기를 넣어줍니다.

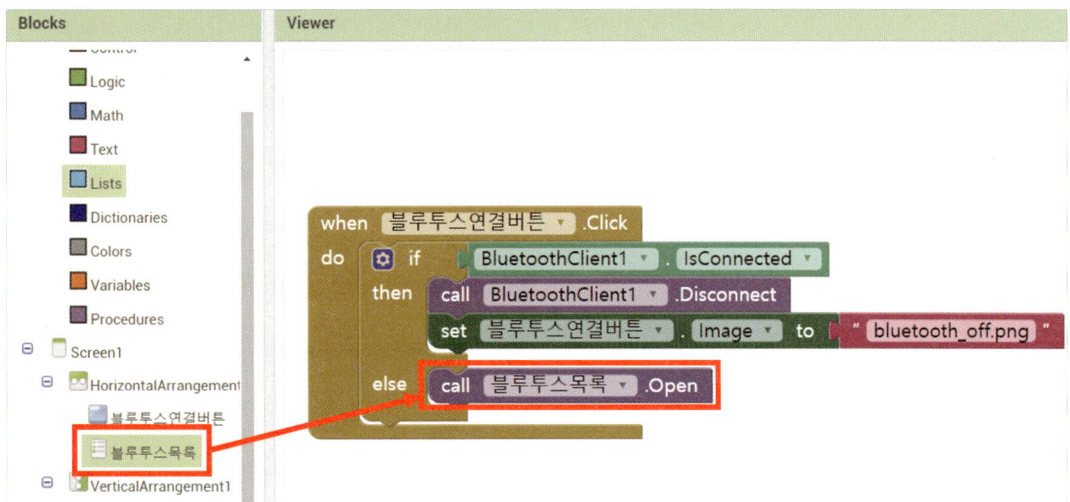

▲ [그림 3.2.26] 블루투스목록.Open

25 스마트폰에 검색되는 여러 블루투스 목록 중에 아두이노에 연결된 블루투스만 사용자가 선택해서 연결해야 합니다. 연결할 블루투스를 선택한 후에는 실제로 연결되어야 하기 때문에 if 조건문이 하나 필요합니다. [블루투스목록.AfterPicking]이라는 블록에 if 블록을 하나 넣어 주세요.

▲ [그림 3.2.27] 블루투스목록.AfterPicking

26 [블루투스목록.Selection]은 앱 사용자가 연결을 위해 선택한 블루투스입니다. 이 블루투스의 주소(address)로 연결(Connect)하는 명령 블록이 [call BluetoothClient1.Connect~address]입니다. 블루투스 연결을 성공하면 True(참)을 반환하여 if 블록이 실행됩니다. 다음 그림과 같이 코딩해 주세요.

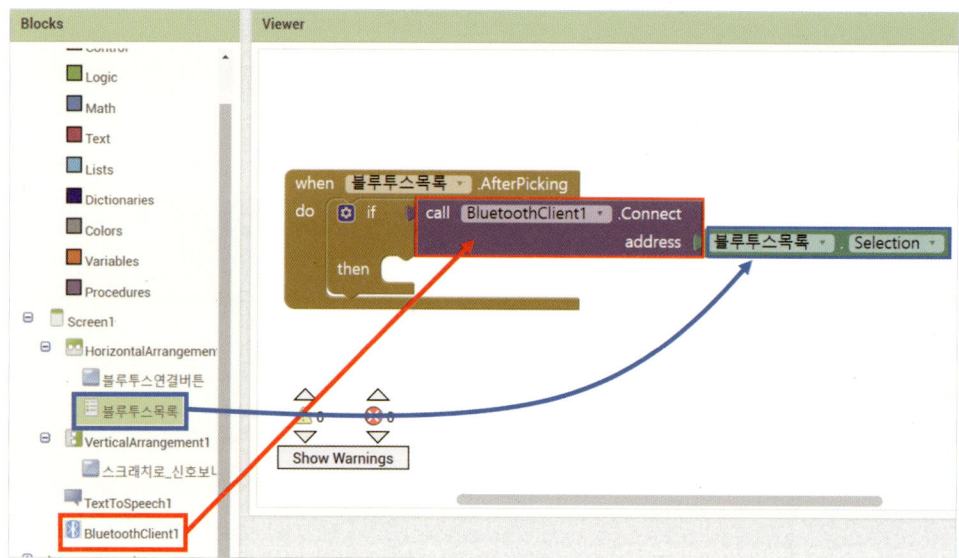

▲ [그림 3.2.28] 블루투스 연결하기

27 블루투스 연결에 성공하면 'then~' 부분이 실행됩니다. 블루투스 연결이 된 상태임을 알리도록 블루투스 이미지를 'bluetooth_on.png'로 변경해 줍니다.

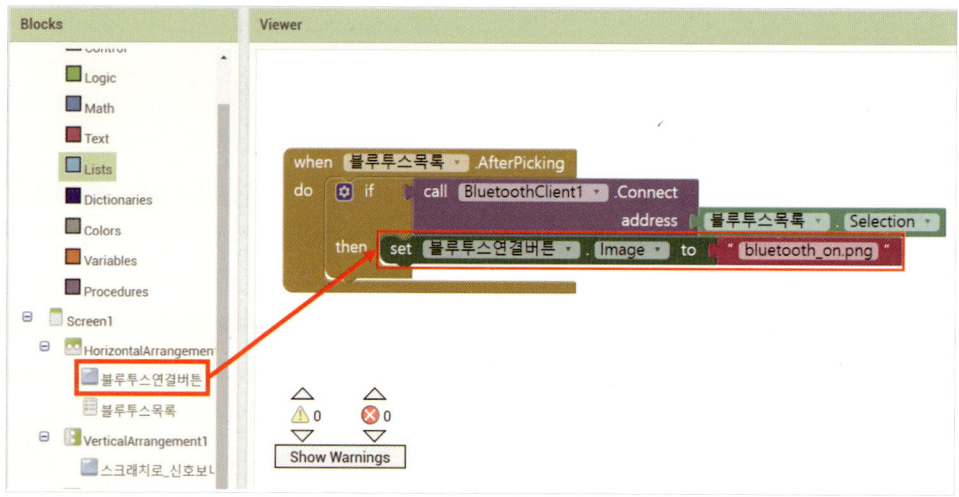

▲ [그림 3.2.29] 블루투스 연결 성공 시 이미지

28 블루투스 연결이 완료되면 [스크래치_신호보내기] 버튼을 눌러 숫자값 1을 스크래치로 보내도록 하겠습니다. 다음 그림과 같이 코딩해 주세요.

> **NOTE** 실제로는 숫자값 1이 아두이노에 연결된 블루투스 모듈에 먼저 도달하고, 그 다음에 아두이노 보드로 이동된 뒤 내 컴퓨터 속의 스크래치로 전달됩니다.

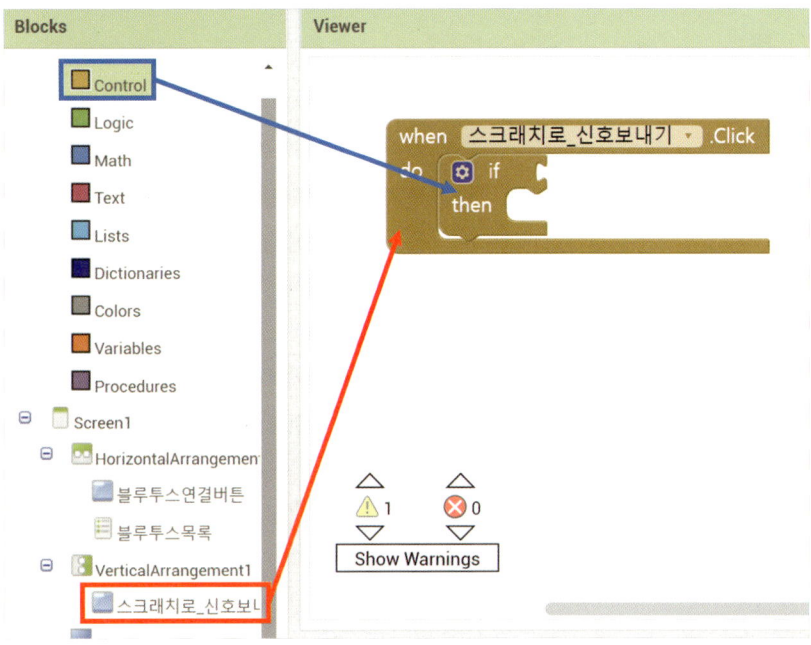

▲ [그림 3.2.30] 신호보내기 버튼

29 버튼을 누르면 무조건 숫자 1을 보내지 말고, 블루투스 연결이 되었는지(Bluetooth1.IsConnected) 한 번 더 따져보고 보내겠습니다. 블루투스 무선 데이터 전송 명령은 [call BluetoothClient1.Send1ByteNumber]입니다. 이 블록은 0~255 사이의 숫자값을 무선으로 보낼 수 있는 명령 블록입니다.

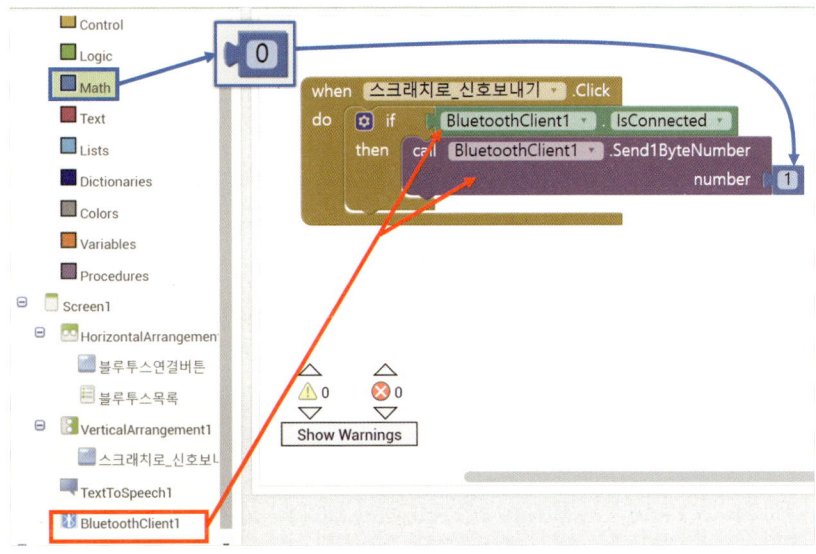

▲ [그림 3.2.31] 블루투스 데이터 보내기

30 앱에서 스크래치로 숫자 데이터를 보내는 코딩은 끝났습니다. 이제는 반대로 스크래치의 아두이노 스프라이트에서 앱으로 보낸 센서값을 앱 화면에 표시하는 코딩을 하겠습니다.

1초 간격으로 앱에 입력된 데이터가 없는지 체크하기 위해 [Clock1.Timer]를 가져옵니다. 이 블록은 일정 시간(초) 간격으로 반복 실행되는 명령 블록입니다.

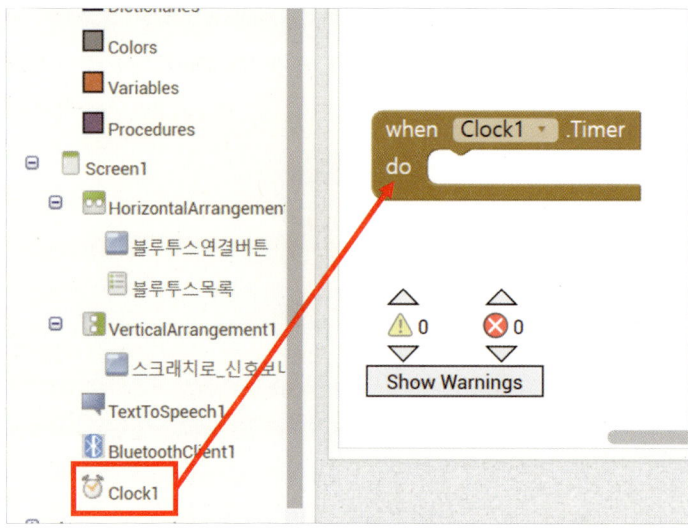

▲ [그림 3.2.32] Clock 반복 블록 추가

31 [Clock1.Timer] 명령 블록 안에 if문 블록을 추가해 줍니다. 이로써 아두이노로부터 측정된 센서값을 읽을 때, 블루투스 연결이 되었는지 체크하게 됩니다.

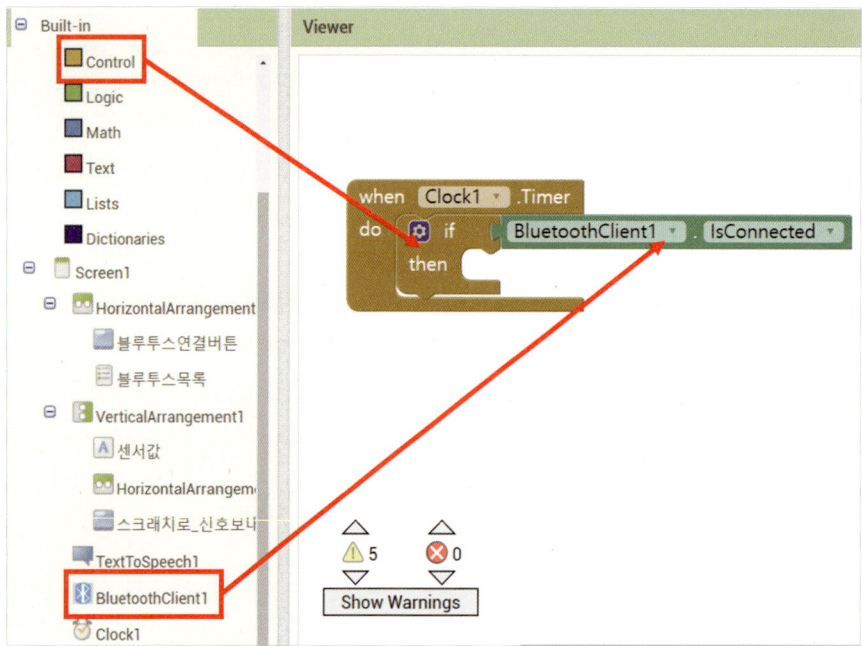

▲ [그림 3.2.33] 블루투스 연결 체크

㉜ 블루투스가 연결된 게 맞으면(if가 참이면), 블루투스 무선통신을 이용해서 입력된 데이터가 있는지 검사를 해야 합니다. 그림과 같이 if 부분에 [>](~보다 크다) 블록을 넣어 주세요.

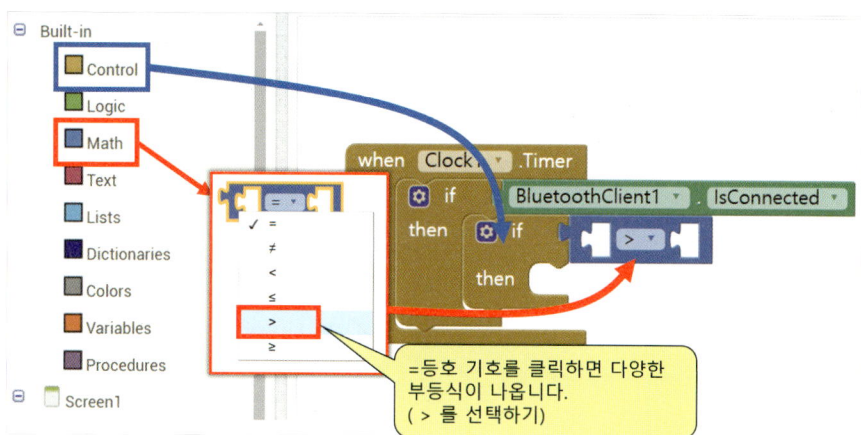

▲ [그림 3.2.34] 부등식 추가

㉝ 방금 추가한 부등식 블록에 [call BluetoothClient1.BytesAvailableToReceive > 0] 로 코딩해 줍니다. [BytesAvailableToReceive] 블록은 블루투스 무선통신을 이용해 아두이노에서 앱으로 전송된 데이터가 몇 바이트(Byte)인지 반환하는 명령으로, 0보다 크다는 것은 적어도 1개 이상의 데이터가 앱으로 들어왔다는 의미입니다.

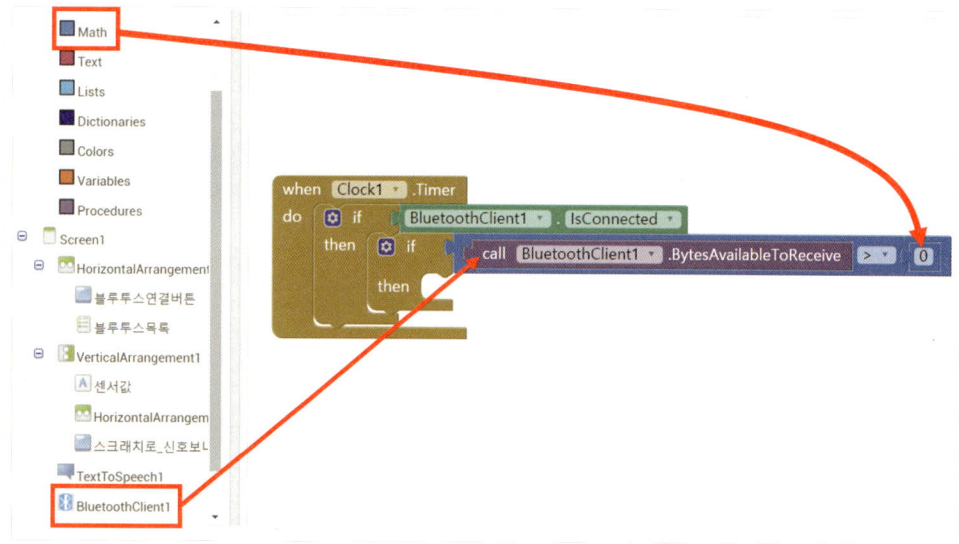

▲ [그림 3.2.35] 블루투스 데이터 입력 체크

3.2 블루투스를 이용한 앱과 스크래치 무선통신

34 아두이노에서 앱으로 전송된 데이터를 읽어서 변수 'data'에 저장하겠습니다. 데이터를 읽는 명령은 [call BluetoothClient1.ReceiveText ~]를 사용하고, 얼마나 읽어야 하는지는 [numberOfBytes] 부분에 [call BluetoothClient1.BytesAvailableToReceive]를 연결해 주면 됩니다.

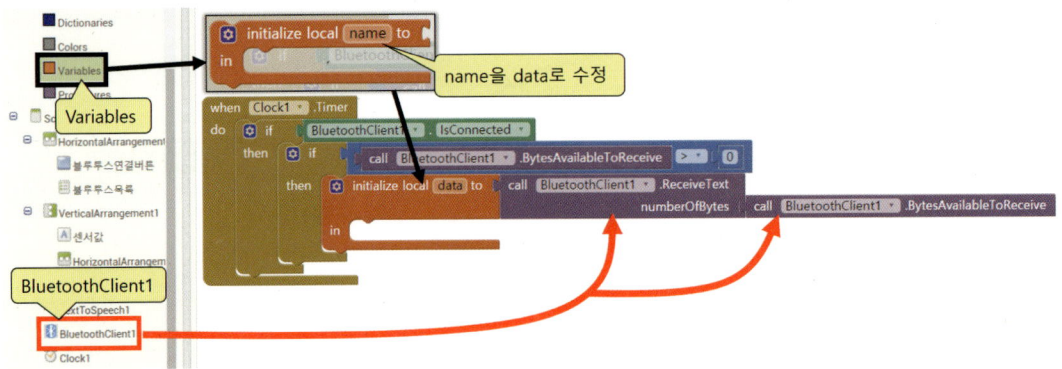

▲ [그림 3.2.36] 블루투스 입력 데이터 읽기

35 센서값을 저장하는 변수 'data'를 센서값 Label로 설정하여 앱 화면에 숫자로 나타나게 해주세요.

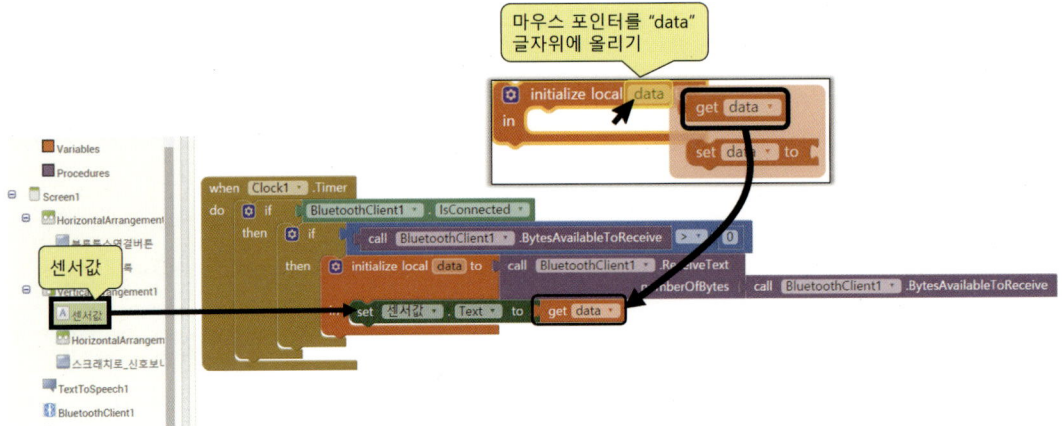

▲ [그림 3.2.37] 센서값을 Label에 적용하기

36 이제 앱 디자인과 코딩이 모두 완료되었습니다. 앱을 스마트폰에 설치하기 위해 다음 그림과 같이 QR 코드를 생성해 주세요.

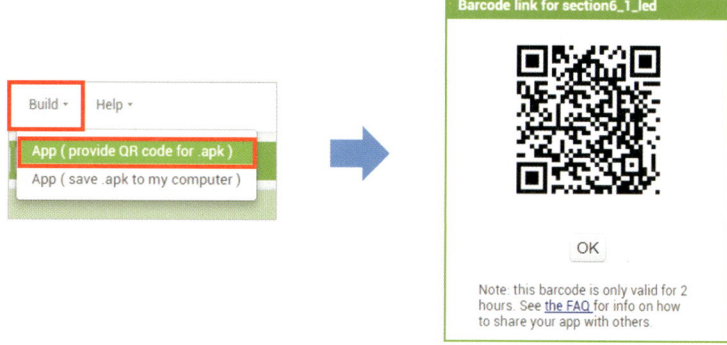

▲ [그림 3.2.38] QR 코드 생성하기

37 나의 스마트폰에 설치된 MIT AI2 Companion을 실행하여 QR 코드를 찍고 앱 설치를 진행해 주세요.

▲ [그림 3.2.39] QR 스캔으로 앱 설치하기

38 이제 스크래치와 아두이노 부분의 코딩을 시작하겠습니다. USB 케이블로 준비했던 아두이노 보드(빛 센서와 블루투스가 연결된 상태)와 컴퓨터를 연결하고 mBlock 스크래치를 실행한 후 '업로드' 모드로 설정해 주세요.

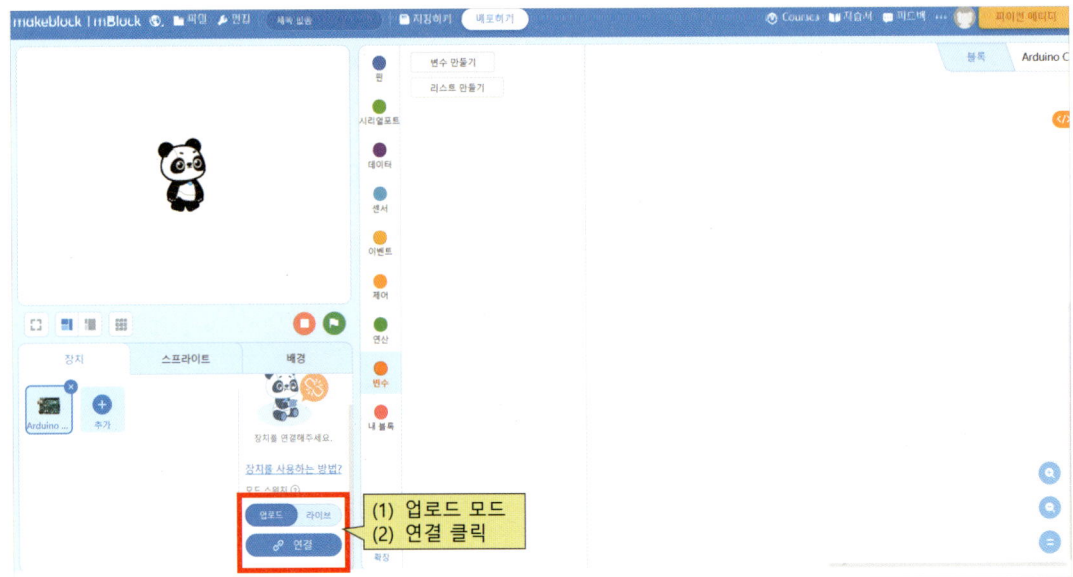

▲ [그림 3.2.40] 아두이노 업로드 모드

39 아두이노와 스프라이트 사이의 통신을 할 것이므로 [확장]을 클릭한 후 [업로드 모드 브로드캐스트]를 추가해 줍니다.

▲ [그림 3.2.41] 업로드 모드 브로드캐스트 추가하기

40 다음 그림과 같이 스마트폰 앱과 아두이노의 블루투스 무선통신에 사용될 Serial 확장 모듈을 추가해 줍니다.

▲ [그림 3.2.42] Serial 확장 모듈 추가하기

41 [이벤트]에서 [arduino Uno가 켜지면] 블록을 가져온 후, 그 밑으로 블루투스 통신의 초기 설정 명령어인 [Ini SoftwareSerial SSerial RX (8) TX (5)]를 붙여줍니다. 그리고 통신 속도를 설정하는 명령어인 [Serial.begin SSerial 9600] 블록을 추가해 주세요. 여기에서 중요한 점은 다음 그림에 나와 있는 것처럼 'SSerial'로 수정하는 것입니다. 9600은 통신 속도인데 이 값 그대로 두시면 됩니다. [타이머 초기화]는 나중에 1초마다 센서값을 앱으로 보내기 위해서, 1초를 세기 전에 시간을 0으로 초기화하는 명령 블록입니다.

> **NOTE** 블루투스 초기 설정 명령 블록에서 반드시 RX는 8로, TX는 5로 수정해 주세요. 여기서 RX는 아두이노가 블루투스 데이터를 받는(Receive) 핀, TX는 데이터를 보내는(Transmit) 핀을 의미합니다.

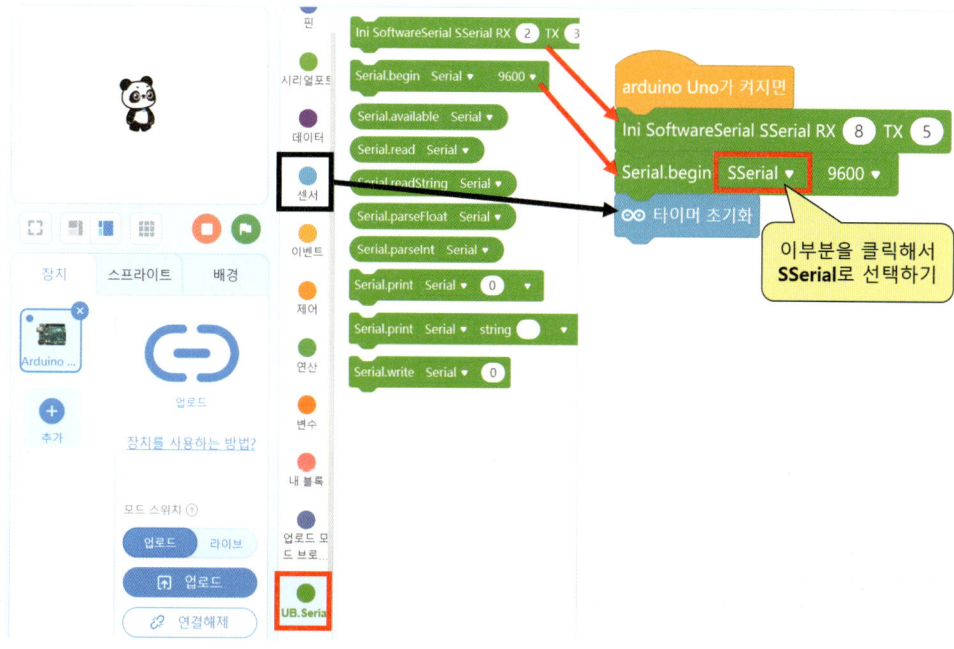

▲ [그림 3.2.43] 블루투스 통신 초기 설정 코드

42 다음 그림과 같이 [계속 반복하기] 안쪽에서 [만약 ~이(가) 참이면] 블록을 이용하여 블루투스 데이터가 입력된 것이 있는지 체크합니다. 앱에서 전송한 데이터가 아두이노로 입력된 게 1개라도 있는지 [Serial. available SSerial > 0]로 검사를 하고, 만약 그것이 참이면 [업로드 모드 메시지 보내기] 블록을 실행시켜 스크래치의 판다 스프라이트로 방송신호(함수 실행과 동일)를 보냅니다. 방송신호를 보낼 때 블루투스 데이터 값 [Serial.read SSerial]도 함께 보냅니다.

▲ [그림 3.2.44] 앱에서 아두이노로 입력된 데이터 체크

43 방금 만든 블록 아래에 [만약 ~이(가) 참이면]을 하나 더 추가하여 아두이노에서 측정한 빛 센서값을 스마트폰 앱으로 1초마다 전송하는 코딩을 해줍니다. [타이머 > 1] 블록을 넣어 1초마다 실행하게 해주고, [만약] 블록이 끝나기 전에 [타이머 초기화]를 꼭 넣어줘야 합니다.

그리고 빛 센서는 아두이노의 아날로그 1번(A1) 핀에 연결되었으므로 [아날로그(A)핀 ?번 읽기] 블록의 ?(물음표) 부분을 1로 수정해 주어야 합니다. 이 블록은 빛 센서값을 읽는 명령 블록입니다. 원래 아두이노 센서값은 0 ~ 1023 사이로 나오지만 이 값을 0 ~ 100으로 변환하여 볼 것입니다. 따라서 블록 내부의 값들을 [지도 ~ 에서 0, 1023을 0, 100]으로 수정해 주세요.

NOTE▶ 255를 초과하는 값을 보내려면 코딩이 좀 더 복잡하게 됩니다. 그래서 이 책에서는 코딩을 간결하게 하기 위해 0~100 사이로 수정하였습니다.

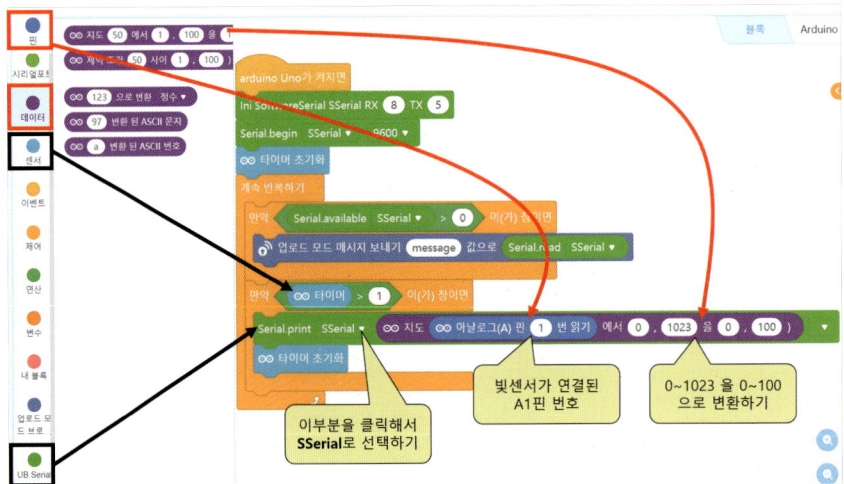

▲ [그림 3.2.45] 빛 센서값을 앱으로 보내기

44 이제 아두이노 코딩은 모두 완료되었습니다. 판다 스프라이트로 옮겨 가서 [업로드 모드 브로드캐스트] 확장 모듈을 판다에서도 추가해 줍니다.

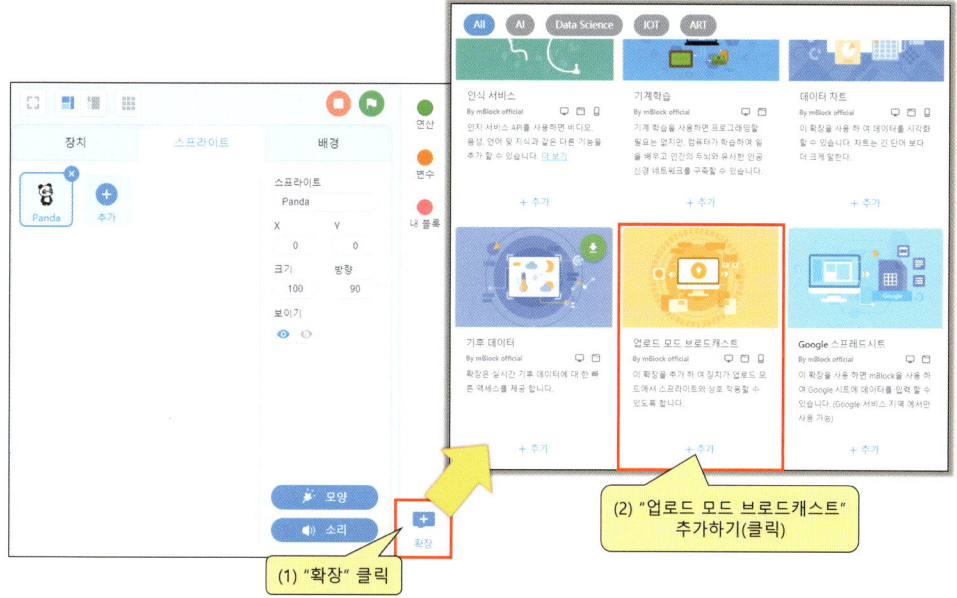

▲ [그림 3.2.46] 업로드 모드 브로드캐스트 추가

45 앱에서 아두이노로 전송된 데이터(숫자값)는 [Serial.read] 명령 블록으로 읽어 판다 스프라이트로 보내는 것까지 코딩이 되었기 때문에, 판다 스프라이트에서는 전송 데이터가 '1'인지 체크하여 판다 스프라이트가 "버튼이 눌렸어"라고 말하도록 합니다(스마트폰 앱에서 버튼을 누르면 전송되는 데이터 값을 '1'로 코딩했습니다).

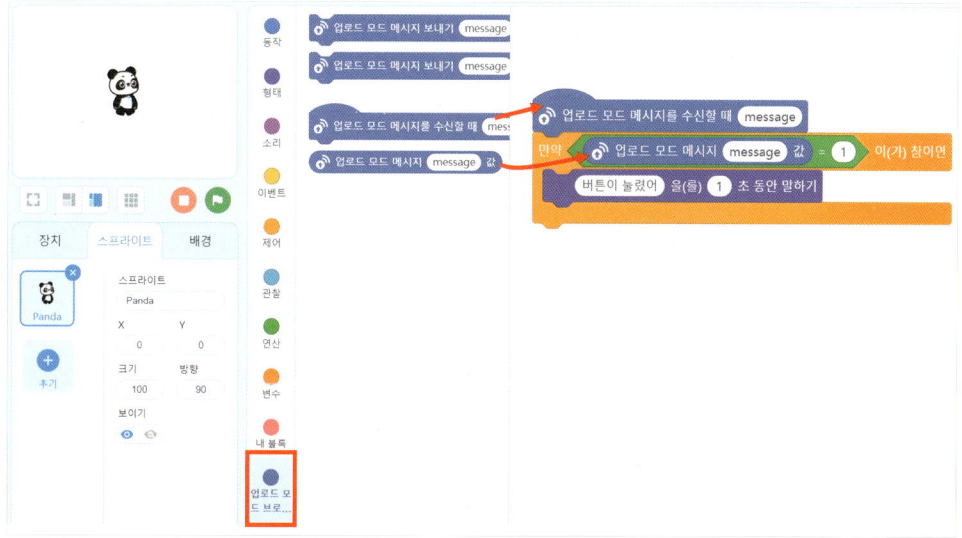

▲ [그림 3.2.47] 판다 스프라이트에서 메시지를 수신할 때

46 이제 스크래치 코딩이 모두 완료되었습니다. [장치]의 아두이노로 옮겨가서 [업로드] 버튼을 눌러 코드를 아두이노에 업로드해 주세요.

▲ [그림 3.2.48] 코드 업로드

47 블루투스 모듈과 스마트폰을 연결합니다. 블루투스 모듈이 아두이노에 연결된 상태에서 스마트폰을 꺼내 블루투스 설정으로 들어가 주세요. 다음 그림과 같이 '검색'을 하여 주변에 잡히는 블루투스 모델명 중 'HC-06'을 선택하고 비밀번호로(PIN 넘버)는 '1234'를 입력해주면 됩니다(혹시 안 될 경우 0000을 넣어 보세요).

NOTE ▶ 블루투스 PIN 번호를 입력하는 작업은 최초로 블루투스 연결을 할 때(블루투스를 등록할 때)만 하면 됩니다.

▲ [그림 3.2.49] 블루투스 모듈 등록하기

48 다음 그림과 같이 우리가 만들었던 스마트폰 앱을 열어서 앱과 아두이노 사이를 블루투스 통신으로 연결해 주세요. 그리고 연결되자마자 앱 화면에 빛 센서값이 나타나는지 확인하고, [스크래치로 신호보내기] 버튼을 눌렀을 때 스크래치의 판다 스프라이트가 "버튼이 눌렸어"라고 말하는지 관찰해 보세요.

> **주의사항** 이 책에서 소개하는 부품 구매 중, 블루투스 모듈의 모델명은 'HC-06'입니다. 혹시 다른 모델명의 블루투스 모듈(예: HC-05)을 사용하신다면 해당 모델명으로 연결해야 합니다.)

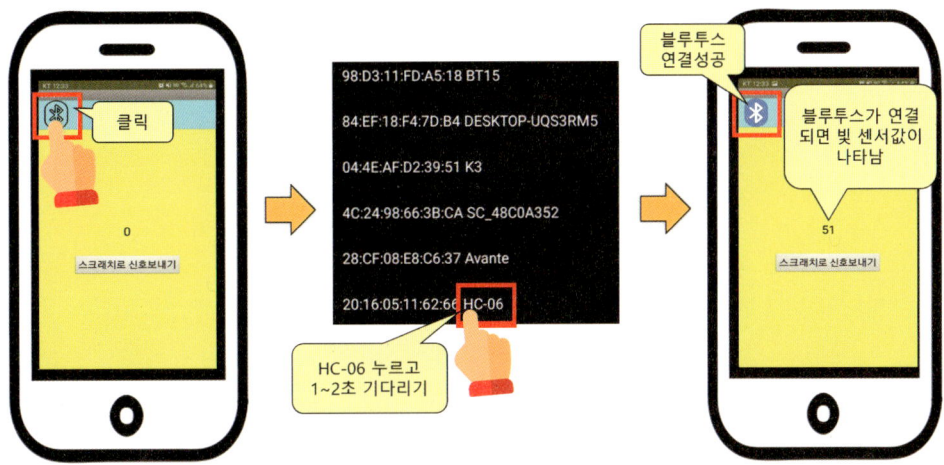

▲ [그림 3.2.50] 앱과 아두이노 간 블루투스 통신 연결하기

도전 퀴즈 3.2 두 번째 버튼 기능 추가하기

Q. 이번 실습에서 만든 앱에 버튼을 하나 더 추가해 주세요. 추가된 버튼을 누르면 판다 스프라이트가 "두 번째 버튼이 눌렸어"라고 말하는 프로그램을 만들어 보세요.

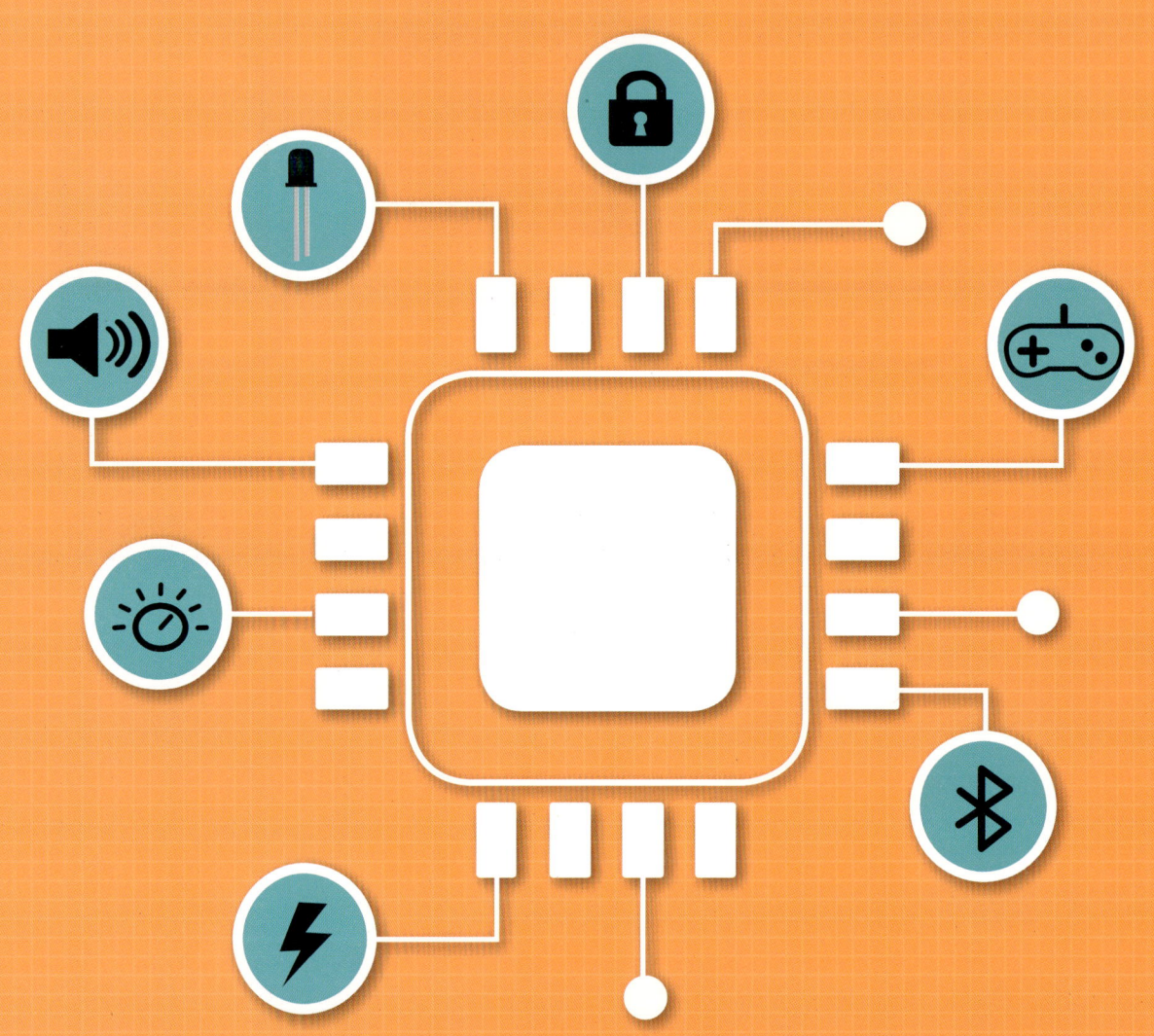

CHAPTER 04

스마트폰 앱 - 아두이노 - 스크래치 종합 프로젝트

Chapter 4에서는 아두이노와 스크래치, 앱 인벤터를 모두 이용한 응용 프로젝트를 만들어 봅니다. 또한 실습별로 예제 파일을 제공합니다. 예제 파일은 저자 블로그(https://wooduino.tistory.com)에서 다운로드할 수 있습니다.

4.1 흔들어~ 플래피버드!
4.2 스페이스 슈팅 게임
4.3 스마트폰 레이싱 게임
4.4 스마트 홈 시스템
4.5 스마트 무드등
4.6 인공지능 도어락

4.1 흔들어~ 플래피버드!

작품 미리보기

여러분은 플래피버드 게임을 아시나요? 새(Bird) 캐릭터가 앞으로 나아가면서 장애물을 피하는 게임인데요. 이 게임을 스크래치로 만들고 스마트폰 앱으로 조종한다면 정말 재밌을 것 같습니다. 이번 예제에서는 스마트폰의 기울기 센서를 이용하여 폰을 흔들어서 조종하는 플래피버드 게임과 앱을 만들어 보도록 하겠습니다.

▲ [그림 4.1.1] 플래피버드 게임

사용할 부품 확인하기

이번 예제에서는 아두이노에 블루투스 모듈 하나만 연결하면 됩니다.

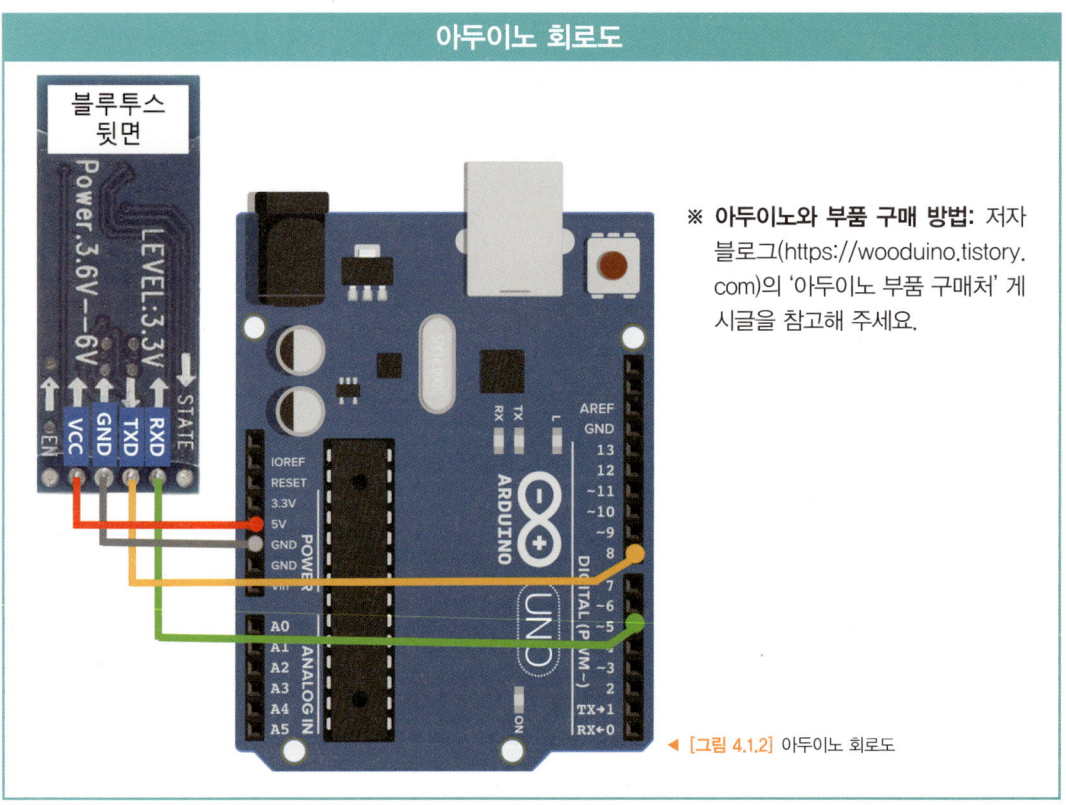

※ **아두이노와 부품 구매 방법:** 저자 블로그(https://wooduino.tistory.com)의 '아두이노 부품 구매처' 게시글을 참고해 주세요.

◀ [그림 4.1.2] 아두이노 회로도

코딩하기

01 USB 케이블로 아두이노를 컴퓨터에 연결합니다. 그리고 다음 그림과 같이 예제 4.1 스크래치 파일을 열고 '업로드' 모드로 연결해 주세요.

> **NOTE** '4.1 흔들어~ 플래피버드!' 예제는 플래피버드, 기둥, 아두이노 스프라이트가 이미 포함되어 있습니다. 저자 블로그에서 4.1 예제 파일을 다운로드해 주세요.

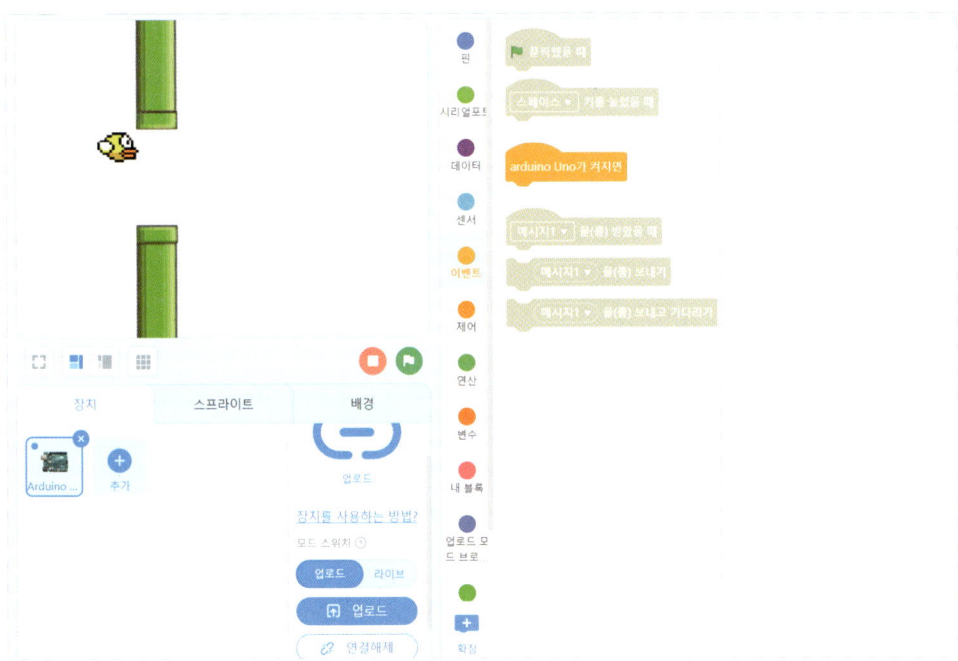

▲ [그림 4.1.3] 스크래치 파일 열기

02 아두이노 장치에서 [확장]을 클릭하여 [업로드 모드 브로드캐스트] 확장 모듈을 추가해 줍니다.

▲ [그림 4.1.4] 업로드 모드 브로드캐스트 확장 모듈 추가

4.1 흔들어~ 플래피버드! **109**

03 확장 검색창에서 'Serial'이라고 검색하여 [uBrick.Serial] 확장 모듈도 추가해 줍니다.

▲ [그림 4.1.5] Serial 확장 모듈 추가

04 이제 아두이노 장치에서 코딩을 시작할 준비가 되었습니다. [arduino Uno가 켜지면] 블록 밑으로 블루투스 통신의 초기 설정 명령인 [Ini SoftwareSerial SSerial RX(8) TX(5)], [Serial.begin SSerial 9600]을 추가해 줍니다. 이 블록들은 블루투스 모듈이 아두이노 8번과 5번 핀에 연결되어 있고, 통신 속도는 9600이라는 의미입니다.

그리고 [계속 반복하기] 안에서 앱으로부터 전송된 데이터가 있는지 체크하기 위해 [Serial.available SSerial > 0]를 넣어 줍니다.

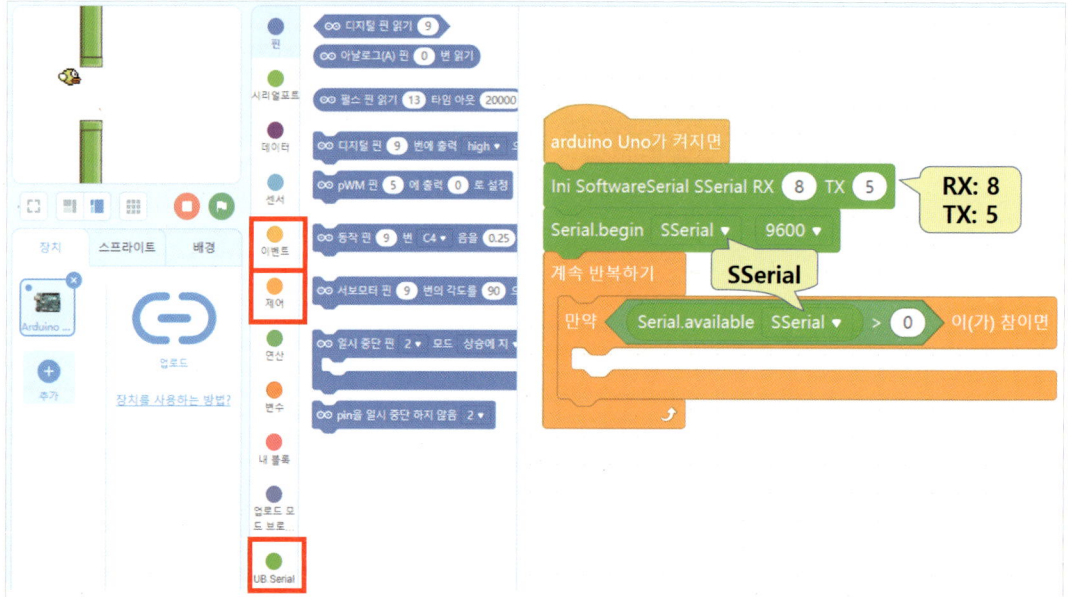

▲ [그림 4.1.6] 블루투스 통신 코딩

05 '데이터'라는 변수를 만들고 블루투스 무선통신으로 전송된 데이터를 저장해 줍니다. 그 데이터가 만약 '1' 이라면 플래피버드 스프라이트로 신호를 보내기 위해 'up'이라는 메시지 보내기를 해줍니다.

> **NOTE** 나중에 앱 인벤터에서 스마트폰을 흔들면 아두이노로 데이터 값 '1'이 전송되게 만들 예정입니다.

▲ [그림 4.1.7] up 메시지 보내기

06 이제 플래피버드 스프라이트로 가서 'up' 메시지를 받으면 살짝 위로 튀어 오르는 동작을 코딩해야 합니다. [y 좌표를 8만큼 변경하기]를 [5번 반복하기]를 하면 어느 정도 튀어 오르게 됩니다.

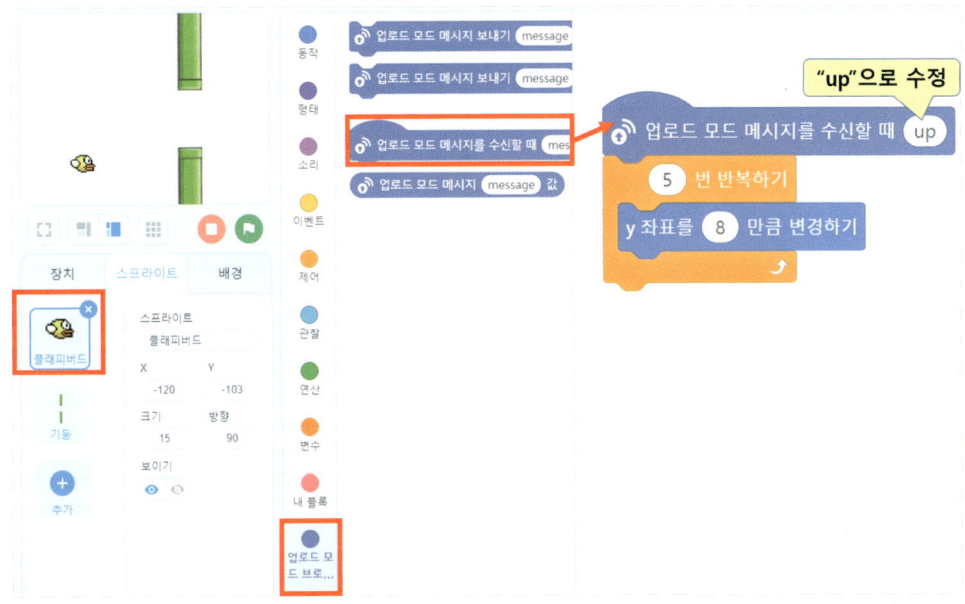

▲ [그림 4.1.8] up 메시지를 수신할 때

07 플래피버드에 어떠한 조작이 가해지지 않으면 아래로 떨어져야 합니다. 그래서 [y 좌표를 −3만큼 변경하기]로 떨어지게 하다가 만약에 '기둥 스프라이트'에 닿으면 게임이 종료되게 해줍니다.

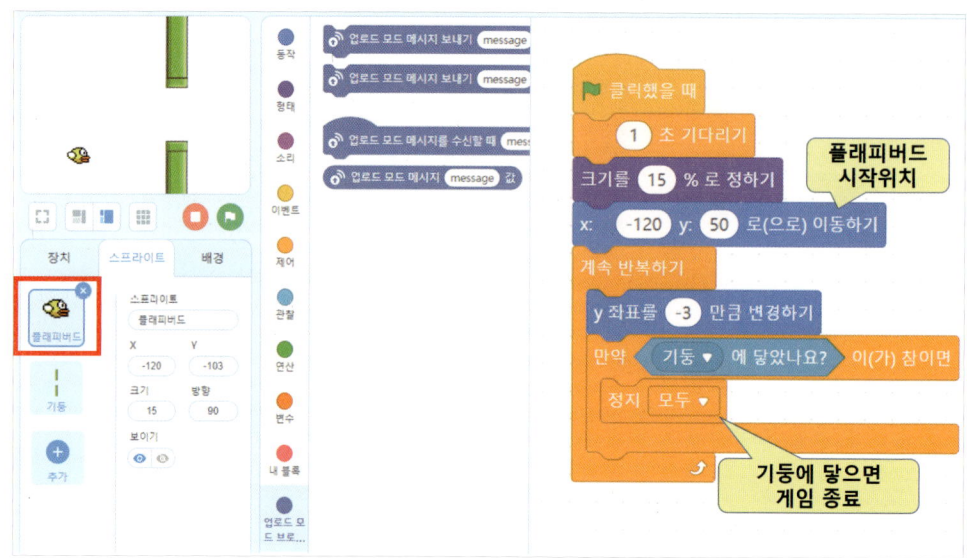

▲ [그림 4.1.9] 플래피 버드 움직임 코딩

08 이제 기둥 스프라이트로 갑니다. 기둥은 화면 오른쪽 끝에서 왼쪽 끝으로 천천히 움직이게 해줘야 합니다. 기둥의 시작 위치는 y 좌표값을 랜덤으로 설정해 높이가 살짝 다르게 시작되게 해줍니다. 그리고 [x 좌표를 −3만큼 변경하기]를 하여 천천히 화면 왼쪽 끝으로 움직이게 해줍니다. 그러다가 화면 왼쪽 끝에 도달(x 좌표 〈 −240)하게 되면 다시 오른쪽 화면으로 옮겨가게끔 코딩해 줍니다.

▲ [그림 4.1.10] 기둥 스프라이트 코딩

09 이제 스크래치 코딩은 모두 완료되었습니다. 아두이노 장치로 가서 코드를 아두이노에 업로드해 주세요.

10 스크래치 코딩 완료 후, 이제는 앱 인벤터로 가서 앱을 만들겠습니다. 앱 인벤터에 접속한 뒤 새 프로젝트를 만들고 다음 그림의 목록을 보면서 똑같이 디자인을 해주세요.

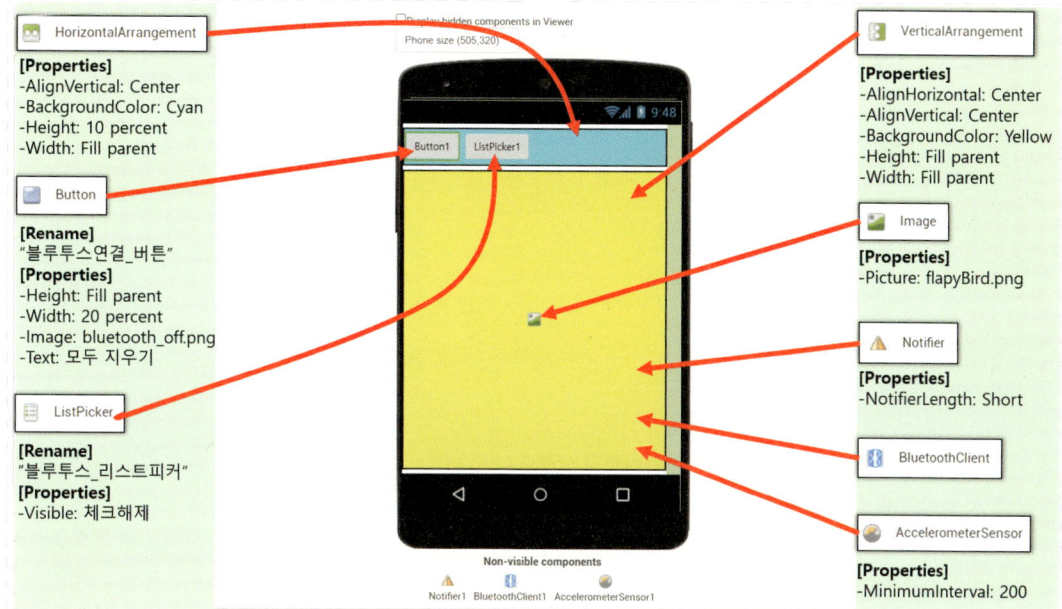

▲ [그림 4.1.11] 앱 디자인

11 [그림 4.1.11]처럼 앱 디자인을 완성하면 다음 그림과 같이 됩니다.

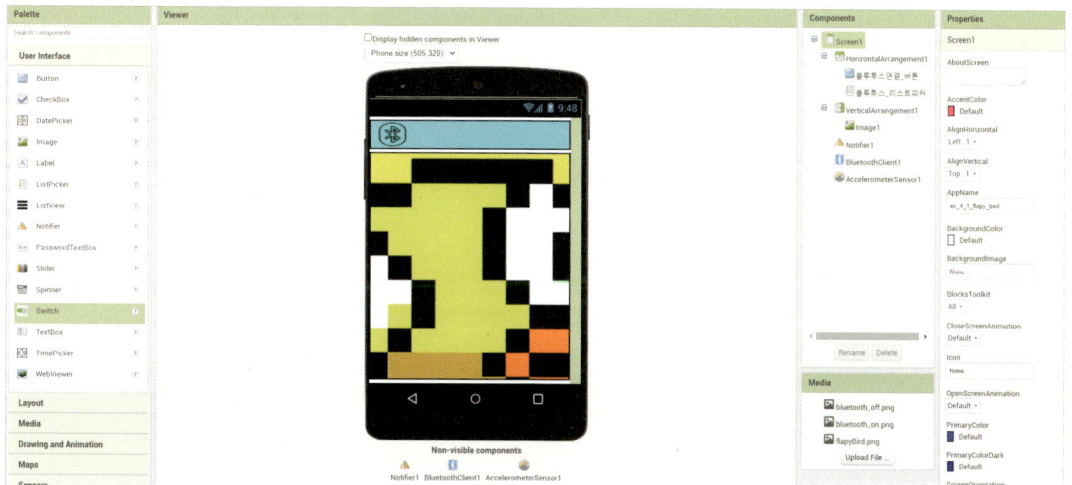

▲ [그림 4.1.12] 앱 디자인 완성

4.1 흔들어~ 플래피버드! **113**

12 이제 앱 코딩을 하겠습니다. 앱 인벤터 오른쪽 상단의 [Blocks]를 클릭하여 코딩 화면으로 넘어갑니다. 앱이 시작되었을 때 제일 먼저 블루투스 목록(ListPicker)을 미리 가져오도록 다음과 같이 코딩을 해줍니다.

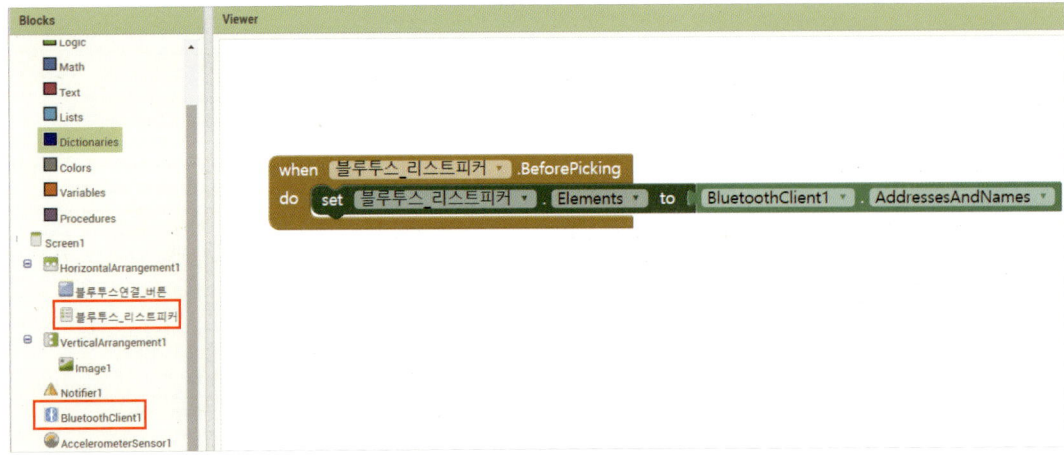

▲ [그림 4.1.13] 블루투스 목록 가져오기

13 이미 블루투스 연결이 된 상태에서 [블루투스연결_버튼]을 누르면, 블루투스 연결을 해제시키고 이미지를 바꿔줍니다. 그리고 Notifier1를 이용해 '블루투스가 끊겼습니다'라는 알림 메시지를 주도록 합니다. 반면에 블루투스 연결이 안 된 상태에서 버튼을 누르면 [블루투스_리스트피커.Open]을 실행해 블루투스를 연결합니다.

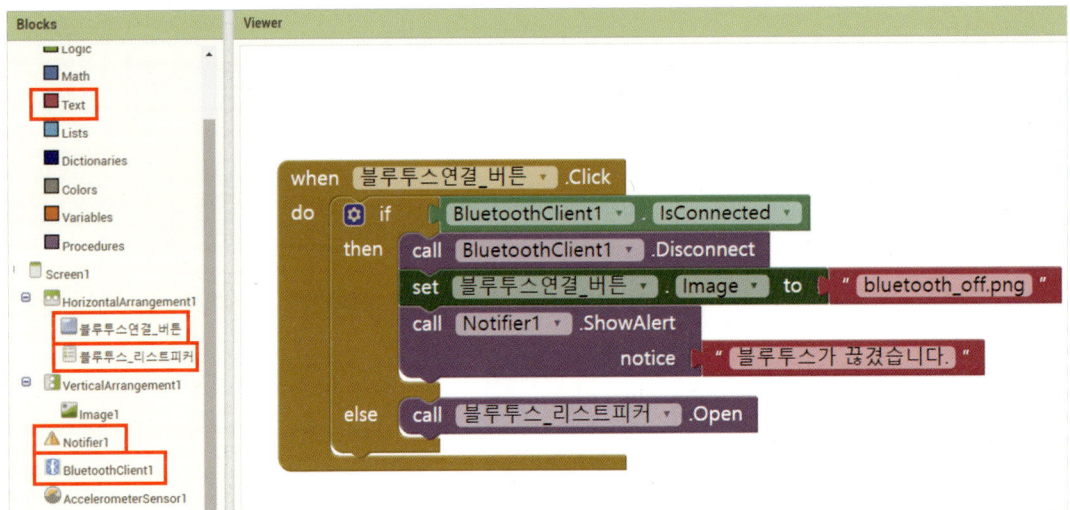

▲ [그림 4.1.14] 블루투스 연결 코딩

14 사용자가 블루투스 목록 중에서 하나를 선택하여 연결이 완료되면 블루투스 버튼의 이미지를 바꿔주고 Notifier로 '블루투스가 연결되었습니다' 메시지를 띄워줍니다.

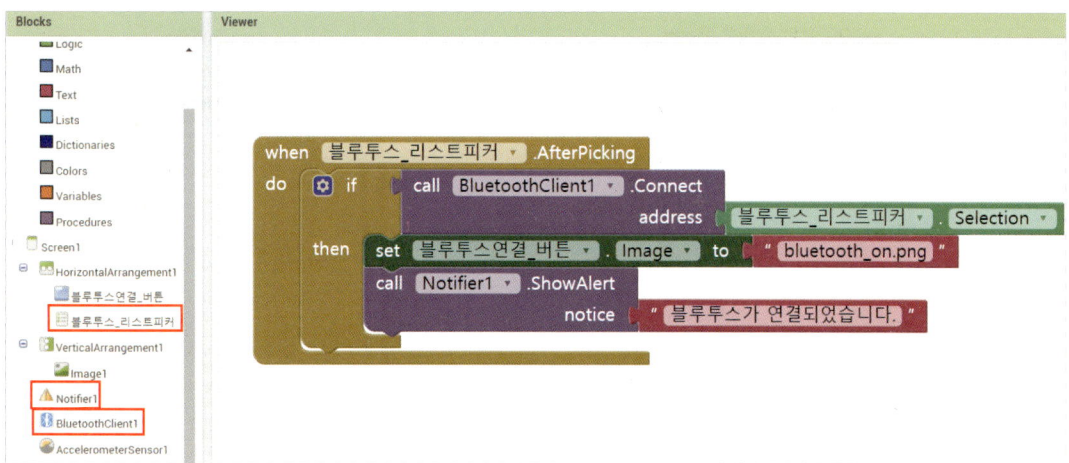

▲ [그림 4.1.15] 블루투스 연결 실행

15 스마트폰을 흔들었는지 감지해주는 [AccelerometerSensor1.Shaking] 블록을 가져옵니다. 이 블록 안에서 블루투스가 연결되었다면 데이터 '1'을 전송합니다.

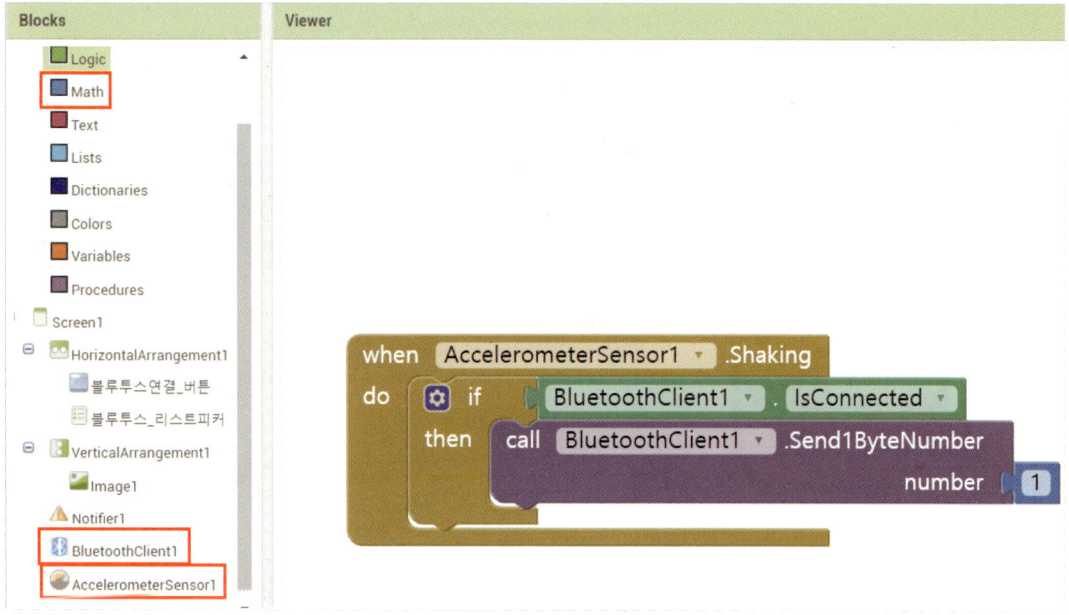

▲ [그림 4.1.16] 스마트폰이 흔들리면 데이터 1 전송

4.1 흔들어~ 플래피버드! 115

16 이제 앱 코딩이 완료되었습니다. 상단 메뉴 [Build]에서 QR 코드를 생성해 주세요. 그리고 MIT AI2 Companion 앱으로 QR 코드를 스캔한 후 앱을 스마트폰으로 다운로드한 후 설치해 주세요.

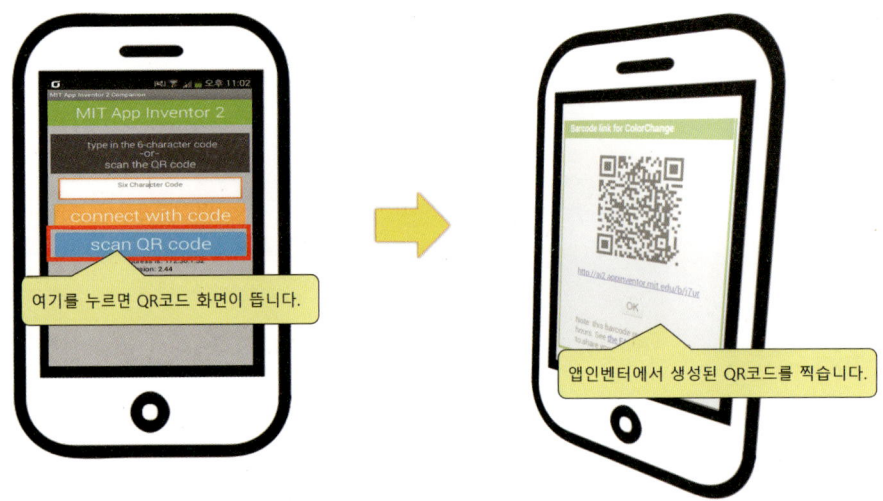

▲ [그림 4.1.17] 앱 QR 스캔 및 설치

17 설치한 앱을 실행시키고 다음 그림과 같이 블루투스 모듈(HC-06)에 연결해 줍니다.

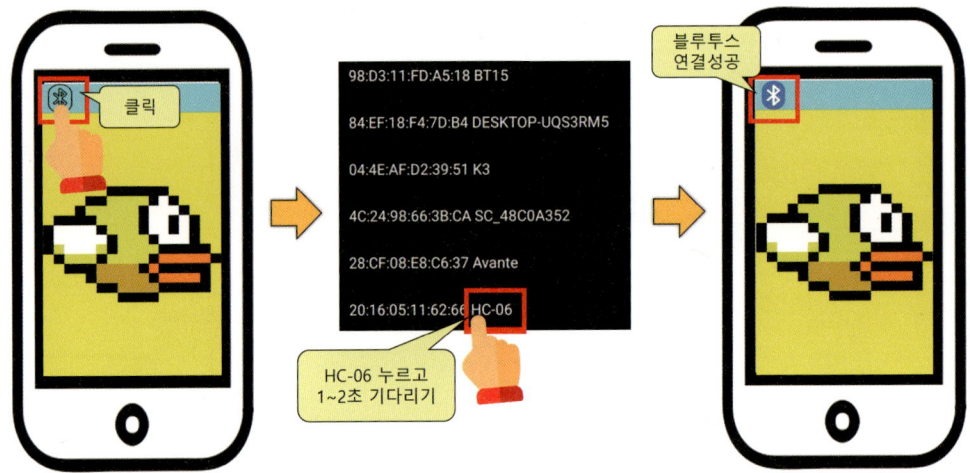

▲ [그림 4.1.18] 앱을 실행한 후 블루투스 연결

| 18 | 블루투스 연결이 완료되면 스크래치에서 녹색 깃발을 클릭하여 게임을 시작합니다. 스마트폰을 위아래로 흔들었을 때 플래피버드 스프라이트가 위로 뛰어 오르는지 관찰해 보세요. 녹색 기둥에 플래피버드가 닿으면 게임이 종료되니 뚫린 곳으로 잘 피해서 전진해 보세요. |

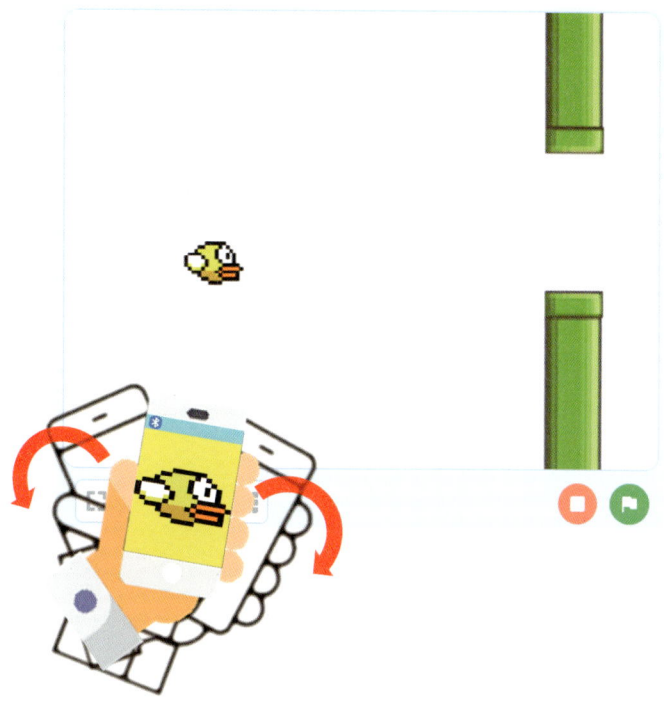

▲ [그림 4.1.19] 앱으로 게임 작동시키기

도전 퀴즈 4.1 　 박수쳐~ 플래피버드!

Q. 마이크가 내장된 노트북이나 마이크를 연결한 데스크톱(PC)에서는 스크래치를 이용하여 소리를 인식할 수 있습니다. 스크래치의 [소리]에 있는 [음량] 블록 또는 [이벤트]에 있는 [음량 > 10] 블록을 이용하여 박수를 치면 플래피버드가 위로 점프하게 되는 프로그램을 만들어 보세요.

4.2 스페이스 슈팅 게임

작품 미리보기

이번 예제에서는 비행기로 적을 무찌르는 게임을 스크래치로 만들고, 비행기 조종은 스마트폰 앱을 만들어 무선으로 작동시키는 코딩을 해보도록 하겠습니다.

▲ [그림 4.2.1] 플래피버드 게임

사용할 부품 확인하기

이번 예제에서 사용할 부품은 아두이노와 블루투스 모듈입니다.

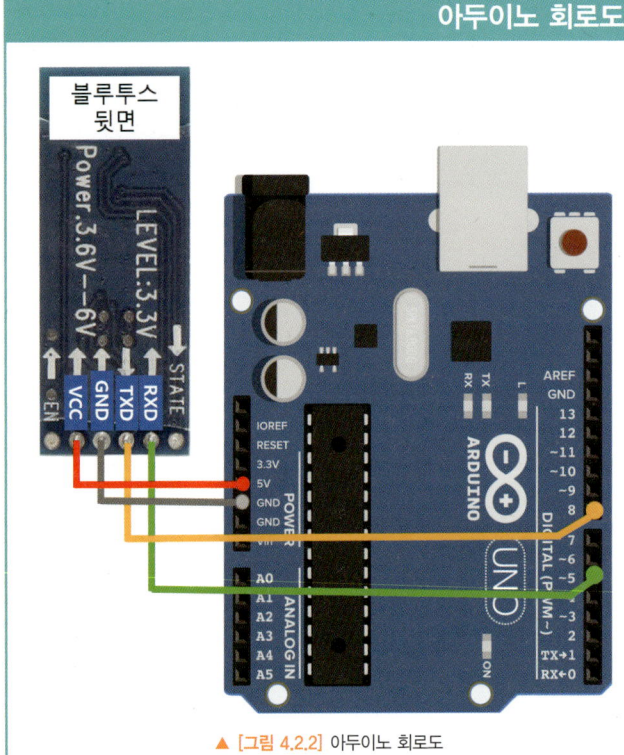

※ **아두이노와 부품 구매 방법:** 저자 블로그(https://wooduino.tistory.com)의 '아두이노 부품 구매처' 게시글을 참고해 주세요.

▲ [그림 4.2.2] 아두이노 회로도

코딩하기

01 비행기를 조종하는 앱을 앱 인벤터에서 먼저 만들고 스크래치 코딩으로 넘어가도록 하겠습니다. 다음 그림과 같이 [Projects] 〉 [Import project(.aia) from my computer...]에서 4.2 예제 파일을 불러 옵니다.

> **NOTE** 이번 예제에서 사용하는 앱의 디자인은 조금 복잡할 수 있어서 미리 디자인된 예제 파일을 준비했습니다. 저자 블로그에서 예제 파일(ex_4_2_space_shooting_design_version.aia)을 다운로드 해 쓰시길 바랍니다.

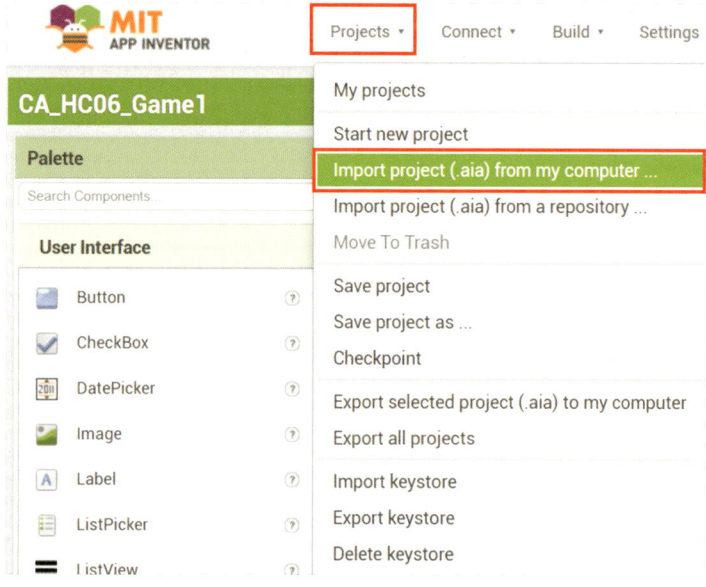

▲ [그림 4.2.3] 예제 파일 불러오기

02 스페이스 슈팅 앱이 디자인된 파일을 불러오면 다음 그림과 같이 나타납니다. 이 파일은 디자인만 되어 있고 코딩은 비어 있습니다. [Blocks] 버튼을 눌러 코딩 화면으로 넘어가 주세요.

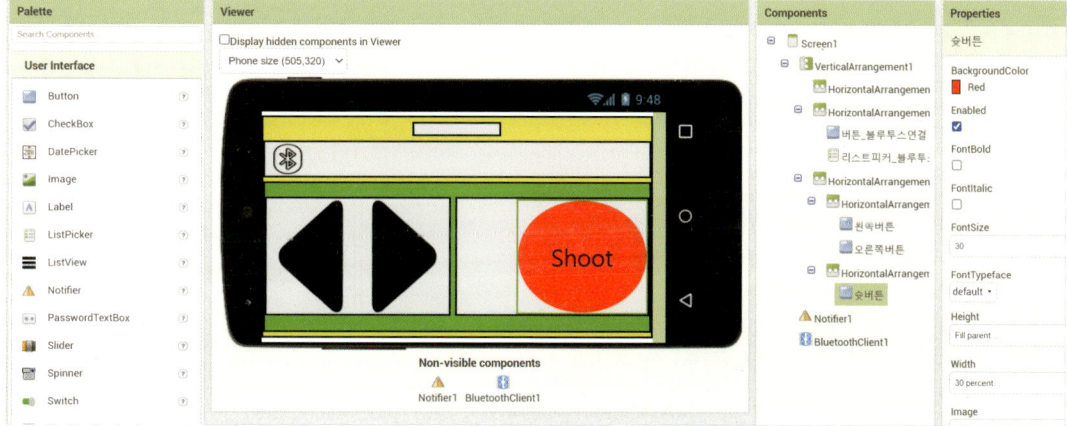

▲ [그림 4.2.4] 스페이스 슈팅 앱 디자인

4.2 스페이스 슈팅 게임 **119**

03 우선 블루투스 연결을 해주는 코딩을 먼저 해야 합니다. 이 부분의 코딩은 바로 앞의 실습(4.1 흔들어~ 플래피 버드!)에서와 똑같기 때문에 다음 그림과 같이 바로 코딩을 해주시면 됩니다. (4.1의 코딩하기 12~14를 참조)

▲ [그림 4.2.5] 블루투스 연결 코딩

04 비행기를 조종하는 데에는 왼쪽 버튼, 오른쪽 버튼, 숏 버튼, 이렇게 총 3개의 버튼이 사용됩니다. 각 버튼을 누르면 블루투스 무선통신을 이용하여 숫자값을 스크래치로 보내어, 스크래치에서는 특정 숫자값이 입력되면 비행기를 적절히 움직여 주는 코딩을 하면 됩니다.

숏버튼을 눌렀다 떼면(숏버튼.Click) 숫자값 '5'를 전송하도록 하겠습니다. 왼쪽 버튼과 오른쪽 버튼을 계속 누르면 비행기가 움직이고, 버튼에서 손을 떼면 비행기가 안 움직여야 합니다. 따라서 버튼을 '누른 상태'와 '뗀 상태'를 모두 구별해야 합니다. 왼쪽 버튼을 누른 상태(왼쪽버튼.TouchDown)이면 숫자값 '1', 왼쪽 버튼을 방금 뗀 상태(왼쪽버튼.TouchUp)이면 숫자값 '2'를 전송하여 줍니다. 오른쪽 버튼도 마찬가지로 각각 '3', '4'를 전송하도록 코딩해 줍니다(그림 4.2.6 참조).

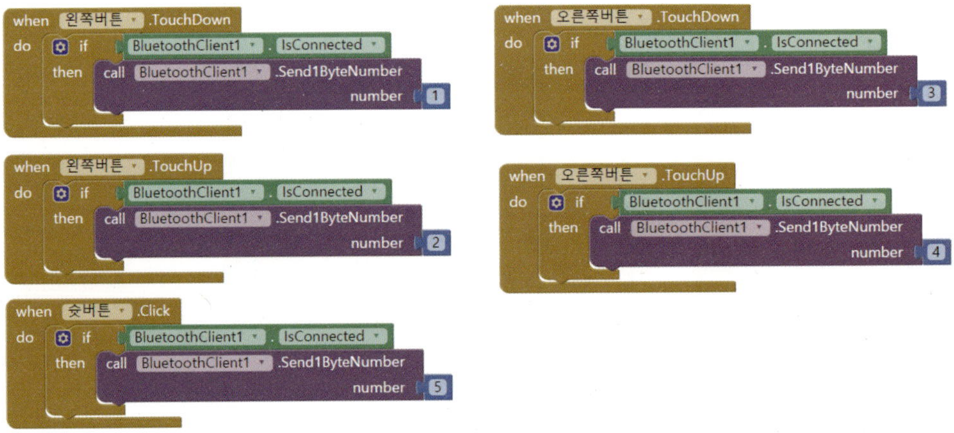

▲ [그림 4.2.6] 버튼별 데이터 전송

05 앱 코딩은 모두 완료되었습니다. QR 코드 스캔을 이용하여 앱을 스마트폰에 미리 설치해 주세요. 그리고 mBlock 스크래치 예제 파일을 열어 주세요.

NOTE QR 코드를 생성하고 스캔하는 방법은 '3.1 앱 인벤터로 간단한 앱 만들어 보기'를 참조해 주세요.

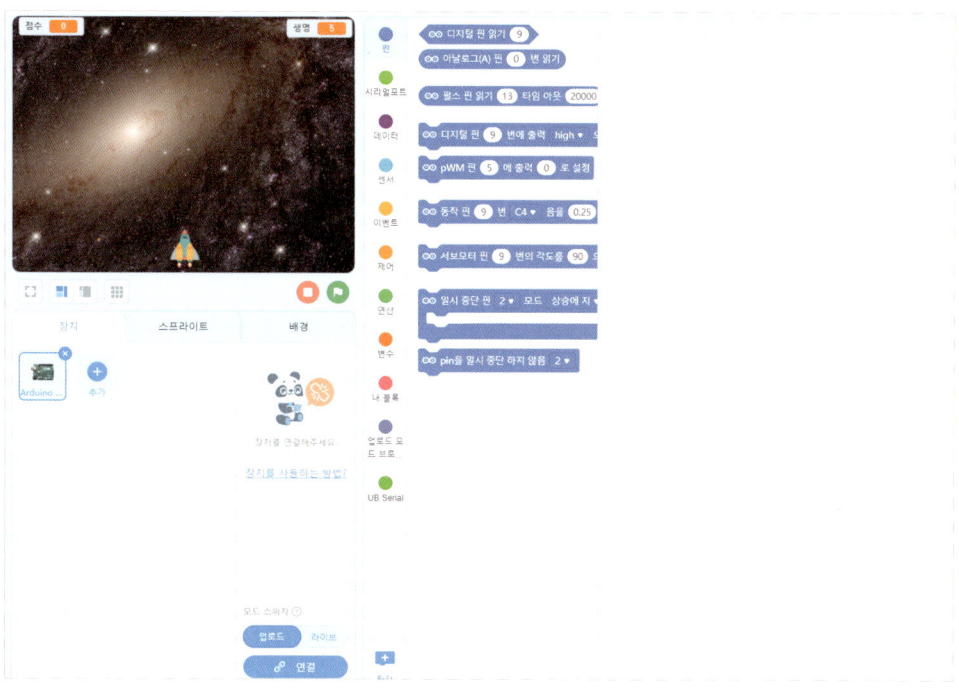

▲ [그림 4.2.7] 스페이스 슈팅 게임 스크래치 파일

06 스크래치 화면이 열리면 '업로드' 모드로 아두이노를 연결해 주세요. 그리고 아두이노 장치에서 [업로드 모드 브로드캐스트] 확장 블록을 가져옵니다.

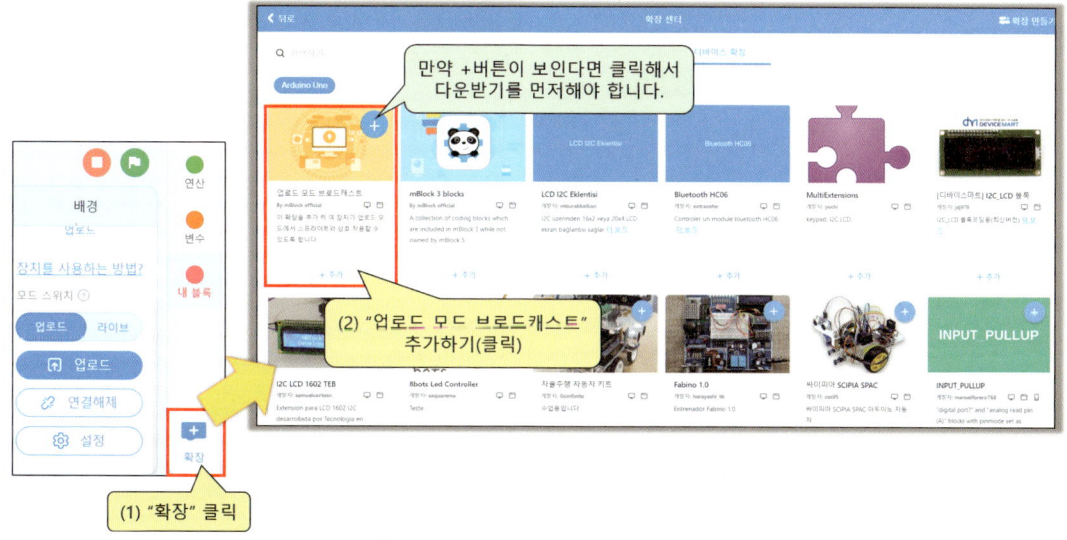

▲ [그림 4.2.8] 업로드 모드 브로드캐스트 확장 추가

07 확장 검색창에서 'Serial'을 검색하여 [uBrick.Serial]도 추가해 줍니다. 이 확장 블록은 블루투스 무선통신 데이터를 읽고 처리하는 데 사용됩니다.

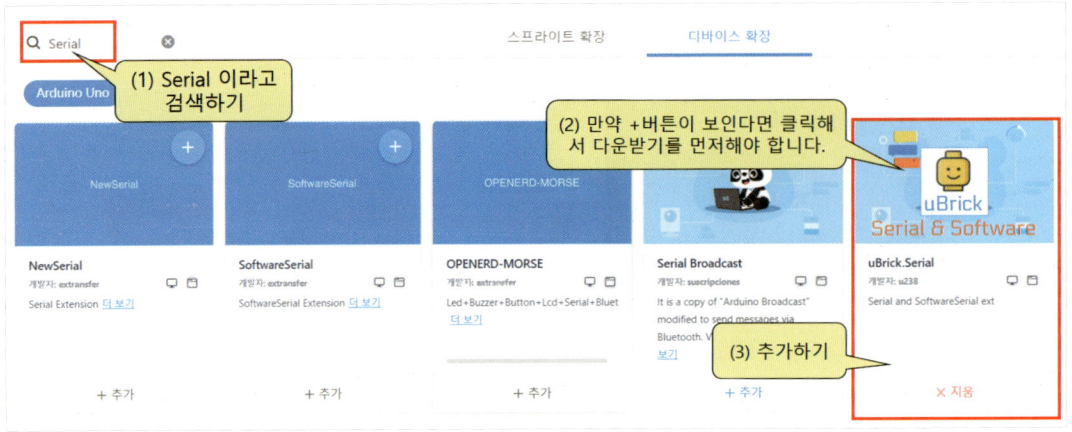

▲ [그림 4.2.9] Serial 확장 추가

08 아두이노 장치에서 블루투스 연결과 입력된 데이터를 읽어 변수에 저장하는 코딩을 해줍니다. 변수명은 '데이터'이고, 블루투스 연결 코딩 과정 또한 앞의 실습에서 했던 것과 거의 같습니다. 다음 그림을 참조하여 코딩을 해주세요.

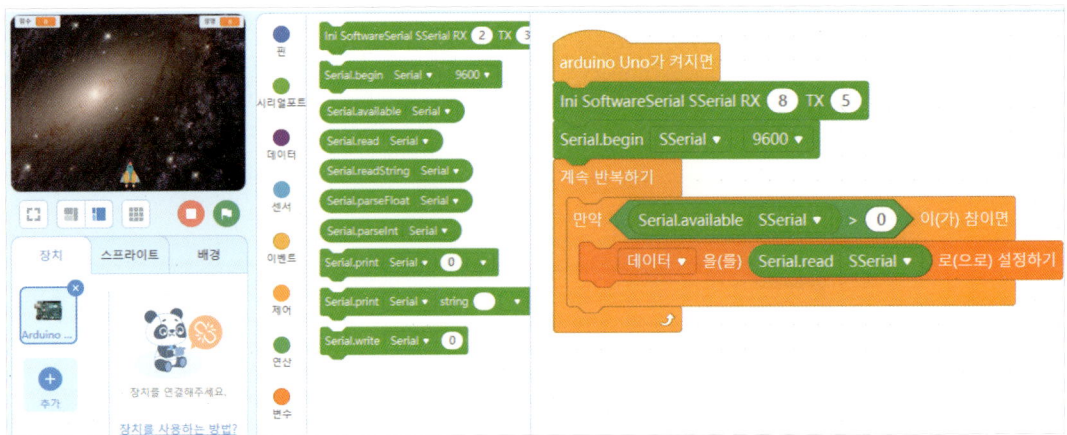

▲ [그림 4.2.10] 블루투스 연결과 입력 데이터 읽기

09 앱에서 아두이노로 전송된 숫자값은 '데이터'라는 변수에 담기게 됩니다. 이 데이터 변수값이 1이거나 2이면 LEFT 메시지 보내기, 3이거나 4이면 RIGHT 메시지 보내기, 5이면 SHOOT 메시지 보내기를 실행해 줍니다.

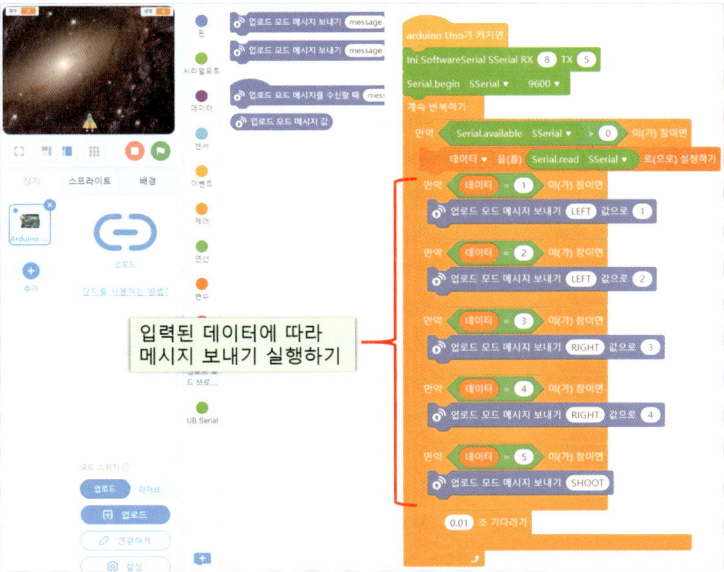

▲ [그림 4.2.11] 메시지 보내기 코딩

10 이제 아두이노 장치 코딩은 모두 완료되었습니다. 스크래치 스프라이트 중 '비행기' 스프라이트로 옮겨가세요. 비행기 스프라이트에서도 [확장]을 클릭하여 [업로드 모드 브로드캐스트] 확장 블록을 추가해 주세요. 그리고 아두이노 장치에서 보낸 메시지인 'LEFT'와 'RIGHT'를 수신하는 블록을 추가해 줍니다. 그 밑으로 [업로드 모드 메시지 LEFT 값 = 2가 참일 때까지 반복하기]를 체크하면서 비행기를 왼쪽으로 움직여(x 좌표를 -10만큼 변경하기)줍니다. 이렇게 하면 스마트폰 앱에서 왼쪽 버튼을 계속 누를 땐 비행기가 왼쪽으로 계속 움직이고, 왼쪽 버튼을 손으로 뗄 경우에는 숫자값 2가 전송되어 비행기가 멈추게 됩니다. 오른쪽 버튼을 누르는 경우에도 마찬가지로 [업로드 모드 메시지 RIGHT값 = 4가 참일 때까지 반복하기]를 이용하여 코딩을 해줍니다.

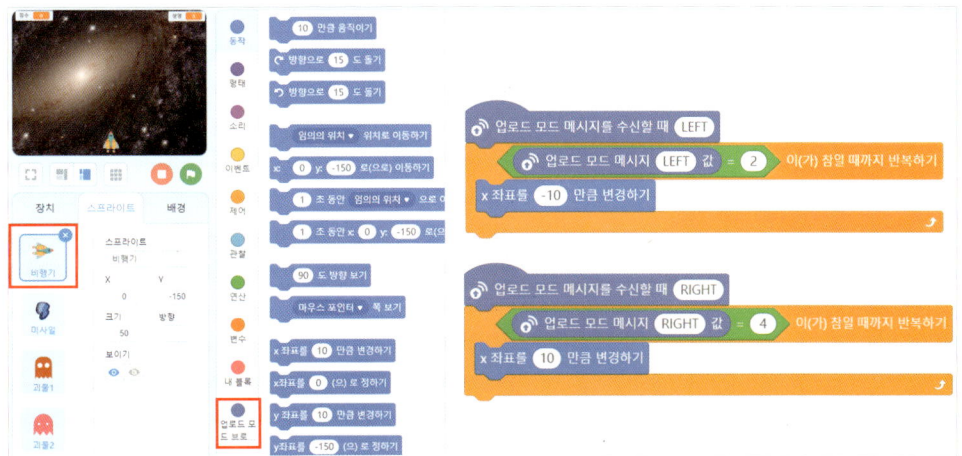

▲ [그림 4.2.12] 비행기 스프라이트 메시지 값 수신 코딩

11 다음 그림과 같이 비행기 스프라이트의 방향, 크기, 위치를 설정하고 종료 조건을 코딩해 주세요. 비행기가 괴물 스프라이트에 닿아서 '생명' 변수가 0이 되면 게임이 종료되도록 합니다.

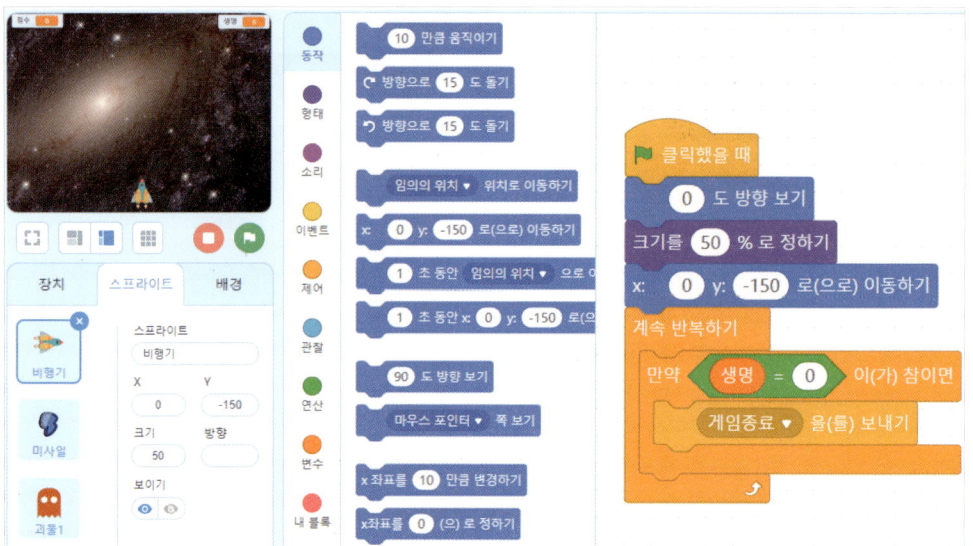

▲ [그림 4.2.13] 비행기 초기 설정과 종료 조건

12 이제 '미사일' 스프라이트로 옮겨 갑니다. 미사일 스프라이트의 크기는 15%로 줄이고, 미사일이 비행기에서 발사되어야 하기 때문에 항상 비행기 스프라이트를 따라다니게 반복해 줍니다. 그리고 'SHOOT' 메시지를 수신할 때 미사일 스프라이트를 복제하고 발사하는 효과음을 하나 내줍니다.

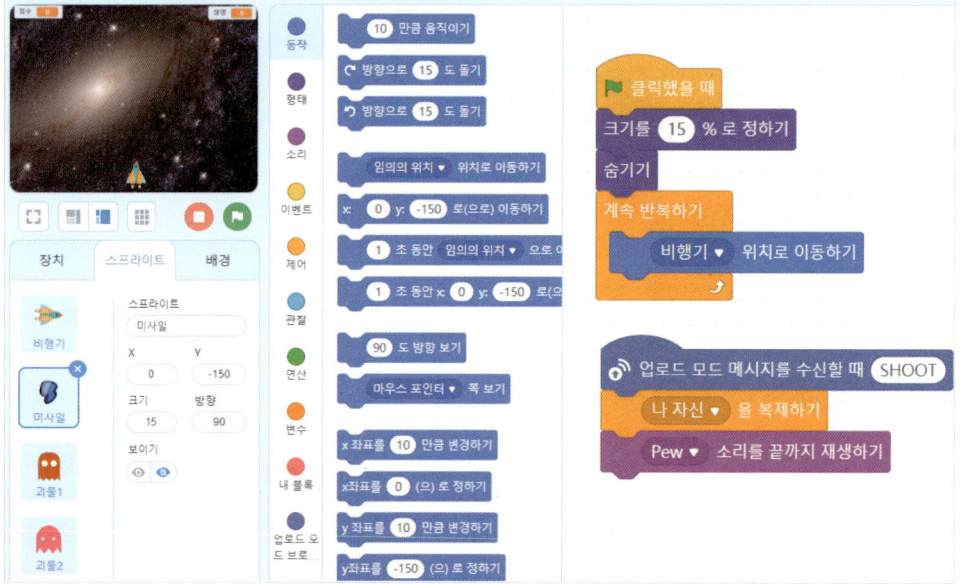

▲ [그림 4.2.14] 미사일 스프라이트 코딩

13 미사일 스프라이트가 복제되면 앞으로 나아갈 수 있게 [y 좌표를 10만큼 변경하기]를 반복해 줍니다. 그리고 미사일이 화면 상단의 가장자리에 닿으면 복제본을 삭제해 줍니다.

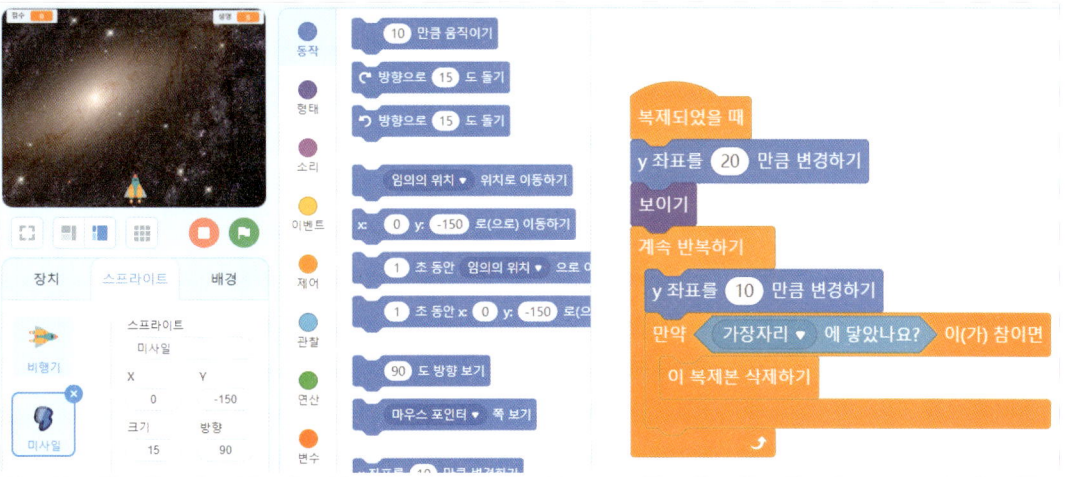

▲ [그림 4.2.15] 미사일 발사와 삭제

14 이제 '괴물1' 스프라이트로 옮겨 갑니다. 여기에서는 괴물 캐릭터가 화면 위쪽에서 랜덤한 시간마다 아래로 내려와 비행기를 공격하는 동작이 필요합니다. 우선 괴물1 스프라이트를 처음에는 안 보이게 숨기고 크기를 30% 정도 줄여줍니다. 그리고 변수 '생명', '점수'를 만들고 '생명 = 5'로 설정해 주세요. 그 밑으로 계속 반복하기를 추가하고 [1부터 3 사이 임의의 수] 블록을 이용하여 랜덤한 시간마다 괴물 캐릭터가 복제되게끔 해줍니다.

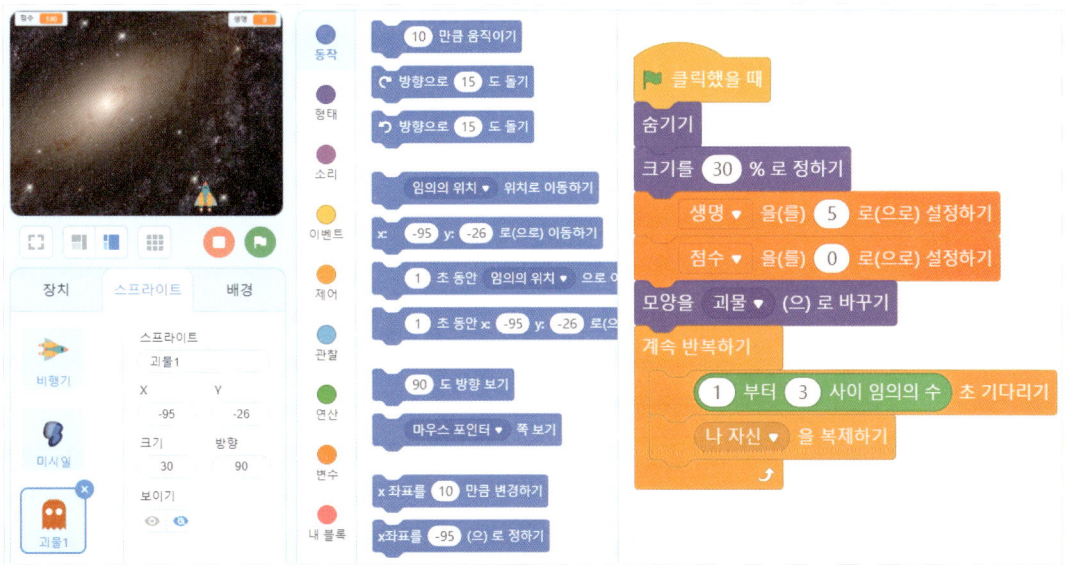

▲ [그림 4.2.16] 괴물 스프라이트 복제하기

15 괴물 스프라이트가 복제되면 화면 상단의 랜덤한 위치에서 나타나 제일 아래까지 떨어지게 코딩해야 합니다. 따라서 [복제되었을 때] 블록 밑으로 괴물 스프라이트의 x좌표 위치값을 [−220부터 220 사이 임의의 수]로 설정한 뒤, 아래로 떨어지는 것은 [y좌표를 −5만큼 변경하기]로 해줍니다. 그냥 떨어지는 것보다 뱅글뱅글 돌면서 떨어지도록 [⟳ 방향으로 1도 돌기]를 추가해 줍니다. 그리고 화면 제일 아래에 닿을 때를 의미하는 [y좌표 〈 −170]을 이용하여 괴물 스프라이트의 복제본이 사라지게 만들어 줍니다.

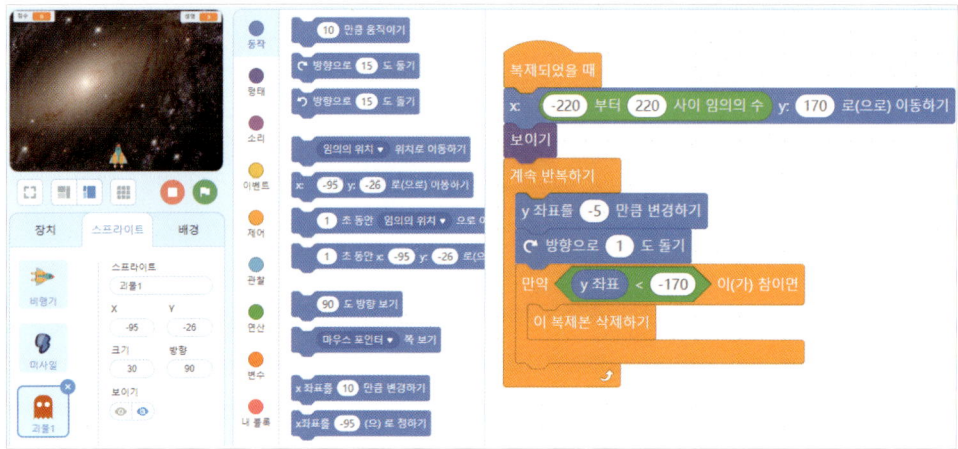

▲ [그림 4.2.17] 괴물 스프라이트 움직이기

16 [이 복제본 삭제하기] 밑으로 괴물 스프라이트가 비행기나 미사일에 닿았을 때를 처리하는 코딩을 해줍니다. 괴물 스프라이트가 비행기 스프라이트에 닿으면 비행기의 생명이 1 감소하도록 [생명을 −1 만큼 변경하기]를 설정합니다. 그리고 괴물 스프라이트가 미사일 스프라이트에 닿으면 비행기가 얻은 점수를 1 증가시켜 줄 것이므로 [점수를 1만큼 변경하기]를 설정합니다. 또한 미사일에 닿았을 때 효과를 내기 위해서 [모양을 Bam으로 바꾸기] 블록도 추가해 줍니다.

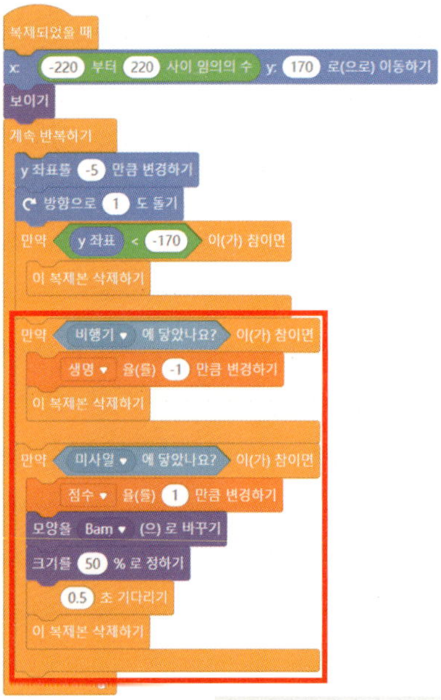

▲ [그림 4.2.18] 점수와 생명 변수값 코딩

17 '괴물1' 스프라이트의 코딩이 완료되었습니다. 괴물2, 괴물3 스프라이트는 괴물1과 코드가 똑같기 때문에 코드를 그대로 복사하여 괴물2, 괴물3 스프라이트에 추가해 주세요. 코드를 복사하는 방법은 다음 그림과 같습니다.

주의사항 ▶ 괴물1의 모든 코드를 다른 괴물 스프라이트로 복사해야 합니다.

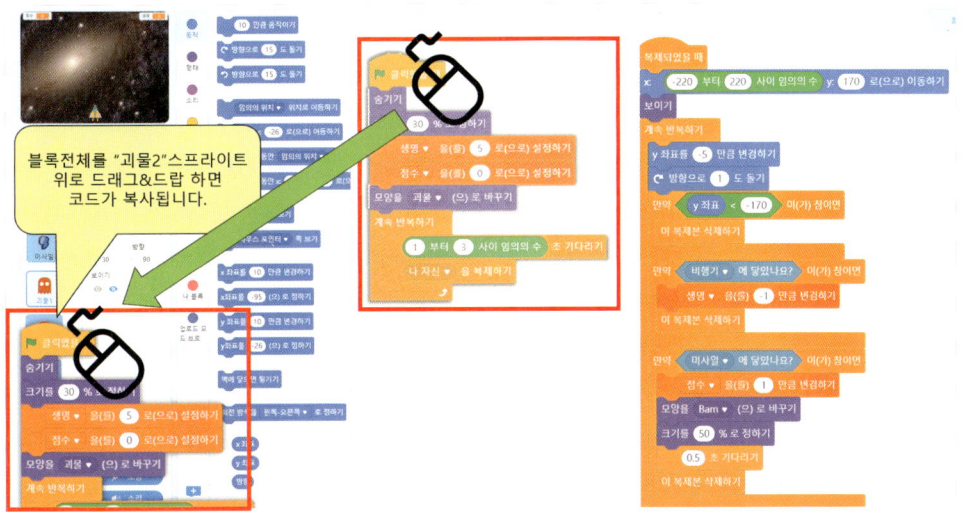

▲ [그림 4.2.19] 코드를 다른 스프라이트로 복사하는 방법

18 이제 '게임종료' 스프라이트로 넘어갑니다. 이 스프라이트에서는 비행기의 생명 변수값이 0이 되면 'Game Over'라는 메시지를 화면에 출력하면서 게임을 종료시키는 코딩을 해야 합니다. 그래서 녹색 깃발을 클릭해서 게임이 시작되었을 때는 [숨기기]로 메시지를 안 보이게 해주다가 [게임종료를 받았을 때] 방송 수신 시 메시지를 보여주면서 [정지 모두] 블록을 이용해 스크래치의 모든 블록이 멈추게 만듭니다.

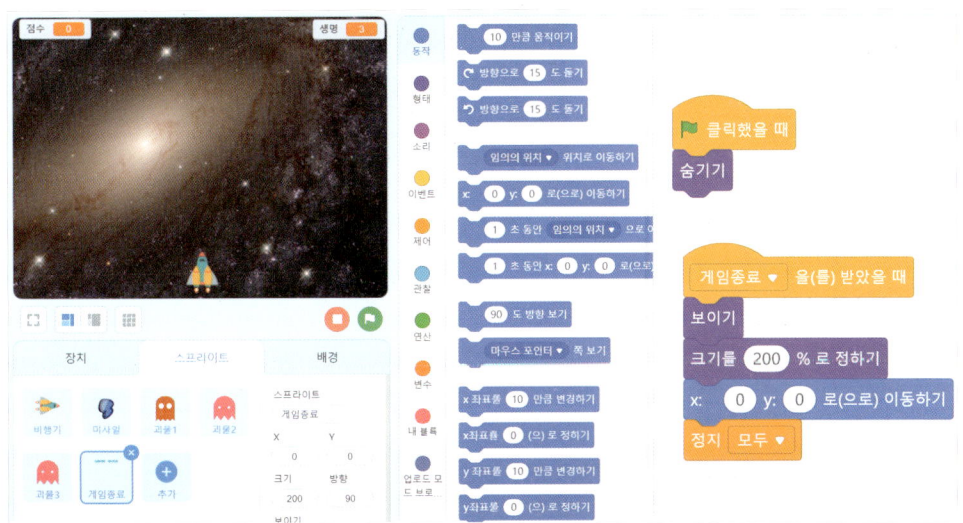

▲ [그림 4.2.20] 게임종료 스프라이트 코딩

19 이제 스크래치의 모든 코드를 완성하였습니다. [장치]로 가서 [업로드] 버튼을 눌러 아두이노에 코드를 업로드합니다.

▲ [그림 4.2.21] 코드를 아두이노에 업로드

20 미리 스마트폰에 설치했었던 앱을 실행시키고 다음 그림과 같이 블루투스 무선통신을 연결해 주세요(아두이노에 연결된 블루투스 모듈 이름은 HC-06입니다).

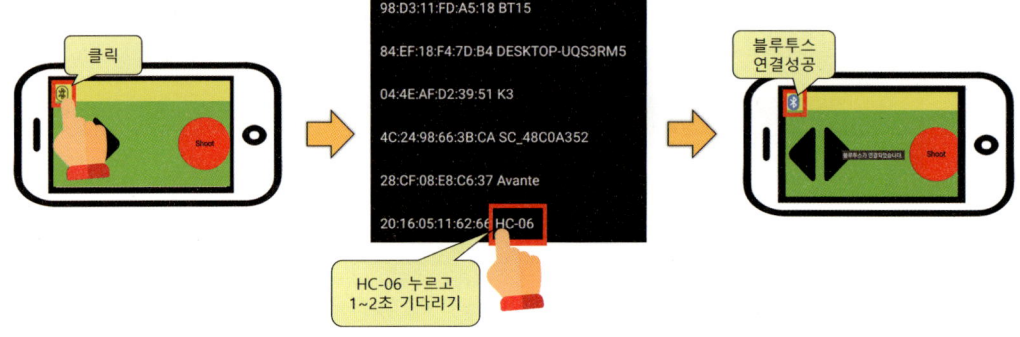

▲ [그림 4.2.22] 앱과 아두이노를 블루투스로 연결하기

| 21 | 블루투스 연결이 완료되면 스크래치에서 녹색 깃발을 클릭하여 게임을 시작합니다. 스마트폰으로 왼쪽 버튼, 오른쪽 버튼, 슛버튼을 누를 때 비행기가 잘 작동하는지 관찰해 보세요. 비행기가 괴물에 닿아서 생명이 0이 되면 게임이 종료되니 잘 피하고 공격해서 높은 점수를 기록해 보세요.

▲ [그림 4.2.23] 스페이스 슈팅 게임 플레이

도전 퀴즈 4.2 스페이스 슈팅 게임 업그레이드

Q. 다음의 기능을 게임에 추가해 보세요.
(1) 괴물 캐릭터가 내려오면서 색깔이 랜덤하게 바뀌고 크기가 조금씩 커진다.
(2) 어떤 괴물 캐릭터는 다른 괴물보다 내려오는 속도가 2배 빠르다.

4.3 스마트폰 레이싱 게임

작품 미리보기

이번 예제에서는 스크래치로 레이싱 게임을 만들고, 자동차 조종은 스마트폰 앱을 만들어 무선으로 작동시키는 코딩을 해보도록 하겠습니다.

> 스마트폰을 기울이는 방법은 [그림 4.3.14]를 참고해 주세요.

▲ [그림 4.3.1] 레이싱 게임 작품 미리보기

사용할 부품 확인하기

이번 예제에서는 다음 그림과 같이 아두이노에 블루투스 모듈만 연결하면 됩니다.

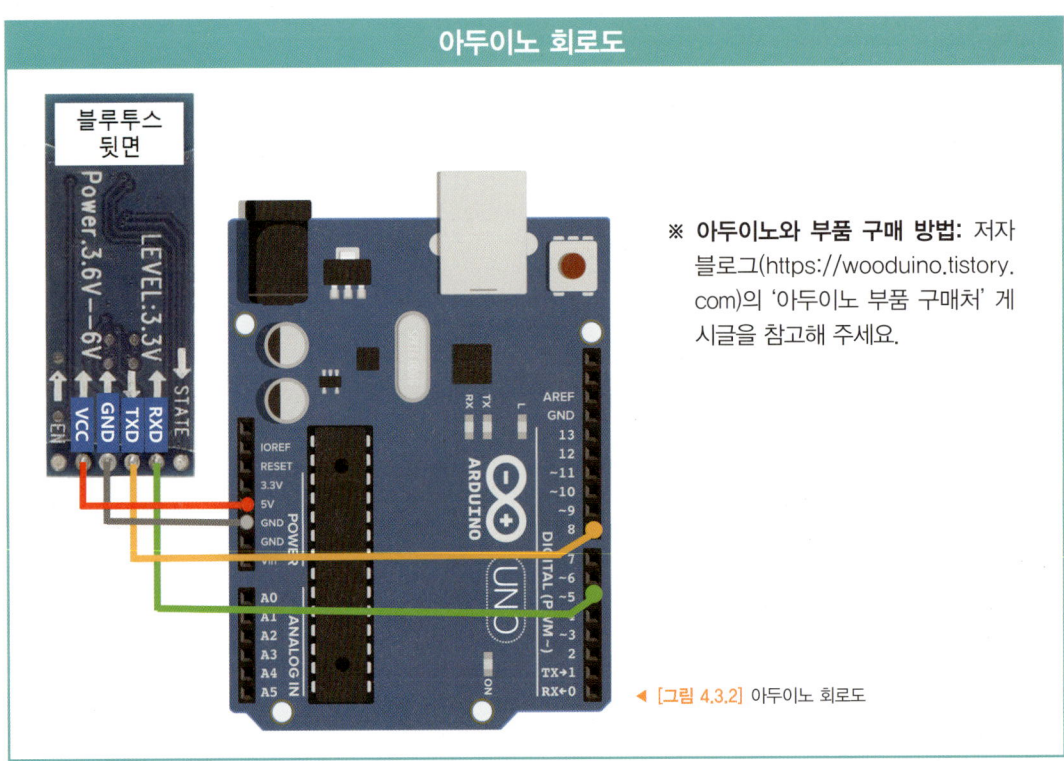

※ **아두이노와 부품 구매 방법:** 저자 블로그(https://wooduino.tistory.com)의 '아두이노 부품 구매처' 게시글을 참고해 주세요.

◀ [그림 4.3.2] 아두이노 회로도

코딩하기

01 이번 예제도 앱 디자인이 조금 복잡해 이미 디자인 된 예제 파일을 이용해 볼 것입니다. 저자 블로그에서 해당 예제 파일을 다운로드한 후 앱 인벤터에 접속하고 [Projects] 〉 [Import project(.aia)from my computer] 를 눌러 'ex4_3_racing_game_designe_version.aia' 파일을 불러옵니다.

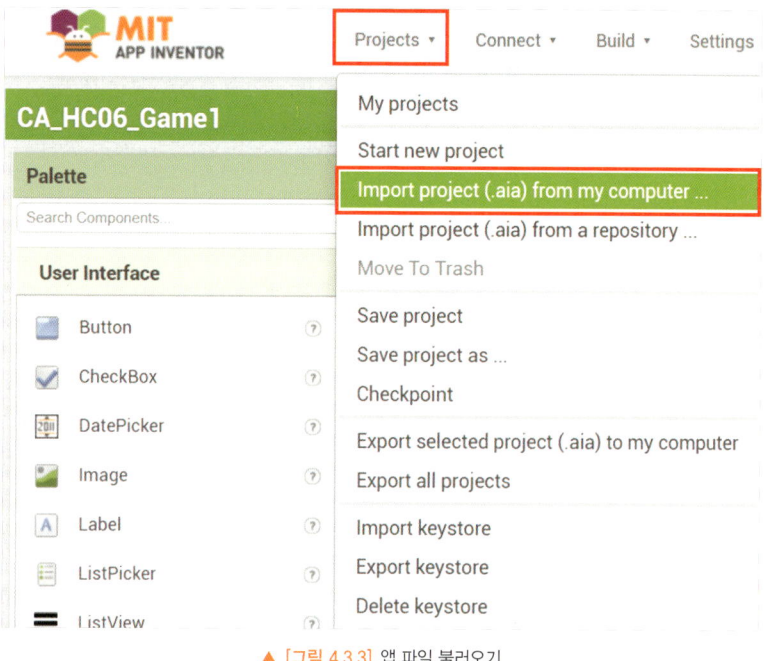

▲ [그림 4.3.3] 앱 파일 불러오기

02 다음 그림과 같이 이미 디자인된 형태가 맞는지 확인한 후 오른쪽 상단의 [Blocks]를 눌러 코딩하는 화면 으로 넘어갑니다.

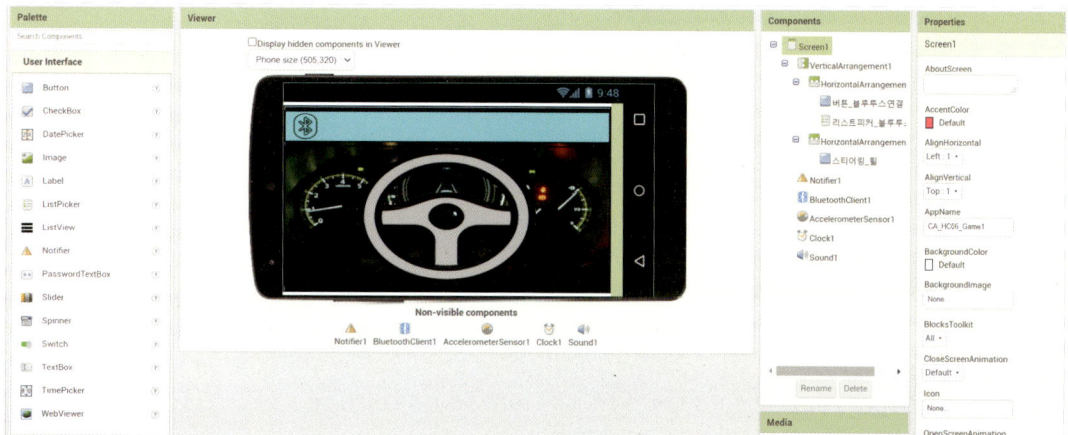

▲ [그림 4.3.4] 디자인된 파일

03 앱 코딩을 시작하겠습니다. 앱을 처음 실행했을 때(when Screen1.Initialize) 화면 가운데에 있는 스티어링_휠 이미지를 회색(gray)으로 수정합니다. 이 스티어링 휠 이미지가 회색이면 앱을 기울여도 게임이 작동되지 않고 주황색이면 게임이 작동되게 할 겁니다. 그리고 리스트피커에 블루투스 목록을 미리 가져오는 명령을 추가합니다.

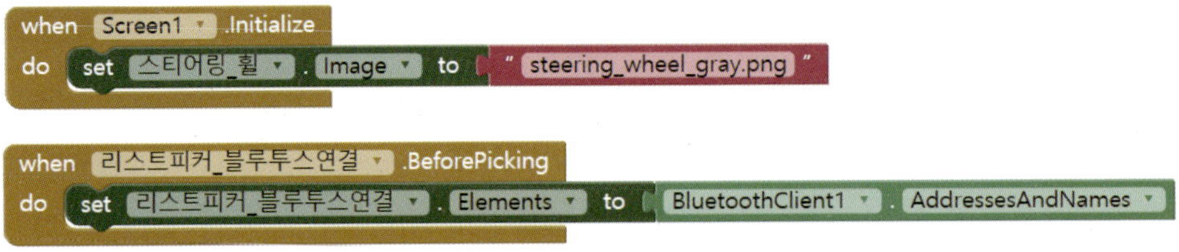

```
when Screen1.Initialize
do  set 스티어링_휠.Image to "steering_wheel_gray.png"

when 리스트피커_블루투스연결.BeforePicking
do  set 리스트피커_블루투스연결.Elements to BluetoothClient1.AddressesAndNames
```

▲ [그림 4.3.5] 초기 설정 코드

04 블루투스 연결을 하는 코딩을 하는데, 앞 챕터에서 했던 방식과 동일합니다. 다만 블루투스 연결이 되더라도 앱에서 스티어링 휠 모양의 버튼을 눌러야 게임이 작동될 수 있게 '운전시작'이라는 변수를 만듭니다. 이 변수값이 true(참)이면 게임을 작동시킬 수 있고 false(거짓)이면 게임이 작동하지 않게 됩니다.

```
initialize global 운전시작 to false

when 버튼_블루투스연결.Click
do  if BluetoothClient1.IsConnected
    then call BluetoothClient1.Disconnect
         set 버튼_블루투스연결.Image to "bluetooth_off.png"
         call Notifier1.ShowAlert
              notice "블루투스가 끊겼습니다."
         set 스티어링_휠.Image to "steering_wheel_gray.png"
         set global 운전시작 to false
    else call 리스트피커_블루투스연결.Open

when 리스트피커_블루투스연결.AfterPicking
do  if  call BluetoothClient1.Connect
            address 리스트피커_블루투스연결.Selection
    then set 버튼_블루투스연결.Image to "bluetooth_on.png"
         call Notifier1.ShowAlert
              notice "블루투스가 연결되었습니다. 조향 휠을 터치하세요."
```

▲ [그림 4.3.6] 블루투스 연결 코딩

05 블루투스 연결 후 레이싱 게임 속의 자동차를 조종하려면 앱 화면 중간에 있는 스티어링 휠 버튼을 한 번 눌러야 됩니다. 버튼을 누르면 자동차 시동 거는 소리(Sound1)를 내고 스티어링 휠의 이미지를 주황색 이미지(steering_wheel_orange.png)로 변경한 후 '운전시작' 변수를 true로 설정합니다. 다시 버튼을 누르면 자동차 시동 소리가 꺼지고 이미지도 회색(steering_wheel_gray.png)으로 변경한 후 '운전시작' 변수를 false로 설정합니다.

▲ [그림 4.3.7] 운전 시작 체크

06 이제 'YAccel'이라는 변수에 스마트폰의 기울기 센서값을 저장하여 일정 기울기 이상이면 블루투스 무선 통신으로 숫자값을 아두이노에 전송하는 코딩을 하면 됩니다. 'YAccel' 변수를 하나 만들고 [when Clock1.Timer]를 가져옵니다. 이 디자인된 앱 파일에서는 Clock.Timer가 0.1초(100ms)마다 무한 반복 실행하도록 설정되어 있습니다. 그러면 0.1초마다 '(스마트폰의 기울기 센서값) × 10'에다가 반올림(round)을 해서 기울기 값이 정수로 나타날 수 있게 해줍니다. 그리고 이 값이 'YAccel' 변수에 담기게 됩니다

스마트폰을 오른쪽으로 기울이면 기울기 값이 0 ~ 99까지 1씩 커지고, 왼쪽으로 기울이면 0 ~ -99까지 -1씩 작아집니다. 저자는 테스트 결과 기울기 값이 '30보다 크다'일 경우 스마트폰을 오른쪽으로 기울인 걸로 정했고, '-30보다 작다'일 경우 왼쪽으로 기울인 걸로 했습니다. 각각의 경우에 아두이노로 보낼 무선 데이터는 1과 2이고, 어느 쪽으로도 기울지 않은 상태(스마트폰이 수평일 때)에는 0을 아두이노로 보내겠습니다.

> **NOTE** 아두이노로 전송된 무선 데이터가 1이면 스크래치에서 자동차 스프라이트가 우회전, 2이면 좌회전, 0이면 직진하는 상태로 만들 예정입니다.

▲ [그림 4.3.8] 기울기 센서 상태 코딩

07 스마트폰 앱 코딩이 모두 완료됐습니다. [Build] > [QR 코드 스캔]을 이용해 QR 코드를 만든 후 스캔하여 스마트폰에 앱을 설치해 주세요. 그리고 저자 블로그에서 다운로드한 '예제 4.3 스마트폰레이싱게임_코딩용'을 열어서 스크래치 코딩을 시작하겠습니다. [장치]에서 업로드 모드로 연결해 주세요.

▲ [그림 4.3.9] 스크래치 실행 후 업로드 모드 연결

08 레이싱 게임 스크래치 파일을 열면 스프라이트와 코딩이 대부분 완성된 상태입니다. 이 게임은 처음부터 만들기가 굉장히 어렵기 때문에 스마트폰 앱과 연동시키는 부분만 코딩으로 처리하면 되게끔 만들었습니다.

우선 다음 그림과 같이 아두이노 장치로 와서 블루투스 연결을 하는 코딩을 해주세요(과정은 앞의 실습에서 한 것과 거의 유사합니다). 그리고 블루투스 무선통신으로 전송된 데이터가 '1'이면 자동차를 우회전 시킬 'Right' 메시지 보내기를, '2'이면 자동차를 좌회전 시킬 'Left' 메세지 보내기를, '0'이면 자동차가 가운데로 직진할 'Center' 메세지 보내기를 코딩해 주세요.

▲ [그림 4.3.10] 아두이노 장치 코딩

09 'Game'이라는 이름의 자동차 스프라이트로 가서, 메시지 'Right', 'Left', 'Center'를 수신할 경우를 코딩을 해줍니다. 여기에서는 변수 'Left'(왼쪽), 'Right'(오른쪽), 'Forward'(앞으로)가 1이면 해당 방향으로 자동차가 나아가고, 0이면 해당 방향으로 자동차가 나아가지 않는 것입니다. 따라서 'Left' 메시지를 수신하면 '변수 Left = 1'로 하고 나머지는 0으로 해줍니다. 'Right' 메시지를 수신하면 '변수 Right = 1'로 하고 나머지는 0으로 해줍니다. 'Center' 메시지를 수신하면 '변수 Forward = 1'로 하고 나머지는 0으로 해줍니다.

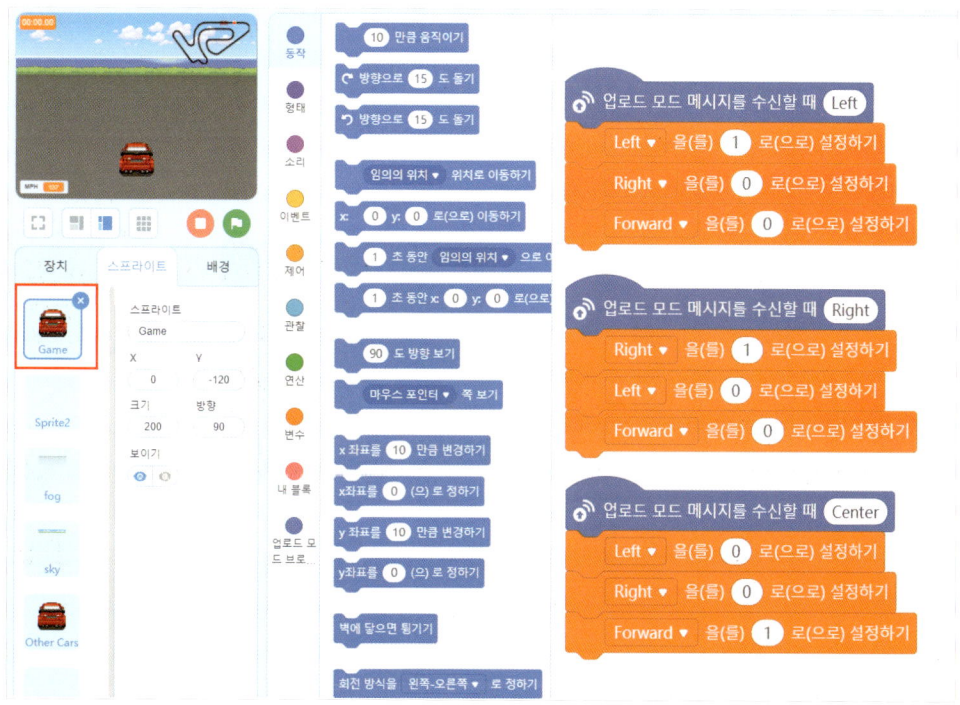

▲ [그림 4.3.11] 메시지 수신 코드

10 스크래치의 코딩은 여기까지하면 끝입니다. 이제 아두이노 장치로 가서 이 코드를 아두이노로 업로드해 주세요.

> **주의사항** ▶ 다른 스프라이트의 미리 짜여진 코드를 보시면 코드가 굉장히 어렵습니다. 그렇기 때문에 저자가 미리 설정해놓은 코드와 값을 변경하지 마시기 바랍니다.

▲ [그림 4.3.12] 코드 업로드하기

11 스크래치의 코드 업로드가 완료되면 스마트폰에 미리 설치한 앱을 실행하고 다음 그림과 같이 블루투스 무선 연결을 해주세요.

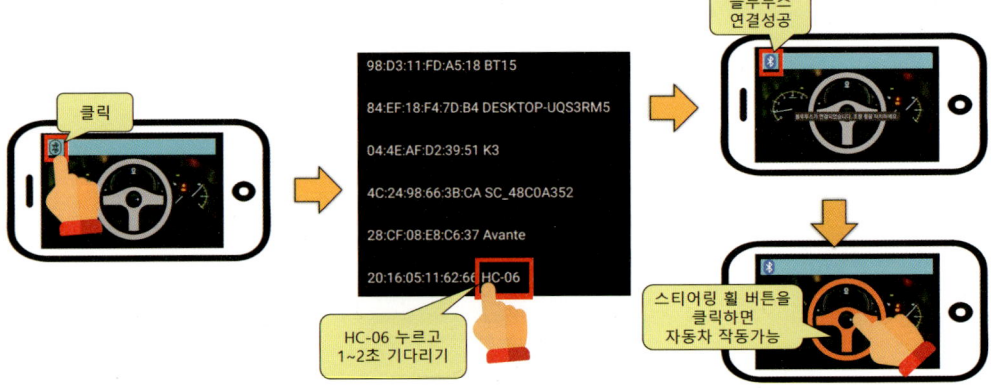

▲ [그림 4.3.13] 앱과 아두이노를 블루투스로 연결하기

12 블루투스 연결이 완료되면 스크래치에서 녹색 깃발을 클릭해 보세요. 클릭한 지 3~5초 정도 지나면 자동차 게임이 시작되며 빨간색 자동차가 앞으로 전진할 것입니다(이 게임은 자동차가 전진하는 것이 기본으로 설정되어 있습니다). 스마트폰을 좌우로 기울이면 자동차가 좌, 우회전을 하게 됩니다. 회색 아스팔트길을 따라 가면 자동차 속도가 굉장히 빨라지고, 초록색 잔디로 가게 되면 속도가 느려지게 됩니다. 오른쪽 상단의 미니맵을 보며 코너를 예측해서 좌우 회전을 대비하세요. 그리고 한 바퀴 완주를 하면 왼쪽 상단에 본인의 시간 기록이 찍히게 됩니다.

▲ [그림 4.3.14] 스마트폰으로 게임 작동시키는 방법

도전 퀴즈 4.3 — 스마트폰 레이싱 게임 업그레이드

Q. 앱 인벤터에는 스마트폰에 진동을 주는 명령 블록이 있습니다. 이것을 인터넷으로 검색해 보고, 스티어링 휠을 눌러 주황색으로 변할 경우 스마트폰에 진동이 1초 정도 실행되게 해보세요.

4.4 스마트 홈 시스템

작품 미리보기

이번 예제에서는 스마트 홈을 만들어 보겠습니다. 아두이노에 LED와 LCD, 각종 센서를 집 안의 전자 장치라고 가정하고 앱을 만들어 무선통신으로 제어하는 작품이 되겠습니다.

▲ [그림 4.4.1] 스마트 홈 작품

사용할 부품 확인하기

이번 예제에서 사용할 부품은 버튼, LCD, 빛 센서, 가변저항, LED(13번 핀)입니다. 버튼은 대문을 열고 닫는 장치, 빛 센서와 가변저항은 집 안의 상태를 측정하는 센서로써 스마트폰 앱 화면에서 모니터링할 수 있습니다. 그리고 LCD는 거실에 있는 TV, 13번 핀의 LED는 거실의 전등이라고 가정하겠습니다. 각 부품의 연결 방법은 [그림 4.4.2]와 [그림 4.4.3]에 나와 있습니다(부품 수가 많아서 그림을 두 개로 나누어 그렸습니다). 아두이노 보드 하나에 모든 부품을 연결하면 됩니다.

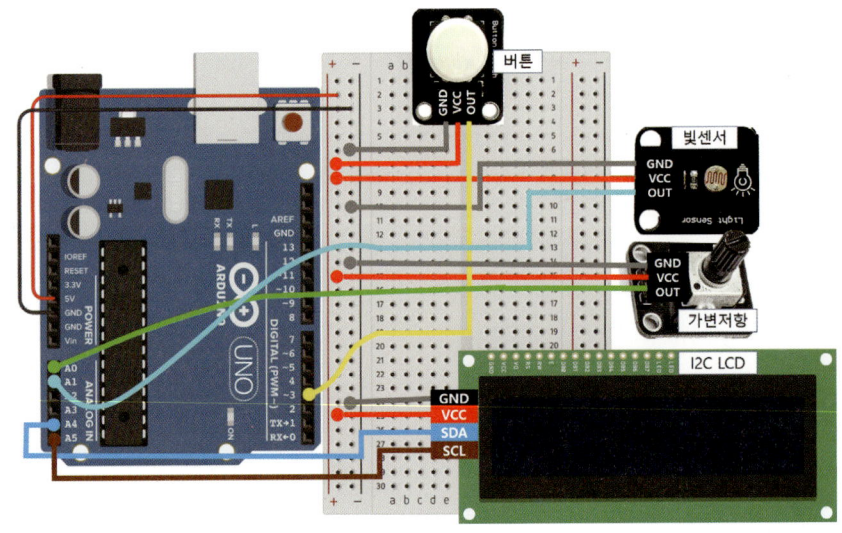

▲ [그림 4.4.2] 아두이노 회로도 1

아두이노 회로도

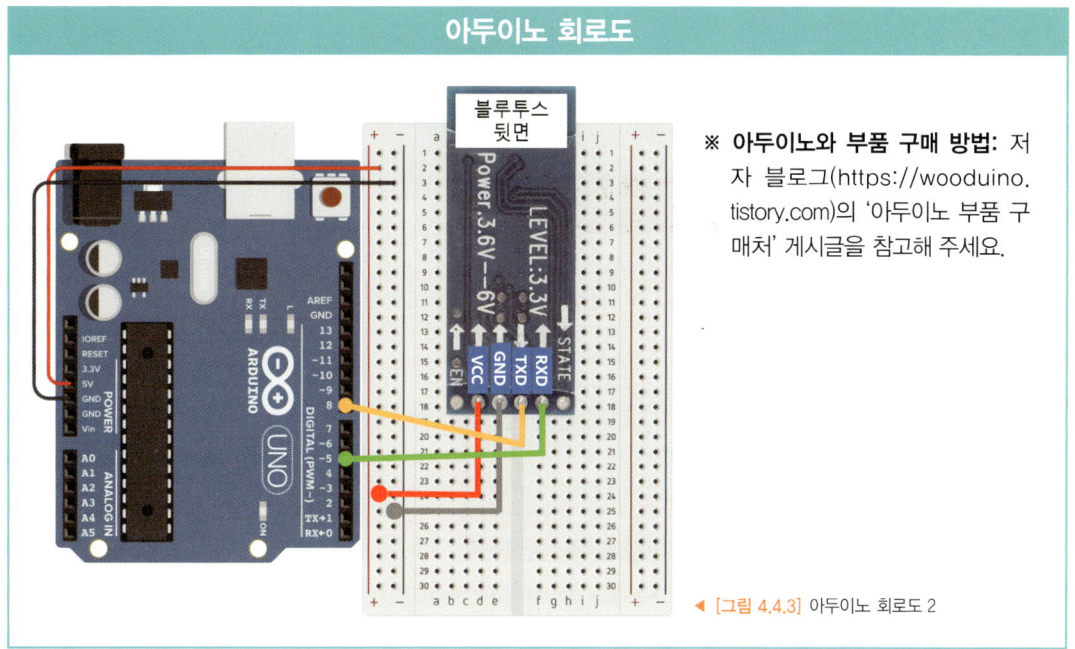

※ **아두이노와 부품 구매 방법:** 저자 블로그(https://wooduino.tistory.com)의 '아두이노 부품 구매처' 게시글을 참고해 주세요.

◀ [그림 4.4.3] 아두이노 회로도 2

코딩하기

01 먼저 아두이노에 연결한 각 전자 장치가 스마트 홈의 어느 부분을 의미하는지 알아야 합니다. LCD는 거실에 있는 TV이고, 앱에서 스위치를 터치하여 TV를 끄거나 켜는 동작을 할 수 있습니다. 가변저항은 보일러 온도를 조절하는 장치인데, 변화된 보일러 온도값이 앱의 화면에 나타나게 할 겁니다. 빛 센서는 집 안으로 들어오는 태양광을 측정하는 장치로, 앱 화면으로 빛의 양을 나타나게 할 겁니다. 버튼은 집의 대문이 열렸는지 닫혔는지 감지하는 장치로, 앱 화면에서 대문의 상태를 모니터링할 수 있습니다. 마지막으로 아두이노 13번 핀의 LED는 거실의 전등으로, 앱에서 음성인식을 이용하여 전등을 끄거나 켤 수 있게 하겠습니다.

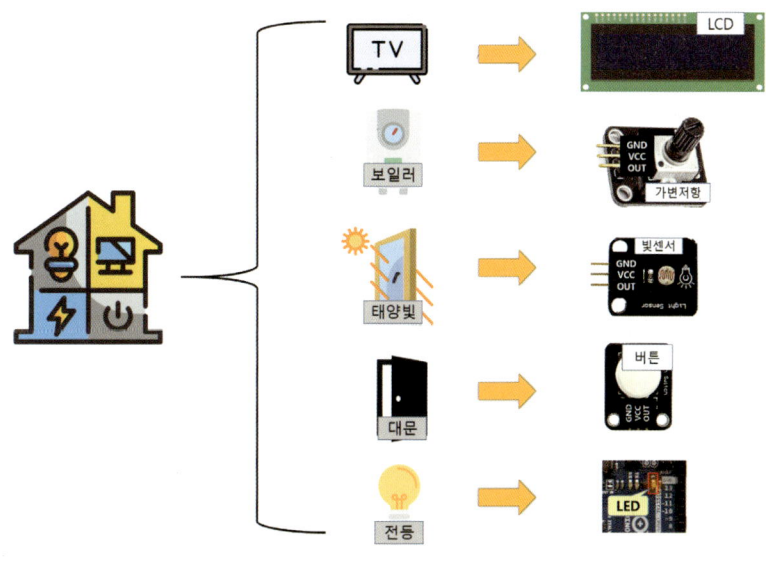

▲ [그림 4.4.4] 스마트 홈 전자 장치

02 스마트 홈 작품의 앱을 먼저 만들겠습니다. 저자 블로그에서 'ex4_4 smart home design version.aia' 파일을 다운로드하여 앱 인벤터에서 불러와 주세요. 그러면 다음 그림처럼 디자인만 된 파일이 열립니다.

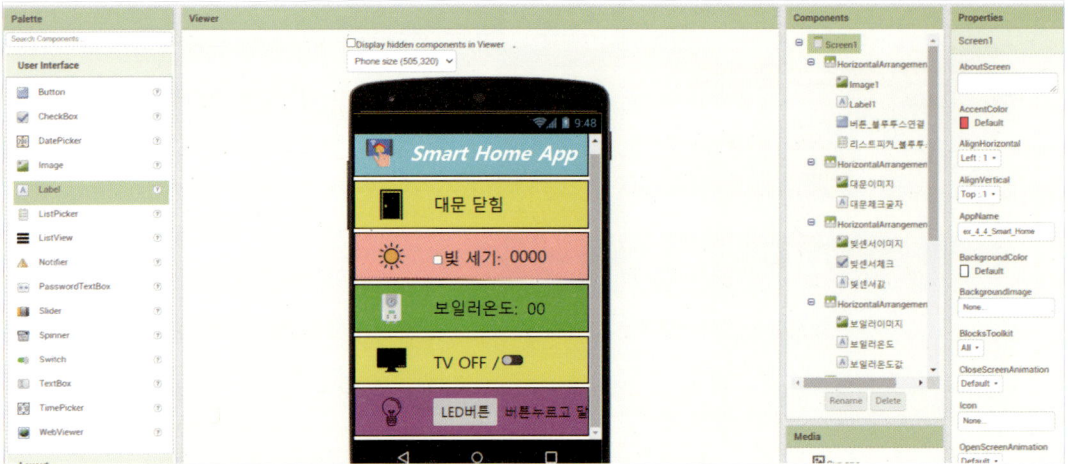

▲ [그림 4.4.5] 앱 파일 불러오기

03 스마트 홈을 제어하는 앱 화면에서 부분별 기능은 다음과 같습니다.

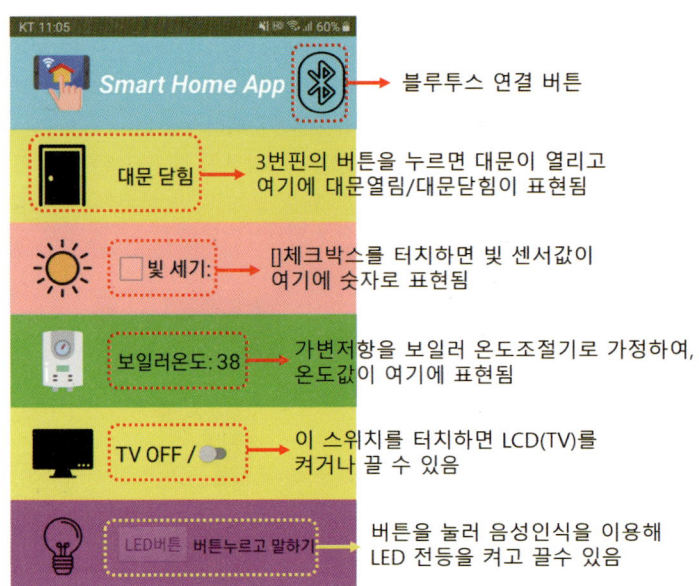

▲ [그림 4.4.6] 앱의 부분별 기능

04 [Blocks] 버튼을 눌러 코딩 화면으로 갑니다. 제일 먼저 코딩할 부분은, 스마트 홈에서 작동되는 각종 버튼과 센서를 활성화/비활성화하는 함수입니다. 이렇게 기능 함수를 만들어 놓으면 나중에 사용하기 편합니다. 다음 그림과 같이 [Procedures] 블록을 이용해 함수를 만들어 주세요.

▲ [그림 4.4.7] 기능 함수 만들기

05 앱을 시작했을 때는 상태를 초기화(when Screen1. Initialize)해야 하므로 대문이 닫힌 상태로 만들어 주고, 각 전자 장치의 기능을 비활성화(기능_비활성화)시켜줍니다. 그리고 리스트피커를 이용해 블루투스 목록을 미리 가져오는 코딩을 해줍니다.

▲ [그림 4.4.8] 초기화

06 앱과 아두이노의 블루투스 무선통신을 해주는 코딩을 합니다. 앞 실습에서 한 것과 거의 같은 방식이지만, 다른 점은 [Procedures]를 추가하여 스마트홈 전자 장치들의 기능을 활성화하거나 비활성화해야 한다는 겁니다. 블루투스 연결이 끊기면 기능을 비활성화하고, 블루투스 연결이 성공하면 기능을 활성화해주면 됩니다.

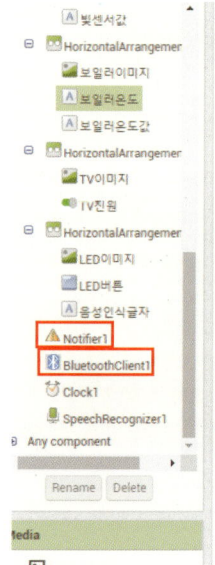

▲ [그림 4.4.9] 블루투스 연결

07 스마트 홈의 대문을 제어하는 부분을 [Procedures]로 만들겠습니다. [procedure ~ do] 명령 블록을 두 개 가져온 후, 다음 그림과 같이 대문이 열린 경우와 닫힌 경우의 색깔, 글자, 이미지를 코딩해 줍니다.

> **NOTE** '대문체크글자'와 '대문이미지'는 모두 디자인 화면에서 HorizontalArrangement로 지정한 상태입니다. Blocks 창의 스크롤을 내려서 '대문체크글자'와 '대문이미지'를 클릭하면 해당 명령 블록이 나옵니다.

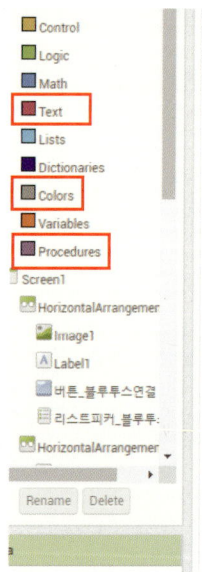

▲ [그림 4.4.10] 대문을 열고 닫는 함수

08 앞에서 만든 함수 두 개(대문 열림 함수와 대문 닫힘 함수)를 이용하여, [대문_감지_함수] 함수를 만들어 줍니다. 스마트 홈의 대문이 열림 또는 닫힘 상태를 나타내는 값이 앱으로 전송되었을 때, 그 상태값에 따라 [대문_감지_함수]를 실행시키면 좀 더 편하고 직관적인 코딩이 될 수 있습니다. 대문 감지 함수를 코딩할 때, 매개 변수(현재대문상태)를 꼭 포함시켜 주세요(그림 4.4.11의 3번 참조).

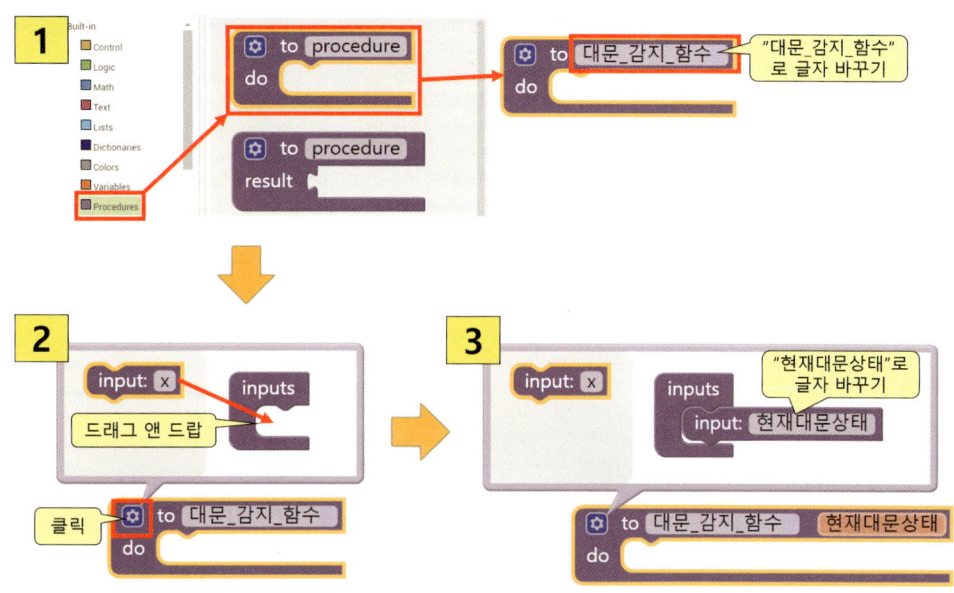

▲ [그림 4.4.11] '대문_감지_함수' 만들기

09 [대문_감지_함수] procedure를 만들어 줍니다. 변수 '이전대문상태'도 하나 만들어서 과거의 대문 상태를 저장합니다. 그래서 과거에 대문이 닫혔는데(이전대문상태 = 0) 현재에는 대문이 열렸다면(현재대문상태 = 1) [대문열렸음] procedure를 실행해 줍니다.

반대로 과거에 대문이 열렸는데(이전대문상태 = 1) 지금 대문이 닫혔다면(현재대문상태 = 0) [대문닫혔음] procedure를 실행시켜 줍니다. 그리고 항상 끝나기 전에 '이전대문상태'에 '현재대문상태'를 저장해 주어야 과거의 대문 상태가 정확한 값이 됩니다.

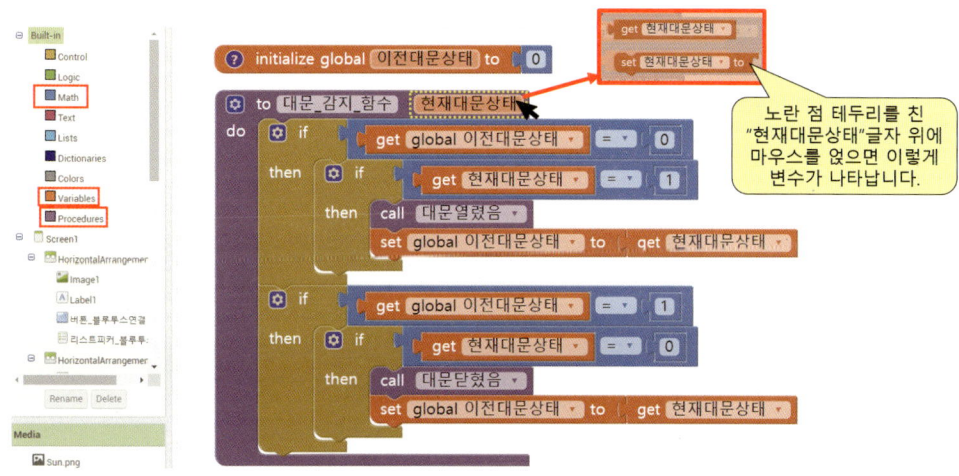

▲ [그림 4.4.12] '대문_감지_함수' procedure 만들기

10 아두이노에서 감지된 센서의 상태값들(대문, 빛, 보일러)은 앱으로 전송될 것입니다. 그래서 앱에서는 1초에 한 번씩 센서 값을 읽어서 처리하는 부분을 코딩해야 합니다.

다음 그림과 같이 [when Clock1.Timer]를 가져와 1초에 한 번씩 반복 실행되게 하고 'rawData'라는 변수를 만들어 블루투스 전송 데이터를 저장해 줍니다. 'rawData'에 저장되는 값은 '대문상태값$빛센서값$보일러온도값$'처럼 문자 '$'를 구별자로 하는데, 앱에서는 '$' 구별자를 없애주고 데이터를 읽어야 합니다. 따라서 [split]이라는 명령 블록을 사용합니다. 그렇게 읽은 최종 센서 데이터를 변수 'splitData'에 저장하면 'splitData'에는 저장되는 값이 3개(대문, 빛, 보일러)이기 때문에 변수가 아닌 리스트가 됩니다. 'splitData' 리스트의 1번째는 대문 상태값, 2번째는 빛 센서값, 3번째는 보일러 온도값이 자동으로 담겨지게 됩니다. 이 상태값들을 각각 미리 만들어 둔 procedure와 레이블 글자 출력에 적용하면 됩니다.

> **NOTE** 값을 1개만 저장할 때는 변수를 사용하고, 값을 2개 이상 저장할 때는 리스트를 사용합니다. 앱 인벤터에서는 변수를 만들어 값을 저장할 때, 그 값이 1개를 초과하면 자동적으로 변수가 아닌 리스트로 바뀌게 됩니다.

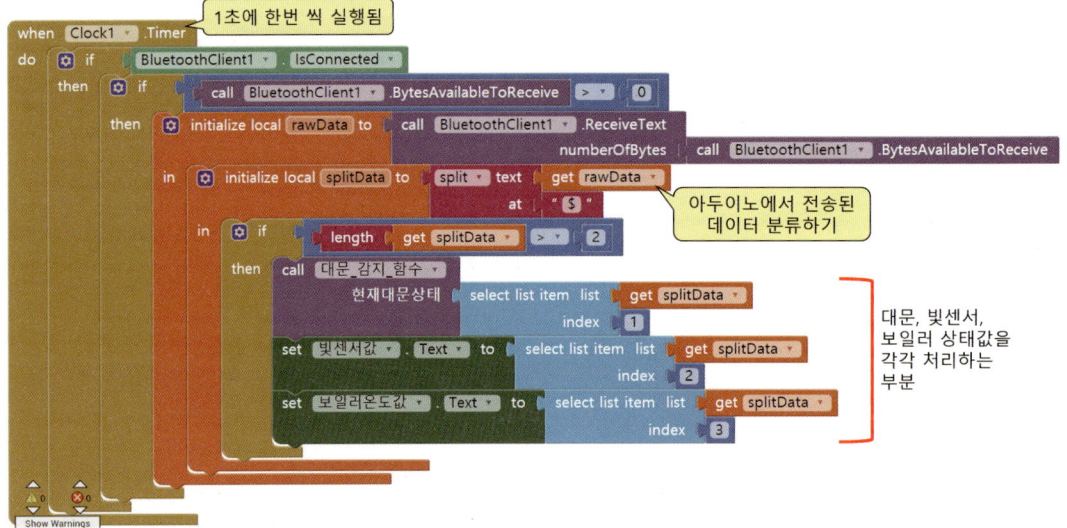

▲ [그림 4.4.13] 아두이노의 센서값 처리

11 앱으로 전송된 빛 센서값을 앱 화면에서 보고 싶을 땐 [빛센서체크] 스위치를 누르면 보일 수 있도록 그림과 같이 Visible 처리를 해줍니다.

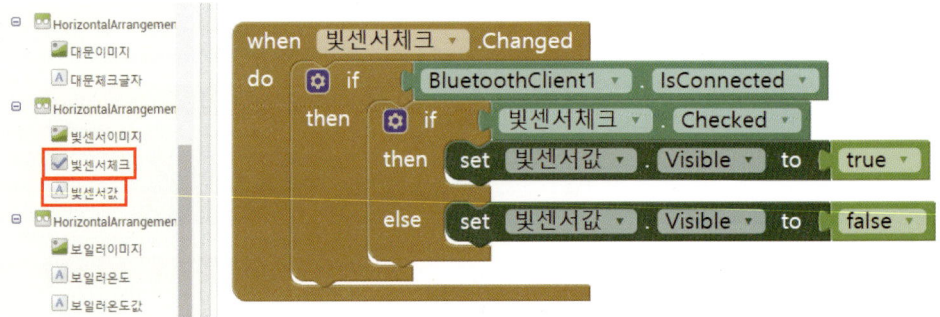

▲ [그림 4.4.14] 빛 센서값 처리

12 앱에서 스위치를 눌러 TV(LCD)를 켜거나 끄게 하고, 앱 화면에서는 TV 이미지가 나타나게 해줘야 합니다. 스위치를 누를 때마다 실행되는 [when TV전원.Changed] 명령 블록 안에서 TV 전원이 On인지 아닌지를 따져서 TV 글자와 이미지를 적절히 바꿔줍니다. 그리고 TV 역할을 하는 아두이노의 LCD를 제어해야 하기 때문에, LCD가 켜져야 하는 경우에는 문자 'A'를, 꺼져야 하는 경우에는 문자 'B'를 전송하겠습니다. 나중에 아두이노 장치의 스크래치 코딩을 할 때 이 부분을 처리해줄 예정입니다.

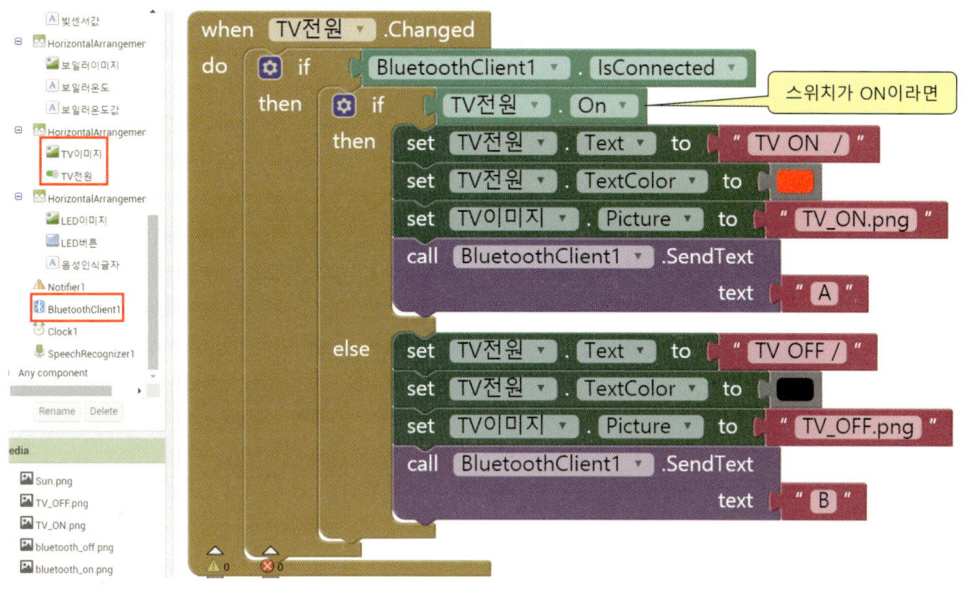

▲ [그림 4.4.15] TV 스위치 코딩

13 거실의 전등(13번 핀 LED)을 제어할 때는 음성인식을 사용하겠습니다. 앱 인벤터에서 음성인식은 SpeechRecognizer를 사용하면 됩니다. 음성인식을 하기 전(when SpeechRecognizer1.BeforeGettingText)에는 글자(Text)를 빈 칸으로 두고, 'LED버튼'을 누르면 음성인식이 실행(call SpeechRecognizer1.GetText)되게 해줍니다.

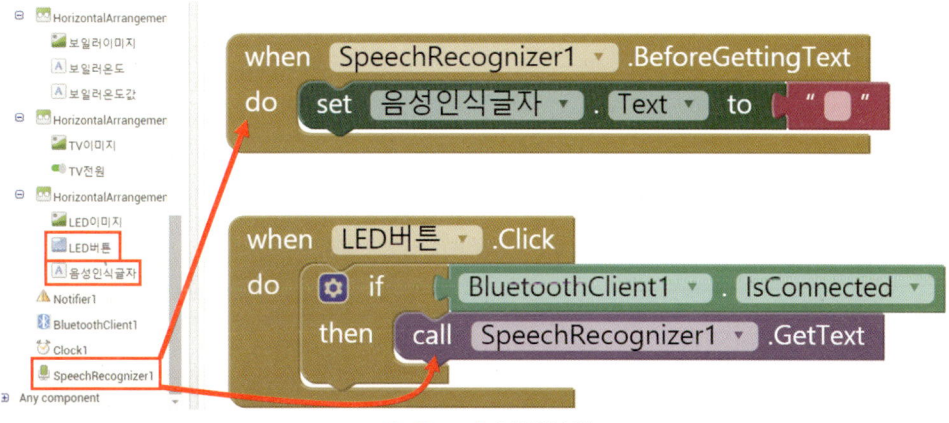

▲ [그림 4.4.16] 음성인식 실행

14 'LED버튼'을 눌러서 음성인식이 완료되면(when SpeechRecognizer1.AfterGettingText) 인식된 글자를 비교하여 LED를 켜기 위한 코딩을 해줘야 합니다. 만약 인식된 글자에 '켜'라는 글자가 포함되면 블루투스 데이터 'C'를 전송합니다. 인식된 글자에 '꺼'라는 글자가 포함되면 블루투스 데이터 'D'를 전송합니다. 이를테면 '불을 켜 줘', '방 불 켜' 등 어떤 말로 하더라도 '켜'라는 글자만 포함되면 LED가 작동하게 됩니다. 그리고 LED 전등 상태에 맞춰 앱 화면에서의 LED 이미지도 적절히 설정을 해줍니다.

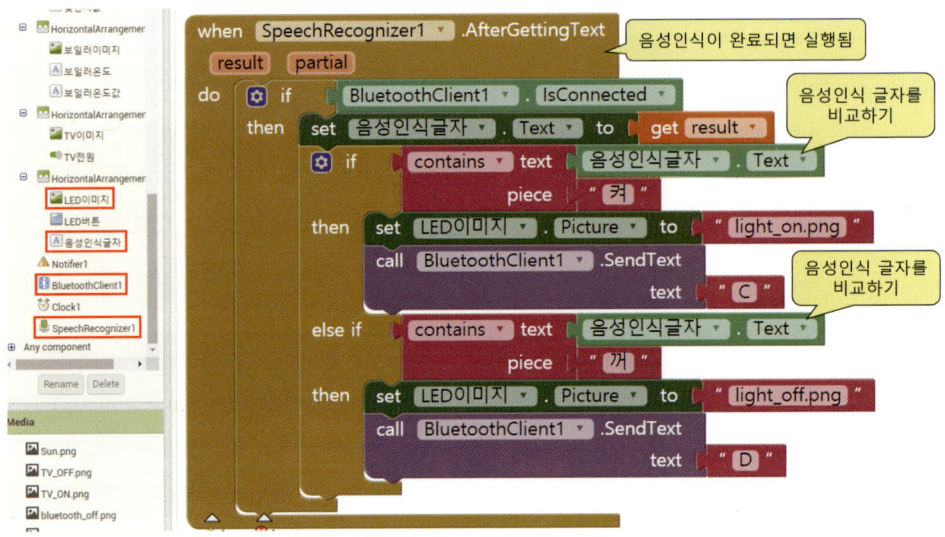

▲ [그림 4.4.17] 음성인식 결과 처리

15 이제 앱 코딩은 모두 완료되었습니다. QR 코드 스캔을 이용해서 앱을 스마트폰에 미리 설치해 두세요. 그리고 mBlock 스크래치를 열고 '업로드' 모드로 연결해 주세요.

▲ [그림 4.4.18] 스크래치 열기

16 [확장]을 클릭하여 블루투스 통신에 필요한 Serial과 LCD 명령 블록을 다음 그림과 같이 추가해 주세요.

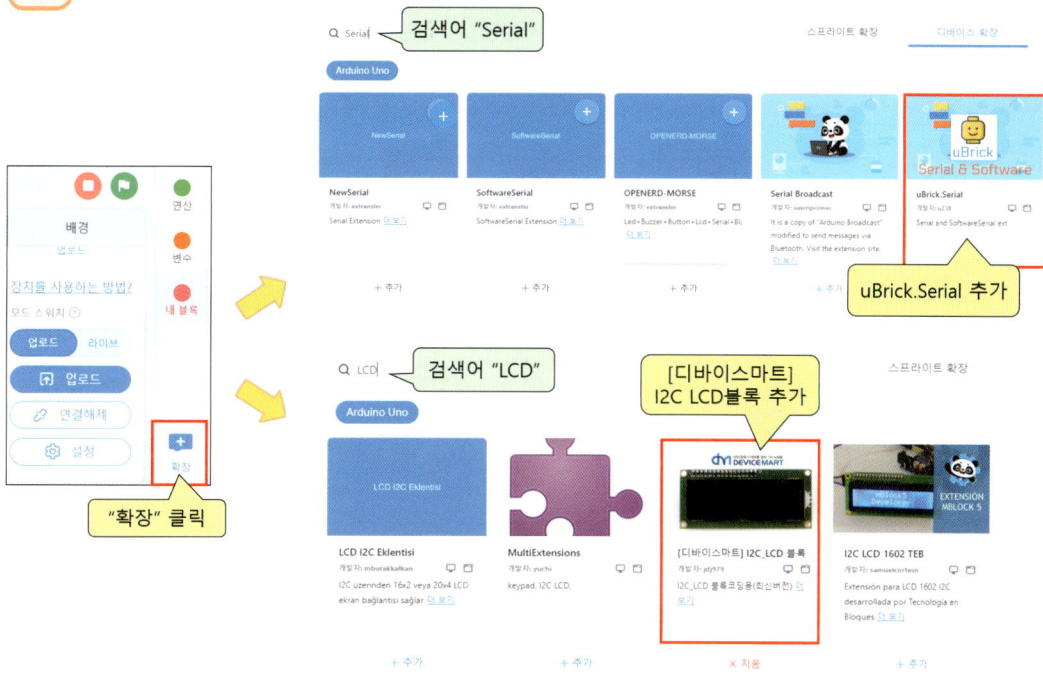

▲ [그림 4.4.19] Serial와 LCD 확장 블록 추가

17 아두이노 장치에서 [arduino Uno가 켜지면] 밑으로 블루투스 통신에 필요한 명령 블록을 추가해 줍니다. 그리고 TV 역할을 담당하는 LCD에 'Television'이라는 글자를 출력하고 백라이트를 OFF하여 처음에는 LCD가 꺼진 상태로 만들어 줍니다. 그리고 'TV이전상태' 변수를 하나 만들어 0으로 설정하고, 13번 핀 LED 전등은 low로 설정하여 꺼지게 합니다.

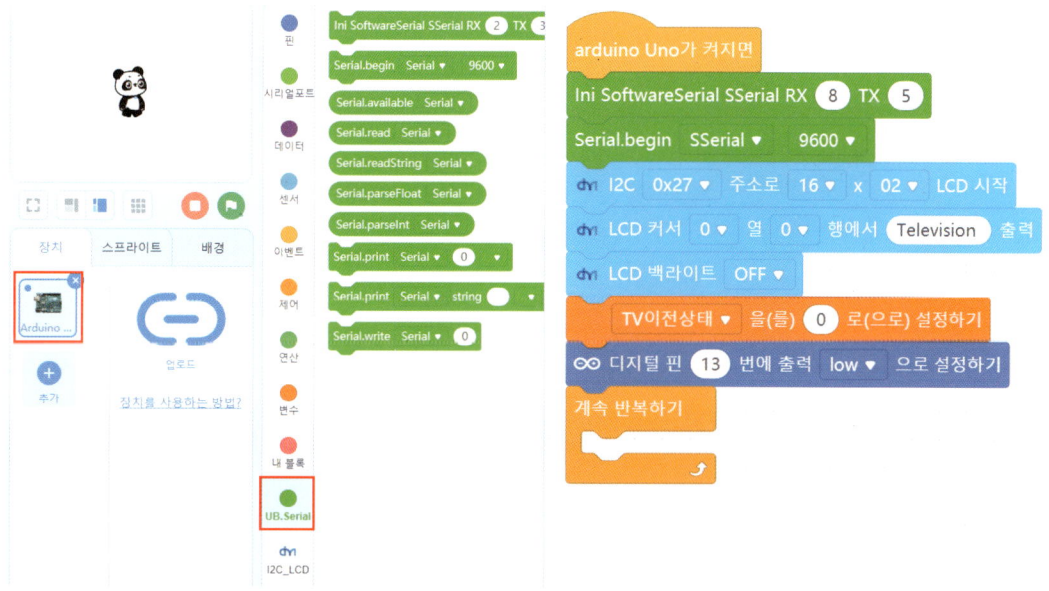

▲ [그림 4.4.20] 아두이노 초기화 코딩

18 [계속 반복하기] 안에서 [만약 ~이 참이면] 블록을 이용하여 앱에서 아두이노로 전송된 데이터를 읽습니다. 데이터 값이 'A'이면 LCD를 켜기 위해 'TV현재상태'라는 변수를 만들어 1로 설정합니다. 데이터 값이 'B'이면 LCD를 끄기 위해 'TV현재상태 = 0'으로 설정합니다.

데이터 값이 'C'이면 13번 핀의 LED를 켜고(high), 'D'이면 LED를 끕니다(low).

▲ [그림 4.4.21] LCD, LED 제어 코딩

19 앞에서 했던 코딩에 이어서 'TV현재상태'와 'TV이전상태' 변수값에 따라 LCD를 켜거나 끄는 코딩을 해줍니다. 'TV이전상태 = 0'이어서 TV가 꺼진 상태일 때, 스마트폰 앱 화면에서 버튼을 눌러 TV를 켜려고 하면 'TV현재상태 = 1'이 되어 LCD TV가 켜지게(LCD 백라이트 ON) 해야 합니다. 그리고 반대 경우에는 LCD TV가 꺼지게(LCD 백라이트 OFF) 해줍니다.

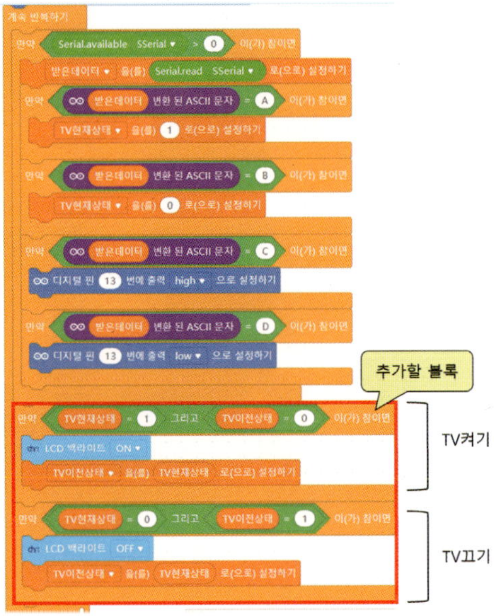

▲ [그림 4.4.22] LCD 제어 코드

20 블루투스 무선통신을 이용하여 아두이노에서 측정된 상태값을 앱으로 전송해야 합니다. 첫 번째로 대문상 태값(3번 핀 버튼)을 읽어서 문자 '$'를 결합하여 보냅니다. '$' 문자를 결합하는 이유는 '$'를 기준으로 앞에 있는 데이터와 뒤에 있는 데이터가 어떤 값인지 앱에서 알기 쉽게 하기 위해서입니다. 두 번째로 빛 센서는 [아날로그(A)핀 1번 읽기]에 '$'를 결합하여 전송합니다. 그리고 보일러 온도 상태값인 A0 핀의 가변저항 값은 0 ~ 50 사이로 변경하여(보일러 온도 0도 ~ 50도로 가정) '$'를 결합한 뒤 전송합니다.

그리고 세 가지 센서 상태값이 아두이노에서 약 1초에 한 번씩 자동 전송되도록 [타이머 > 1]을 이용하였습니다.

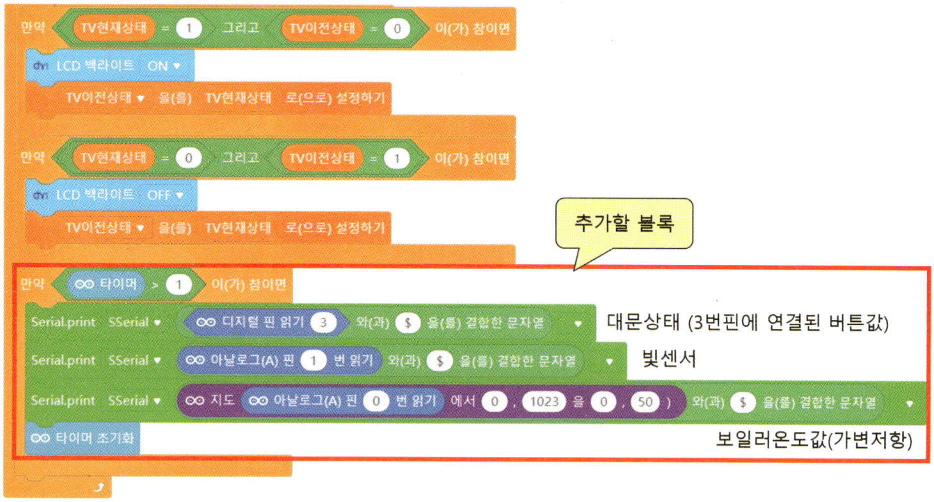

▲ [그림 4.4.23] 센서값 전송 코딩

21 이제 아두이노의 스크래치 코딩도 모두 완료되었으니 아두이노에 업로드해 주세요. 그리고 스마트폰에 우리가 만든 앱을 실행해서 블루투스 무선 연결을 해주세요.

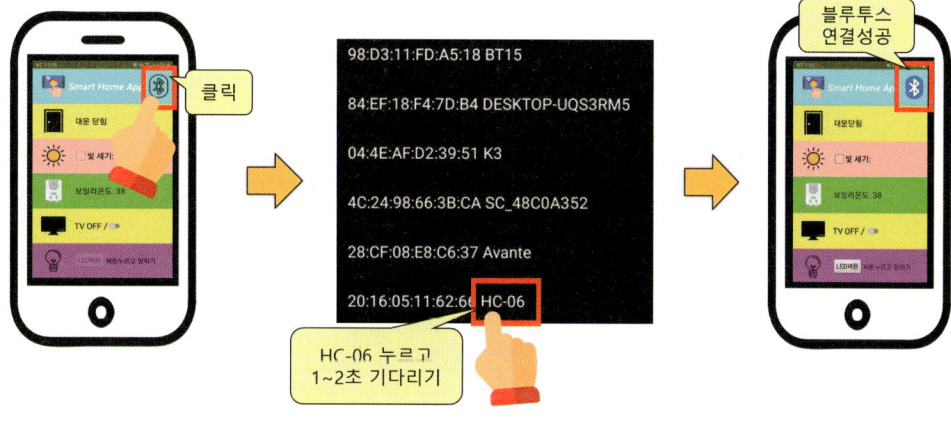

▲ [그림 4.4.24] 블루투스 무선 연결

22 앱과 아두이노의 블루투스 연결이 완료되면 다음 그림과 같이 작동시켜서 센서값이 잘 표시되는지, LED나 LCD가 잘 동작되는지 확인해 주세요. LED 제어할 때 음성인식은 '구글음성인식' 서비스를 이용해 '불 켜', '내 방 불 켜', '불 꺼 줘' 등의 여러 가지 한국말을 또렷하게 발음해서 기다려 주면 됩니다. 이때 반드시 '켜', '꺼' 라는 말이 포함되어야 LED가 작동되니 주의해 주세요.

> NOTE 구글 음성 인식 서비스 사용방법은 저자의 유튜브(https://www.youtube.com/c/Wooduino/videos) 〉 '4.4 스마트 홈 영상'에서 확인할 수 있습니다.

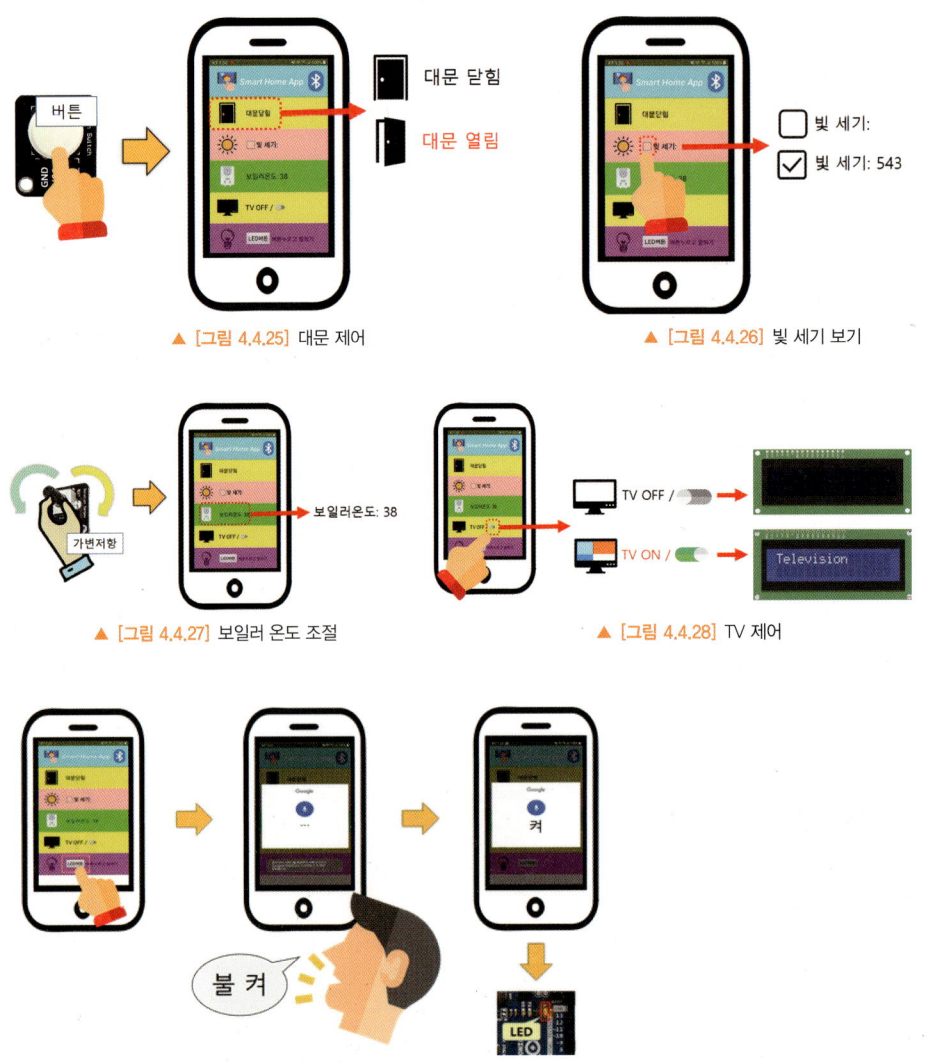

▲ [그림 4.4.25] 대문 제어

▲ [그림 4.4.26] 빛 세기 보기

▲ [그림 4.4.27] 보일러 온도 조절

▲ [그림 4.4.28] TV 제어

▲ [그림 4.4.30] LED 전등 음성 제어

도전 퀴즈 4.4 — 스마트 홈 시스템 기능 추가하기

Q. 앱 화면에서 스위치를 눌러 TV를 끌 때, LCD를 바로 끄지 말고 'Television OFF'라는 메시지를 LCD 화면에 2초 정도 보여주고 화면이 꺼지게 코딩해 보세요.

4.5 스마트 무드등

작품 미리보기

이번 예제에서는 RGB 컬러 무드등을 스마트폰 앱으로 제어하는 작품을 만들어 보겠습니다. 그리고 앱에서는 컬러를 선택하는 기능과 앨범에 있는 이미지를 가져와서 컬러 무드등에 이미지의 색깔도 반영할 수 있게 기능을 추가하도록 하겠습니다.

▲ [그림 4.5.1] 스마트 무드등 작품

사용할 부품 확인하기

이번 예제에서 사용할 부품은 RGB LED와 블루투스 모듈입니다. 다음 그림과 같이 연결해 주세요.

아두이노 회로도

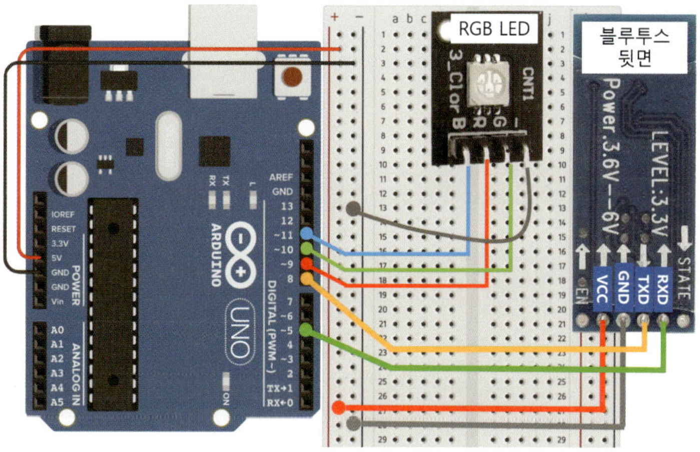

▲ [그림 4.5.2] 아두이노 회로도

- ※ **연결 시 참고할 점:** RGB LED의 R,G,B 핀이 적힌 위치가 다를 수 있지만, R(Red)핀은 아두이노의 9번, G(Green)핀은 10번, B(Blue)핀은 11번에만 연결하면 됩니다.
- ※ **아두이노와 부품 구매 방법:** 저자 블로그(https://wooduino.tistory.com)의 '아두이노 부품 구매처' 게시글을 참고해 주세요.

코딩하기

01 저자 블로그에서 'ex4_5 smart lamp desine version.aia' 파일을 다운로드해 앱 인벤터에서 파일을 불러옵니다.

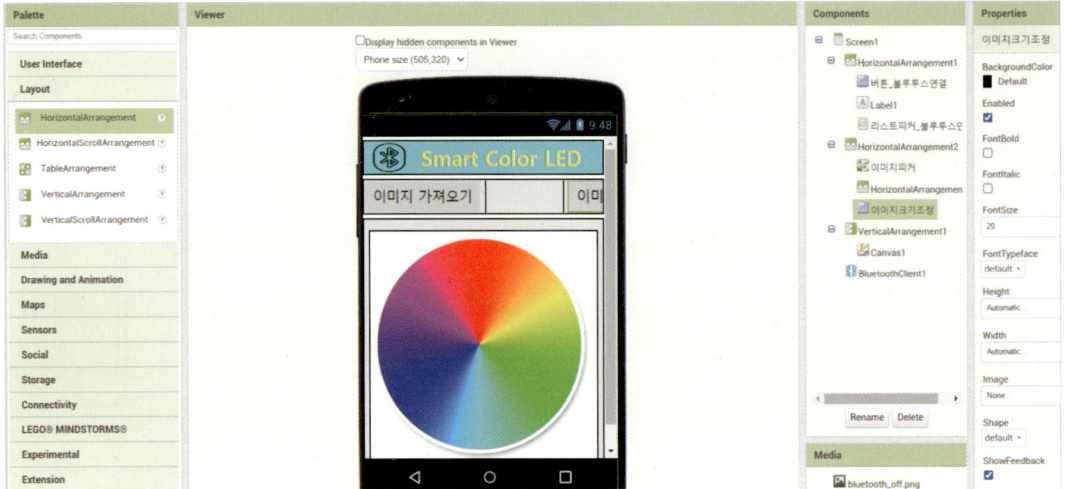

▲ [그림 4.5.3] 스마트 무드등 앱 디자인 파일

02 화면 오른쪽 상단에서 [Blocks]를 눌러 코딩을 하는 화면으로 넘어갑니다. 그러면 앱 화면의 정 가운데에서 컬러를 선택할 이미지가 Canvas라는 요소에 담기게 되는데, Canvas의 초기 가로 길이와 세로 길이값을 각각 '가로', '세로' 변수에 저장합니다. 이 변수값은 나중에 이미지 크기를 조절하는 데 사용됩니다. 그리고 [이미지크기조정] 버튼의 글자를 '이미지 확대'로 설정합니다.

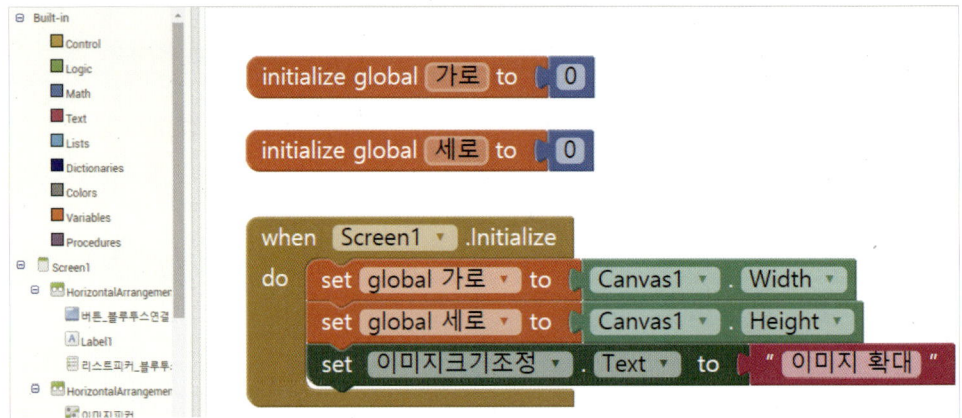

▲ [그림 4.5.4] 초기 설정 코딩

03 다음 그림과 같이 블루투스 무선 연결을 하는 코딩을 합니다.

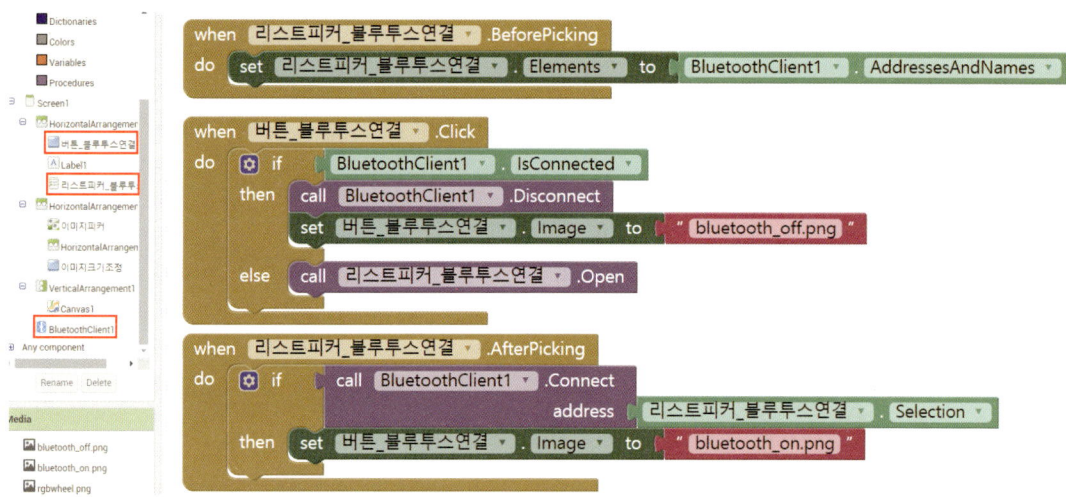

▲ [그림 4.5.5] 블루투스 연결 코딩

04 Canvas에는 동그란 컬러 이미지가 포함되어 있습니다. Canvas에서 이미지를 불러오면 이미지의 어느 부분을 터치했는지, 터치한 부분의 색깔은 무엇인지를 쉽게 알 수 있는 장점이 있습니다. 그래서 Canvas 속의 이미지를 터치하면 [when Canvas1.Touched] 블록이 실행되고, 터치한 부분의 색깔을 [call Canvas1. GetBackgroundPixelColor] 블록을 이용하여 가져옵니다. 이때 'RGB데이터'라는 리스트에 색깔 데이터(R, G, B, 투명도값)가 저장되는데, 우리는 R, G, B 값만 필요하므로 'RGB데이터'의 4번째 요소를 제거(remove list item list~, index~)한 후 블루투스 데이터 전송을 실행해 줍니다.

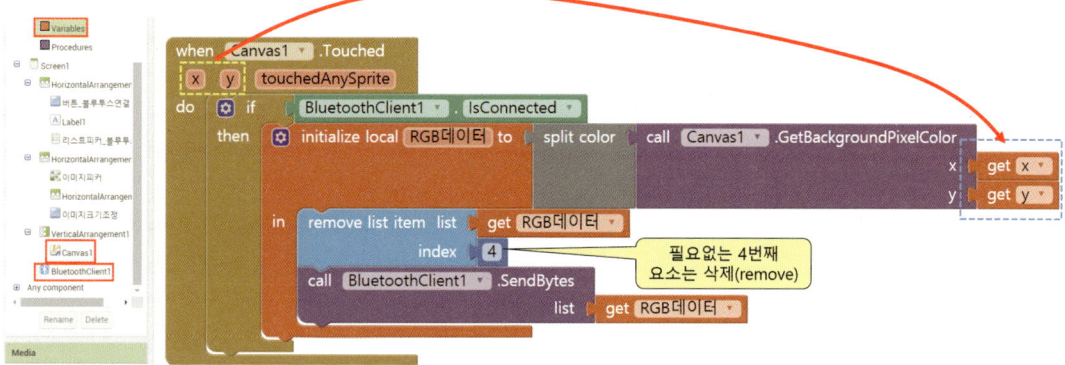

▲ [그림 4.5.6] 이미지 색깔 터치 처리

05 컬러 이미지를 터치한 부분과 똑같은 색깔로 RGB LED가 빛이 나는 것도 좋지만, 스마트폰 앨범 속에 저장된 예쁜 사진을 불러와서 그 사진의 특정 부분을 터치했을 때 RGB LED가 똑같은 색깔로 빛이 나면 더 재미있을 것 같습니다. 코딩을 이어가보겠습니다.

[이미지피커] 버튼을 누르면 스마트폰 앨범에서 사진을 불러올 수 있게 [when 이미지피커.AfterPicking] 안에 직접 선택한 이미지를 Canvas1의 BackgroundImage로 설정해 줍니다. 그리고 이미지가 작거나 큰 경우 이미지 크기를 조정해 줍니다. [이미지크기조정] 버튼의 글자가 '이미지 확대'일 경우, 그 버튼을 누르면 (when 이미지크기조정.Click) Canvas1의 HeightPercent(가로 비율) = 80으로, WidthPercent(세로 비율) = 100으로 설정하여 이미지가 커지게 만들어 줍니다. 그리고 버튼의 글자를 '이미지 축소'로 바꿔줍니다. 버튼을 눌렀을 때 글자가 '이미지 축소'일 경우에는 Canvas1의 Height를 '세로', Width를 '가로' 변수로 설정하면 이미지가 원래 크기로(작게) 돌아가게 됩니다.

▲ [그림 4.5.7] 이미지 조정 코딩

06 이제 앱 코딩은 모두 완료되었습니다. mBlock 스크래치를 실행해 주세요. 그리고 '업로드' 모드로 아두이노를 연결해 주세요.

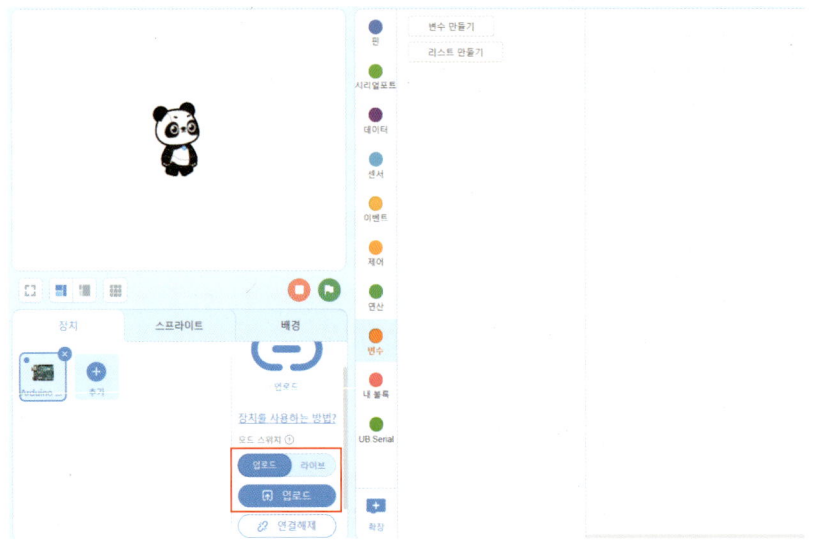

▲ [그림 4.5.8] 스크래치 실행

07 [확장]에서 블루투스 무선통신에 사용할 Serial 명령 블록을 불러와 줍니다.

▲ [그림 4.5.9] Serial 확장 블록 불러오기

08 앱에서 아두이노로 전송되는 데이터는 총 3개 R, G, B입니다. 그래서 아두이노에서는 그 데이터를 차례대로 읽기만 하면 됩니다. 아두이노의 9번 핀에 Red, 10번 핀에 Green, 11번 핀에 Blue LED가 연결되어 있기 때문에 [pWM핀 ( ) 에 출력 ~ 로 설정] 블록을 이용하여 데이터를 적용해 줍니다. 앱에서 전송되는 R, G, B 데이터 값은 0 ~ 255인데 0이면 밝기가 없고, 255로 갈수록 밝기가 강해집니다. 이 값은 PWM 명령 블록으로 처리가 가능합니다.

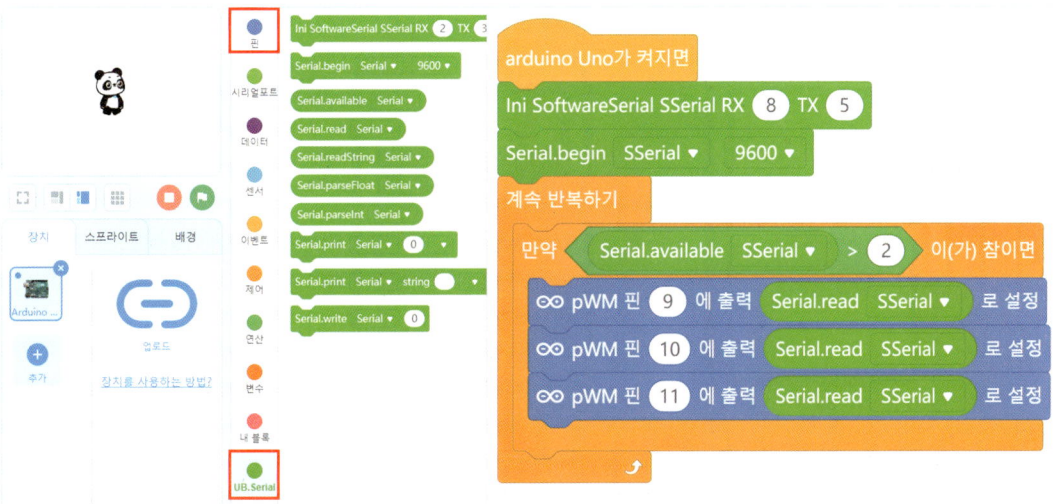

▲ [그림 4.5.10] 아두이노 코딩

09 아두이노의 스크래치 코딩도 모두 완료되었습니다. 이 코드를 아두이노에 업로드해 주세요. 그리고 스마트폰 앱을 실행시켜 블루투스 무선 연결을 해주세요. 그리고 앱 화면 가운데의 컬러 이미지를 손으로 터치하여 아두이노에 연결된 RGB LED의 색깔이 잘 바뀌는지 확인해 주세요.

▲ [그림 4.5.11] RGB LED 제어하기

10 이번에는 [이미지 가져오기] 버튼을 눌러 내 스마트폰 앨범에 있는 아무런 사진을 가져옵니다. 사진의 특정 부분을 터치하여 RGB LED가 똑같은 색깔로 변하는지 관찰해 보세요. 그리고 이미지 크기 조절 버튼을 눌러서 내가 불러온 이미지의 크기를 확대하거나 축소해 보세요.

▲ [그림 4.5.12] 앨범에서 이미지 가져오기

도전 퀴즈 4.5 　스마트 무드등 기능 추가하기

Q. 이번 예제에는 RGB LED를 끄는(OFF) 기능이 없었습니다. 앱에 버튼을 하나 추가하여 RGB LED를 앱의 버튼으로 끌 수 있는 기능을 추가해 보세요.

4.6 인공지능 도어락

작품 미리보기

이번 예제에서는 사람의 얼굴을 인식하여 문의 잠금 장치를 해제하는 작품을 만들어 봅니다. 앱은 사용하지 않고 스크래치, 아두이노, 인공지능(AI) 기술만 사용합니다.

▲ [그림 4.6.1] 인공지능 도어락 작품

사용할 부품 확인하기

이번 예제에서 사용할 부품은 문이 열리고 닫히는 걸 담당하는 서보모터만 아두이노에 연결해 주면 됩니다. 그리고 얼굴 인식을 하기 위해 카메라가 필요합니다(노트북은 카메라가 내장되어 있을 겁니다. 다만 데스크톱 컴퓨터(PC)는 외장 카메라를 연결해 주셔야 합니다).

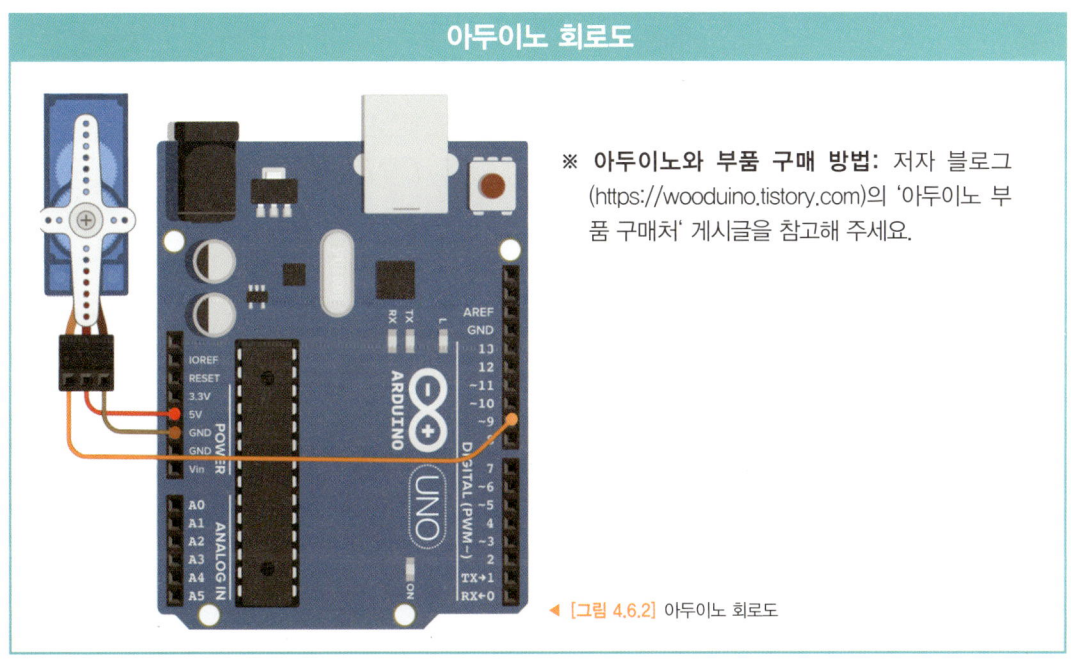

※ **아두이노와 부품 구매 방법:** 저자 블로그 (https://wooduino.tistory.com)의 '아두이노 부품 구매처' 게시글을 참고해 주세요.

◀ [그림 4.6.2] 아두이노 회로도

코딩하기

01 저자 블로그에서 '예제4.6인공지능도어락_design_version.mblock' 스크래치 파일을 다운로드해 실행시킵니다. 그러면 코드는 없이 이미지만 있는 상태로 파일이 열릴 것입니다. 그리고 '업로드' 모드로 연결해 주세요.

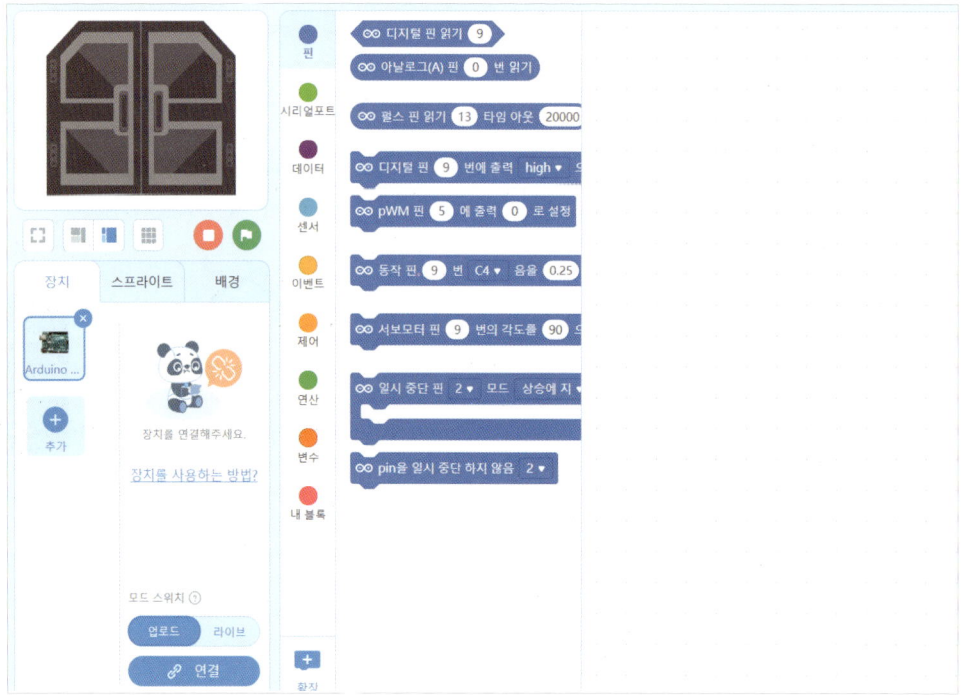

▲ [그림 4.6.3] 스마트 무드등 앱 디자인 파일

02 아두이노 장치에서 [업로드 모드 브로드캐스트]와 '[디바이스마트] LCD' 확장 블록을 추가해 주세요.

▲ [그림 4.6.4] 확장 블록 추가

03 [arduino Uno가 켜지면] 블록 밑으로 LCD 초기 설정과 함께 글자 'AI Smart Door'를 LCD에 출력해 줍니다. 그리고 문 역할을 하는 서보모터(9번 핀 연결)는 0도로 설정하여 잠금 상태로 만듭니다. 나중에 Door1 스프라이트(대문 스프라이트)에서 인공지능 기술을 이용해 얼굴인식을 하여 문이 열리는 메시지(succees)나 실패 메시지(fail)를 전송할 것이므로, 여기서는 이 메시지를 아두이노 장치에서 받아서 실제로 서보모터를 움직이거나 LCD에 적절한 글자 출력을 하도록 설정합니다.

'success' 메시지를 받았을 때는 13번 핀의 LED를 켜고, LCD에 'Door Opened'라는 글자를 출력함과 동시에 서보모터를 90도로 회전하여 문을 엽니다. 'fail' 메시지를 받았을 때는 13번 핀의 LED를 꺼진 상태로 만들고 LCD에는 'Door Closed'라는 글자만 출력합니다.

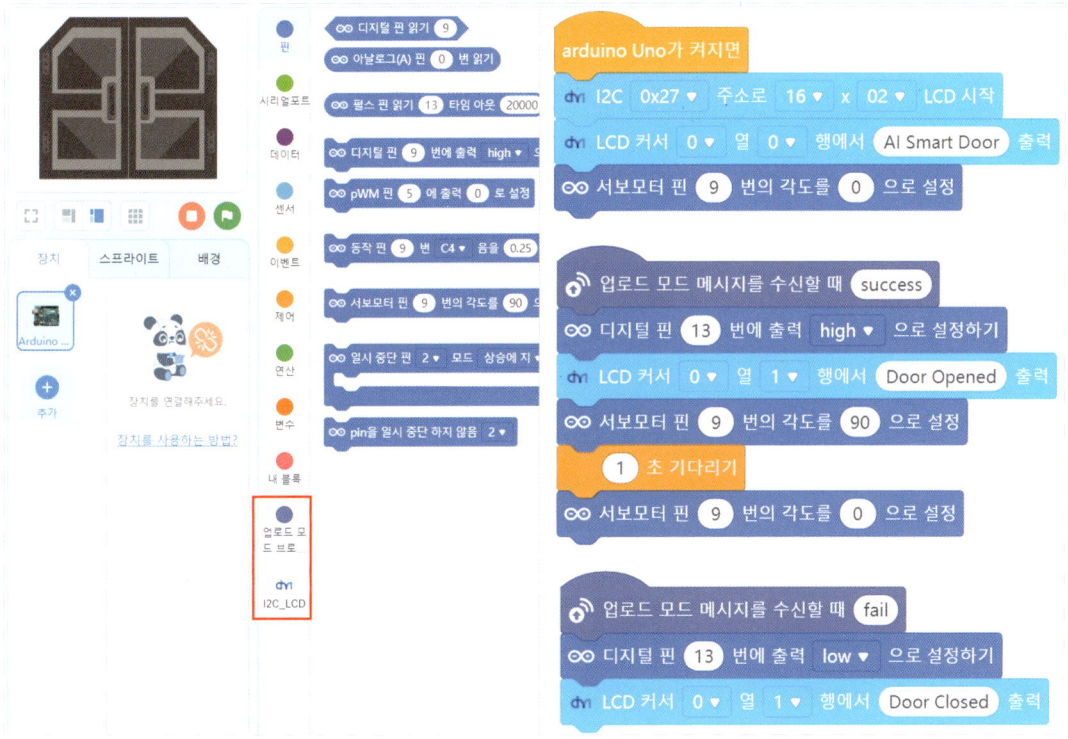

▲ [그림 4.6.5] 아두이노 장치 코딩

04 이제 Door1 스프라이트로 가서 [기계학습], [Text to Speech] 확장 블록을 추가해 주세요.

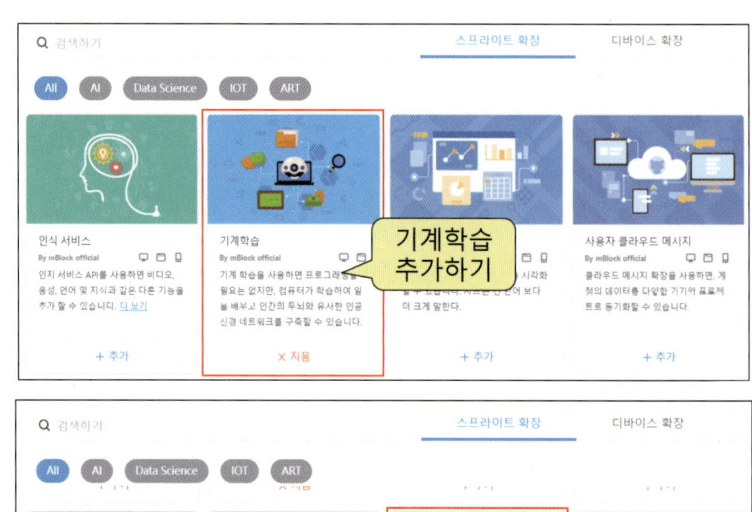

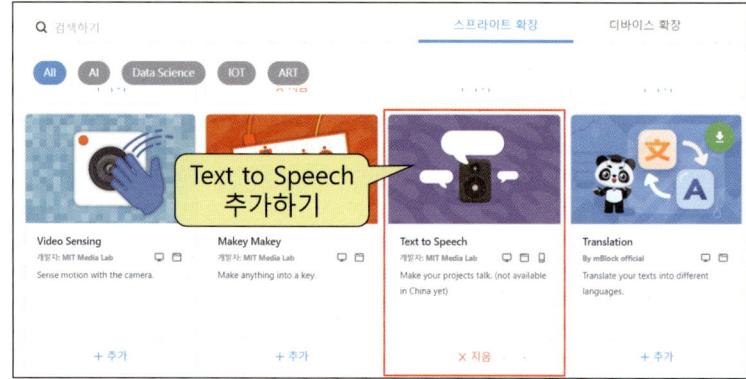

▲ [그림 4.6.6] 확장 블록 추가

05 카메라에 비친 얼굴이 내 얼굴이면 문을 열고, 외부인이거나 그냥 배경이면 문을 열지 않는 장치를 만들기 위해, 이미지를 인공지능에 학습시켜야 합니다. 그러므로 [TM]에서 [학습 모델]을 눌러 인공지능 모델 학습 화면으로 갑니다.

▲ [그림 4.6.7] 인공지능 학습 화면 열기

06 인공지능 학습 화면에서, 카메라에 아무것도 없는 배경 모습, 내 얼굴, 외부인 이렇게 3가지 사진을 20장씩 찍어 학습을 시킵니다. 맨 위 카테고리부터 순서대로 이름을 '배경', '내 얼굴', '외부인'이라고 입력하고, 카메라에 적절한 이미지를 비친 후 [배우기] 버튼을 20번 정도 클릭하면 사진이 20장 정도 찍힙니다. 이 이미지들은 인공지능 학습 데이터로 사용되어, 나중에 이와 비슷한 이미지가 카메라에 비치면 인식 결과를 글자 '배경', '내 얼굴', '외부인'으로 되돌려 주게 됩니다. 세 사진을 모두 학습한 후에는 하단의 [모델 사용] 버튼을 눌러 주세요.

> **NOTE** 저자는 인형 얼굴로 이미지 학습을 시켰지만 여러분은 본인 얼굴이나 다른 인쇄된 이미지를 사용해도 됩니다.

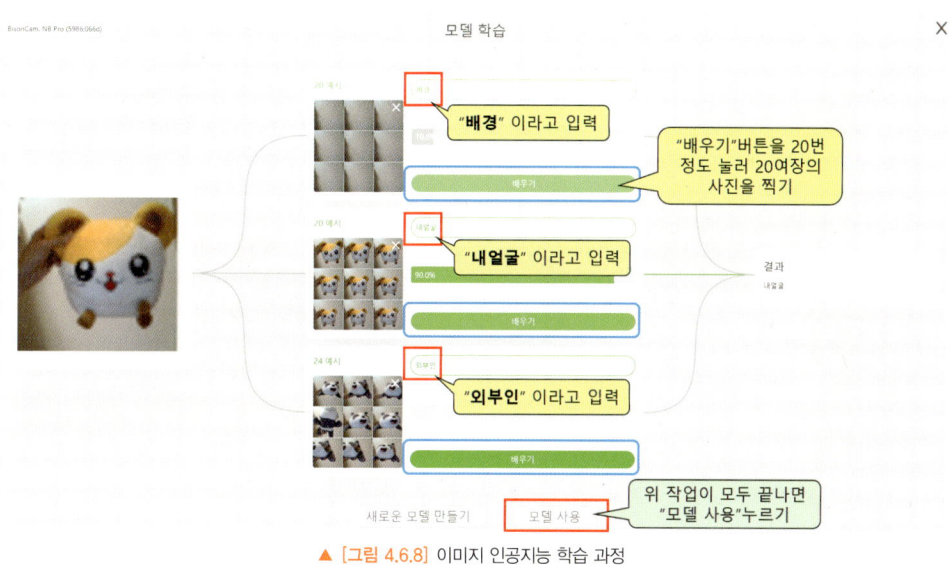

▲ [그림 4.6.8] 이미지 인공지능 학습 과정

07 스페이스 바(Space Bar)를 누르면 카메라로 얼굴인식을 시작하여, 인식결과가 '내 얼굴'이면 문을 연다는 목소리(텍스트 음성변환 블록)와 함께 success 메시지를 보냅니다. 반대로 '배경'이거나 '외부인'이라면 '안면인식 실패하였습니다'라는 목소리와 함께 fail 메시지를 보냅니다.

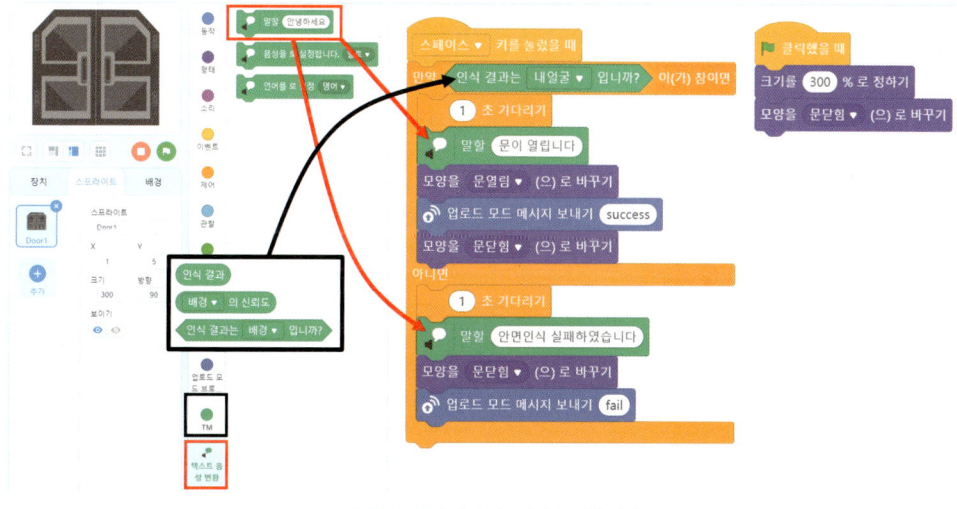

▲ [그림 4.6.9] 인공지능 이미지 인식 코딩

| 08 | 이제 모든 코딩이 완료되었습니다. 아두이노 장치에서 스크래치 코드를 아두이노에 업로드하세요. 그리고 다시 Door1 스프라이트로 돌아와서 녹색 깃발을 한 번 눌러주고, [TM] > [인식 창 열기]를 클릭하여 카메라를 켜주세요. 이전에 인공지능 이미지 학습에 썼던 것을 카메라에 비춰준 뒤 스페이스 바를 눌러 보세요. 만약 '내 얼굴'이 맞다면 '문이 열립니다'라는 음성과 함께 서보모터가 90도 돌아갈 겁니다. '내 얼굴'이 아니라면 '안면인식 실패하였습니다'라는 음성이 나오며 서보모터가 작동되지 않습니다. |

▲ [그림 4.6.10] 인공지능 도어락 작동시키기

도전 퀴즈 4.6 인공지능 도어락 기능 추가하기

Q. 이번 작품에서는 한 가지 보안 문제가 있습니다. 만약 외부인이 내 얼굴 사진을 가지고 와서 카메라에 비치면 문이 열릴 수도 있습니다. 얼굴 인식뿐만 아니라 스마트폰으로 비밀번호 4자리를 입력하여 맞추면 대문이 열리게 하는 프로그램으로 업그레이드해 보세요.

MEMO

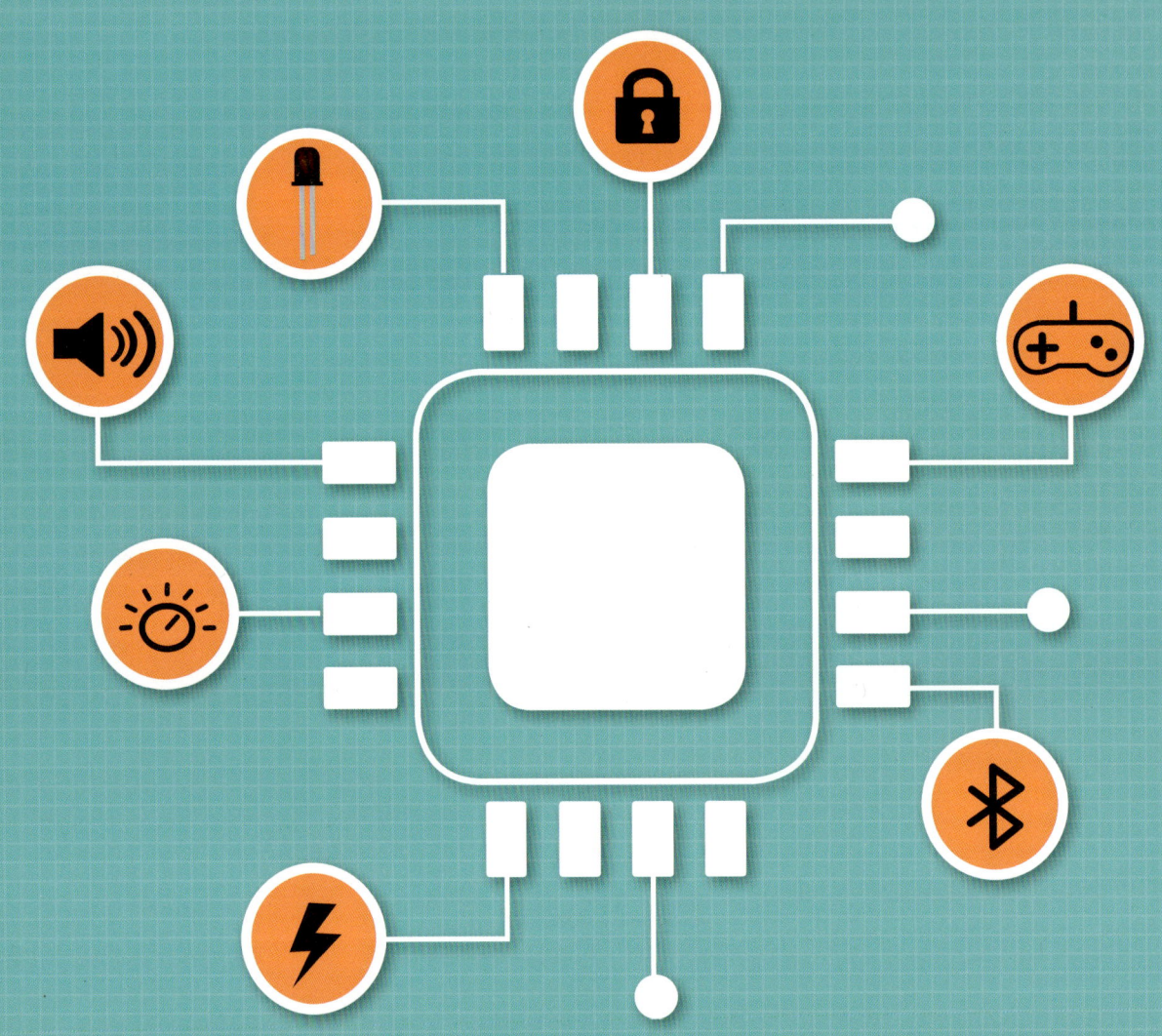

[부록]
도전 퀴즈 정답

Chapter 2~4에 수록된 도전 퀴즈의 정답을 공개합니다.

도전 퀴즈 2.1 LED를 0.5초 간격으로 깜빡이기

Q. 아두이노 13번 핀에 연결된 LED를 0.5초 간격으로 on, off 하는 스크래치 코딩을 해 보세요.

[정답]

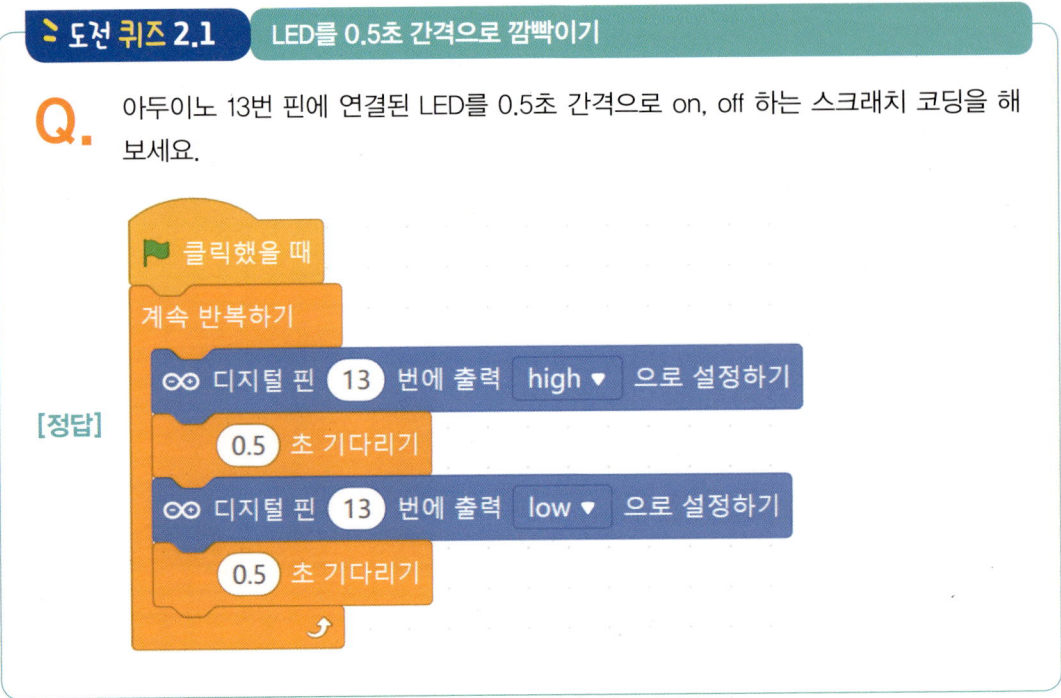

도전 퀴즈 2.2 버튼 입력을 반대로 감지하기

Q. 이번에는 예제 코드와는 반대되는 동작을 만들어 봅시다. 3번 핀의 버튼을 안 누르면 LED가 켜지고, 버튼을 누르면 LED가 꺼지는 코딩을 해보세요.

[정답]

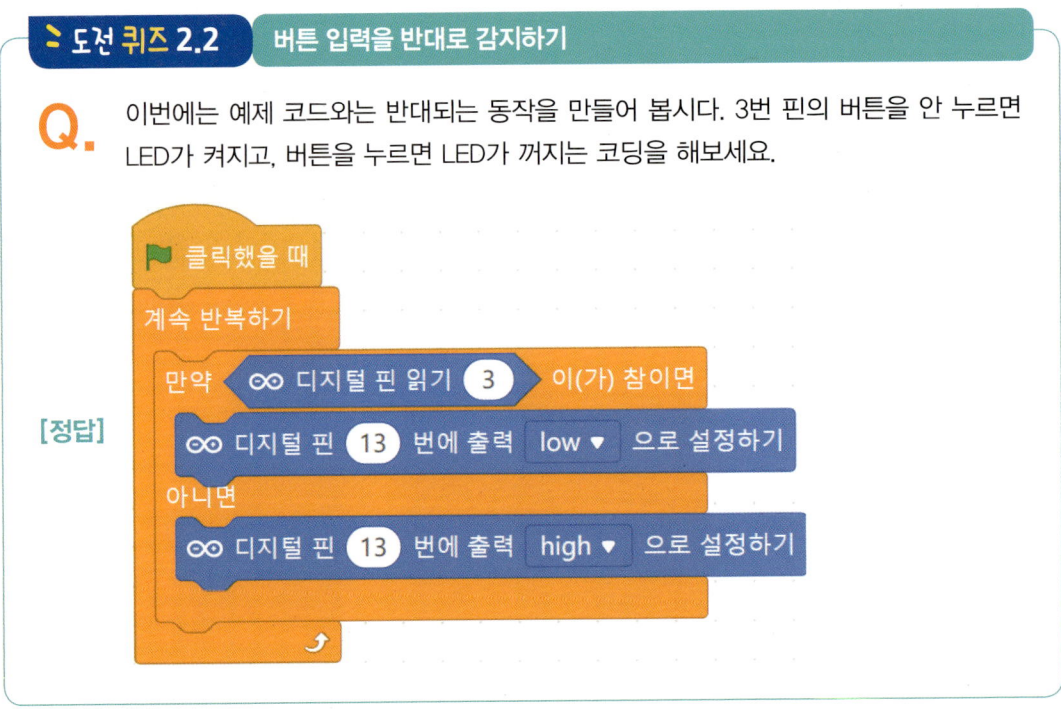

도전 퀴즈 2.3   버튼을 이용한 RGB LED 제어

Q. '2.2 버튼 입력을 감지하는 방법'에서 배운 버튼 제어법을 이용해, 아두이노 3번 핀의 버튼을 누르면 RGB LED가 파란색이 되고 버튼을 누르지 않으면 RGB LED가 빨간색이 되게 코딩을 해보세요.

[힌트] 파란색을 만드는 방법은 디지털 11번만 high로 설정하고, 9번과 10번은 low로 설정하면 됩니다.

[정답]

도전 퀴즈 2.4   가변저항을 이용한 판다 스프라이트 크기 조절

Q. 가변저항 값이 작아지면 판다 스프라이트의 크기가 작아지고, 가변저항 값이 커지면 판다 스프라이트가 커지게 코딩해 보세요.

[힌트] [크기를 ~%로 정하기] 블록을 이용해 보세요.

[정답]

판다 스프라이트에서 다른 코드는 그대로 두고, 녹색 깃발 클릭 부분만 위의 코드로 수정하면 됩니다.

도전 퀴즈 2.5 | 버튼을 이용한 LCD 글자 출력

Q. 아두이노에 연결된 버튼 하나를 누르면 LCD에 'Push Button'이라는 글자가 출력되게 코딩해 보세요. (LCD 주소값은 0x27로 사용해 주세요.)

[정답]

위는 아두이노 3번 핀에 버튼을 연결하는 경우의 정답 코드입니다.

도전 퀴즈 2.6 | 부저로 '학교종' 연주하기

Q. 인터넷에서 동요 '학교종'의 계이름을 찾은 후 아두이노에 연결된 부저로 '학교종'을 연주하는 프로그램을 만들어 보세요.

[정답]

위 코드는 학교종 계이름입니다. 코드가 세로로 너무 길어서 가로로 배치한 것이니 왼쪽 코드의 끝부분 아래에 오른쪽의 코드를 이어서 붙이면 됩니다.

도전 퀴즈 3.1 이런 앱도 만들어 보세요!

Q. 이번 실습에서 만든 앱에 버튼 2개를 추가해 주세요. 추가된 하나의 버튼을 누르면 스마트폰 배경색깔이 주황색이 되고, 다른 하나의 버튼을 누르면 보라색이 되게 코딩을 하여 실행을 해보세요.

[정답]

```
when 주황색버튼.Click
do  set Screen1.BackgroundColor to [주황]

when 보라색버튼.Click
do  set Screen1.BackgroundColor to [보라]
```

디자인 영역에서 주황색, 보라색 버튼을 2개 추가한 뒤 코딩을 해주면 됩니다

도전 퀴즈 3.2 두 번째 기능 추가하기

Q. 이번 실습에서 만든 앱에 버튼 하나 더 추가해 주세요. 추가된 버튼을 누르면 판다 스프라이트가 "두 번째 버튼이 눌렸어"라고 말하는 프로그램을 만들어 보세요.

[정답]

```
when 두번째_버튼.Click
do  if  BluetoothClient1.IsConnected
    then  call BluetoothClient1.Send1ByteNumber
                                  number  2
```

```
업로드 모드 메시지를 수신할 때 (message)
  만약 [업로드 모드 메시지 message 값] = 1  이(가) 참이면
      버튼이 눌렸어 을(를) 1 초 동안 말하기
  만약 [업로드 모드 메시지 message 값] = 2  이(가) 참이면
      두번째 버튼이 눌렸어 을(를) 1 초 동안 말하기
```

왼쪽 그림과 같이 앱 디자인 화면에서 버튼을 하나 더 추가합니다. 그리고 앱 인벤터 코드에서는 두 번째 버튼을 누르면 '2'라는 데이터를 블루투스 통신으로 전송하게 해주고, 스크래치 코드에서는 [업로드 모드 메시지 message = 2]일 때로 비교를 하여 "두 번째 버튼이 눌렸어" 말하기를 실행해 주면 됩니다.

도전 퀴즈 4.1 　 박수쳐~ 플래피버드!

Q. 마이크가 내장된 노트북이나 마이크를 연결한 데스크톱(PC)에서는 스크래치를 이용하여 소리를 인식할 수 있습니다. 스크래치의 [소리]에 있는 [음량] 블록 또는 [이벤트]에 있는 [음량 > 10] 블록을 이용하여 박수를 치면 플래피버드가 위로 점프하게 되는 프로그램을 만들어 보세요.

[정답]
```
음량 > 30 일 때
  5 번 반복하기
    y 좌표를 8 만큼 변경하기
```

스크래치의 플래피버드 스프라이트에 위와 같은 코드를 추가한 후, 녹색 깃발을 눌러 게임을 실행하고 노트북 컴퓨터(데스크탑 컴퓨터는 마이크) 가까이에서 박수를 쳐보세요. 그러면 스프라이트가 위로 올라갈 겁니다. 만약 작동이 잘 안 된다면 [음량 > 30]에서 숫자값 30을 낮춰 보세요. 또는 주변 소음 때문에 박수를 치지 않아도 스프라이트가 올라가게 되면 숫자값을 30보다 더 크게 해보세요.

도전 퀴즈 4.2 　 스페이스 슈팅 게임 업그레이드

Q. 다음의 기능을 게임에 추가해 보세요.
 (1) 괴물 캐릭터가 내려오면서 색깔이 랜덤하게 바뀌고 크기가 조금씩 커진다.
 (2) 어떤 하나의 괴물 캐릭터는 내려오는 속도가 다른 괴물보다 2배 빠르다.

[정답]
```
복제되었을 때
  x: -220 부터 220 사이 임의의 수 y: 170 로(으로) 이동하기
  보이기
  계속 반복하기
    y 좌표를 -10 만큼 변경하기
    색깔 의 효과를 1 부터 10 사이 임의의 수 값 만큼 바꾸기
    크기를 1 만큼 바꾸기
    방향으로 1 도 돌기
    만약 y 좌표 < -170 이(가) 참이면
      이 복제본 삭제하기
```

괴물 스프라이트에서 [색깔 효과를 25 값 만큼 바꾸기]에 랜덤 명령어(1부터 10사이 임의의 수)를 끼워 넣어 랜덤하게 색을 바꿀 수 있습니다. 그리고 [크기를 1 만큼 바꾸기]로 캐릭터의 크기가 점점 커지게 합니다. 괴물 캐릭터의 속도를 2배 높이려면 [y 좌표를 −5만큼 변경하기]에서 −5를 −10으로 2배 증가시키면 됩니다.

도전 퀴즈 4.3　스마트폰 레이싱 게임 업그레이드

Q. 앱 인벤터에는 스마트폰에 진동을 주는 명령 블록이 있습니다. 이것을 인터넷으로 검색해 보고, 스티어링 휠을 눌러 주황색으로 변할 경우 스마트폰에 진동이 1초 정도 실행되게 해보세요.

[정답]

Sound1에서 [call Sound1.Vibrate millisecs ~ 1000] 명령 블록을 가져와 스티어링 휠이 주황색으로 변하기 전에 실행해 주면 진동(Vibrate)이 1초(1000ms) 동안 발생되게 됩니다.

도전 퀴즈 4.4　스마트 홈 시스템 기능 추가하기

Q. 앱 화면에서 스위치를 눌러 TV를 끌 때, LCD가 바로 꺼지지 말고 'Television OFF'라는 메시지를 LCD 화면에 2초 정도 보여주고 화면이 꺼지게 코딩해 보세요.

[정답]

LCD TV가 꺼지는 부분에서 LCD 글자 출력 명령과 2초 기다리기 명령을 넣어 주면 됩니다.

도전 퀴즈 4.5 — 스마트 무드등 기능 추가하기

Q. 이 예제에서는 RGB LED를 끄는(OFF) 기능이 없습니다. 앱에 버튼을 하나 추가하여 RGB LED를 앱의 버튼으로 끌 수 있는 기능을 추가해 보세요.

[정답]

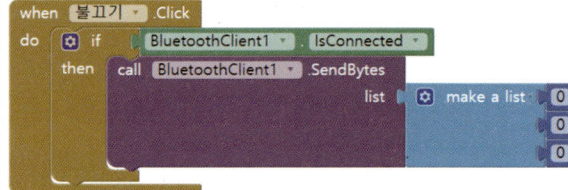

앱 인벤터에서 위 그림과 같이 [불끄기] 버튼을 하나 추가하고, 이 버튼을 눌렀을 때 (when 불끄기.Click) 블루투스 전송을 할 데이터를 리스트(0,0,0)으로 보내면 아두이노에서 0,0,0이 각각 R,G,B LED에 적용되어 LED가 꺼지게 됩니다.

도전 퀴즈 4.6 — 인공지능 도어락 기능 추가하기

Q. 이번 작품에서는 한 가지 보안에 문제가 있습니다. 만약 외부인이 내 얼굴 사진을 가지고 와서 카메라에 비치면 문이 열릴 수도 있습니다. 그래서 얼굴 인식뿐만 아니라 스마트폰으로 비밀번호 4자리를 입력하여 맞추면 대문이 열리게 하는 프로그램으로 업그레이드 해보세요.

[정답]

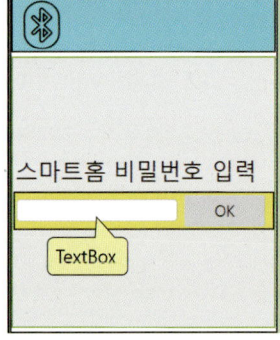

앱 인벤터에서 위 그림과 같이 [불끄기] 버튼을 하나 추가하고, 이 버튼을 눌렀을 때 (when 불끄기.Click) 블루투스 전송을 할 데이터를 리스트(0,0,0)으로 보내면 아두이노 에서 0,0,0이 각각 R,G,B LED에 적용되어 LED가 꺼지게 됩니다.

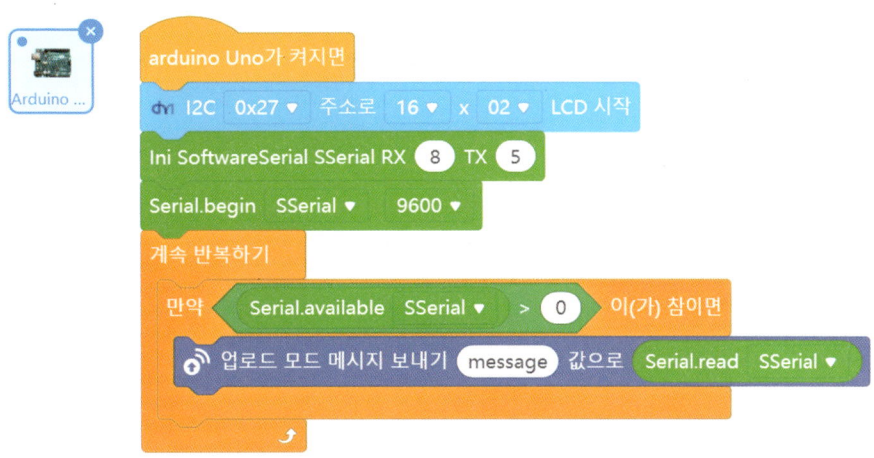

스크래치의 Arduino 장치에서 블루투스 데이터를 입력받을 수 있는 코딩을 위와 같이 해줍니다. 앱에서 비밀번호를 일치시켜서 숫자값 1이 전송되면 스크래치에서는 Serial.read(SSerial)로 그 값을 읽어서 message 로 보냅니다.

Door1 스프라이트에서 message를 수신하였을 때 전송된 숫자값 1을 '비밀번호'라는 변수에 저장합니다. 그리고 [스페이스 키를 눌렀을 때]의 기존 코드에 변수 '비밀번호=1'인지 체크하는 명령을 넣어서, 비밀번호가 맞았을 경우만 프로그램이 실행되도록 해줍니다.

┌─────────────┐
│ 저자협의   │
│   │
│ 인지생략   │
└─────────────┘

1판 1쇄 인쇄 2021년 6월 25일
1판 1쇄 발행 2021년 6월 30일
—

지 은 이   우지윤
발 행 인   이미옥
발 행 처   디지털북스
정   가   15,000원
등 록 일   1999년 9월 3일
등록번호   220-90-18139
주   소   (03979) 서울 마포구 성미산로 23길 72 (연남동)
전화번호   (02)447-3157~8
팩스번호   (02)447-3159
—
ISBN 978-89-6088-375-8 (93000)
D-21-05
Copyright ⓒ 2021 Digital Books Publishing Co., Ltd